本书为福建省教育科学"十四五"规划立项课题"'指南'背景下幼儿园博物教育课程模式构建的实践研究"(立项批号:FJJKXQ21－019)研究成果

梦山书系

幼儿园里的博物教育

褚晓瑜◎著

海峡出版发行集团 | 福建教育出版社

图书在版编目（CIP）数据

幼儿园里的博物教育/褚晓瑜著. —福州：福建教育出版社，2024.2
ISBN 978-7-5334-9777-4

Ⅰ.①幼… Ⅱ.①褚… Ⅲ.①学前教育－教育研究 Ⅳ.①G61

中国国家版本馆CIP数据核字（2023）第210797号

You'eryuan Li De Bowu Jiaoyu

幼儿园里的博物教育

褚晓瑜　著

出版发行	福建教育出版社
	（福州市梦山路27号　邮编：350025　网址：www.fep.com.cn）
	编辑部电话：0591-83726908
	发行部电话：0591-83721876　87115073　010-62024258
出 版 人	江金辉
印　　刷	福建省地质印刷厂
	（福州市金山工业区　邮编：350011）
开　　本	710毫米×1000毫米　1/16
印　　张	18.75
字　　数	287千字
版　　次	2024年2月第1版　2024年2月第1次印刷
书　　号	ISBN 978-7-5334-9777-4
定　　价	49.00元

如发现本书印装质量问题，请向本社出版科（电话：0591-83726019）调换。

序言

拓展儿童的经验空间

2021年，国家发展改革委员会等部门联合发布了《关于推进儿童友好城市建设的指导意见》（以下简称《指导意见》），提出坚持以立德树人为根本，坚持儿童优先发展，从儿童视角出发，以儿童需求为导向，以儿童更好成长为目标，完善儿童政策体系，优化儿童公共服务，加强儿童权利保障，拓展儿童成长空间，改善儿童发展环境，全面保障儿童生存、发展、受保护和参与的权利。《指导意见》提出了儿童优先、普惠共享，中国特色、开放包容，因地制宜、探索创新，多元参与、凝聚合力四项基本原则。这是国家对儿童健康成长的高度重视，是对国家未来人才培养的精心谋划。除了全社会要为儿童更好的生存和发展创造良好条件，教育机构更应以专业的视野，研究和建设好学校和幼儿园环境，尽可能为儿童的健康发展提供更多的条件和机会。

我很高兴有机会接触了泉州市温陵实验幼儿园（原泉州市机关幼儿园）的吕明珠园长、叶俊萍园长和褚晓瑜园长三代园长，三位园长的勤勉、好学和进取都给我留下了很深的印象。我也多次前往该园参观学习，在一定程度上见证了幼儿园环境条件的重大变化和教科研水平的不断跃升。接到褚园长发来的书稿——《幼儿园里的博物教育》，更是感受到三代园长之间的薪火相继和传统相承。幼儿园博物教育就是从有利于儿童成长的角度出发，在幼儿园为儿童创设尽可能丰富多样的探索和学习环境，让儿童在不断探索、发现、体验、交往和表现中获得新经验，让博物教育真正成为幼儿园课程的重要组成部分。

《幼儿园里的博物教育》一书对儿童博物教育的基本内涵和功能进行了系

统的梳理，形成了多元、开放、共享和传承的基本理念。在这些理念的指导下，对博物教育课程的目标、内容、实施和评价进行系统的梳理和呈现，并提供了精细的案例。我认为，博物课程彰显了三个方面的特点：

第一，儿童为本，从儿童的视角出发，真正把儿童当作博物学习的主人，关注儿童的兴趣和需要，注重儿童的天性，扩展儿童的生活空间和视野，真正让儿童获得新经验。如"糖果乐园"和"罐罐乐园"就充分体现了童趣和童心。因此，博物教育是以《3—6岁儿童学习与发展指南》为指导的，是遵循儿童身心发展规律和学习特点的。

第二，生活为源，注重对现实生活的研究和挖掘，立足现实生活和传统文化，关注民间资源，传承社会文明。"邂逅惠安女""走进古大厝"等博物主题就体现了对现实生活和传统文化的关注。儿童在幼儿园的生活就是课程和学习，要让更多民间优秀传统文化进入课程，进入儿童的活动之中，让优秀传统文化浸润儿童的心灵。

第三，过程为要，博物教育的核心不是灌输和说教，而是引导儿童探索、发现和体验。因此，博物教育的关键在儿童的活动过程，让儿童充分动用多种感官，在多样化的活动中，不断获得新经验。因此，让儿童获得更多行动的机会是博物教育关注的重点，这也是儿童不断发展的保证。因此，关注儿童行动过程，关注儿童的思考和表现，是不断支持和促进儿童发展的关键。

幼儿园博物教育是一项系统工程，在我国的幼儿园还起步不久，有很多的困难和问题需要去面对，有许多的实践需要总结和提升，有许多前沿的理论需要去学习和理解。相信泉州市温陵实验幼儿园一定会不断探索，不断变革，不断创新，在幼儿园博物教育课程领域做出更大的贡献。

虞永平于南京

2023年9月3日

目 录

第一章 幼儿园博物教育概述
一、幼儿园博物教育的涵义 ········· 1
二、幼儿园开展博物教育的意义 ········· 4
三、幼儿园博物教育的基本理念 ········· 8
四、幼儿园博物教育的现状与展望 ········· 12

第二章 幼儿园博物教育课程目标与内容
一、幼儿园博物教育课程目标 ········· 27
二、幼儿园博物教育课程内容 ········· 31

第三章 幼儿园博物教育课程实施与评价
一、幼儿园博物教育课程实施 ········· 76
二、幼儿园博物教育课程评价 ········· 97

第四章 幼儿园博物教育课程活动实例（上）
小班博物主题活动：糖果乐园 ········· 105
中班博物主题活动：邂逅惠安女 ········· 139
大班博物主题活动：种子博物馆开馆啦 ········· 164

第五章　幼儿园博物教育课程活动实例（下）

　　小班博物主题活动：罐罐乐园 ………………………… 207
　　中班博物主题活动：玩转石头 ………………………… 237
　　大班博物主题活动：走进古大厝 ……………………… 256

参考文献 …………………………………………………… 286
后记　心之所至　课程所在 ……………………………… 289

第一章　幼儿园博物教育概述

一、幼儿园博物教育的涵义

作为一种新型的幼儿园课程活动类型，幼儿园博物教育课程与其他幼儿园课程活动类型是何种关系，其具体的内涵是什么，判定幼儿园博物教育课程的依据是什么，为何要开展博物教育活动等，这些都是当下幼儿园开展博物教育实践研究亟待厘清的基本问题。厘清幼儿园博物教育的涵义之前，需先梳理一下博物与博物学、博物馆与儿童博物馆教育等相关概念。

（一）博物与博物学

在我国传统文化中，"博物"与"博学""通识"的词义相近。博物，在百度百科的释义：本意是辨识了解各种事物，引申指万物。《山海经》中，指能辨识多种事物、博学识物。而《现代汉语词典》（第6版）对"博物"的解释是：动物、植物、矿物、生理等学科的总称。因此，"博物"可以通俗理解为：对世间万物多样性、多元性的广泛认识和了解。

谈及博物必然会联想到"博物学"。博物学是一个古老的学术门类。博物学是基于人类与自然相处的方式，通过对自然之中的植物、动物、矿物等进行观察、体验和利用的活动，以促进人类生活文化和情感价值的发展。博物与物质、文化、日常生活紧密联系在一起，博物的精神内核在于探索、认识、感受、体验生活和自然，关注人与人、人与自然、人与生活的相互关系。中国传统博物学源自于"格物致知"的理学思想。"格物致知"指的是推究事物的原理法则进而总结为理性知识。① 在历史长河中，古今中外涌现出了许多博物学家，如中国北宋的沈括，明代的徐霞客，近代的竺可桢，西方古希腊的亚里士多德，近代的达尔文、法布尔等等。

（二）博物馆与儿童博物馆教育

博物馆是搜集、收藏、陈列、展览人类生存、生活、发展过程中等相关物质或非物质的机构，是让人们了解古今中外的各种事物发展迹象及演变过程的场所。博物馆作为整个人类社会经济、政治、精神文化发展进程的缩影，从各个角度展示了社会的历史进程、发展方向、文化状况等，是对人类社会发展的历史写照，更是对未来发展愿景的期待。② 而博物馆教育通过博物馆馆藏的陈列物对观众进行直观教育的活动，目的在于充分发挥博物馆的教育职能。博物馆面向整个社会，其展览和教育辐射面与历史、自然、社会、政治、经济、文化、科学以及人们的生产、生活等有着密切的联系。博物馆教育，不仅集中了对历史文化的宣传，而且走向了注重过去、现在、未来的相互衔接，更为关注到人与自身、人与人、人与自然和谐共处的发展关系。③

儿童博物馆指的是以儿童为主要对象，以儿童为中心而创设的博物馆，是博物馆类型的有机组成部分。儿童博物馆鉴于儿童身心发展的特殊性，是以"我参与、我推动"的儿童参与、体验为主要形式的博物馆展览，被定义为一个为儿童感知、欣赏和探究自然、社会、文化及科技而呈现物品及提供操作机遇的场所。④ 儿童博物馆具有一定的文化性和教育性，鼓励儿童"接触"陈列物品，让儿童在视觉、听觉、嗅觉、味觉、触觉多感官的刺激中，

---

① 高雪. 博物画的科学——艺术特征及其当代价值研究 [D]. 济南：山东大学，2017.

② 宋宜，霍力岩. 儿童主题博物馆——不一样的探究和艺术表征 [M]. 北京：北京师范大学出版社，2016：3.

③ 宋宜，霍力岩. 儿童主题博物馆——不一样的探究和艺术表征 [M]. 北京：北京师范大学出版社，2016：5.

④ 王昊涵. 博物教育走进幼儿园视野——访南京师范大学教授虞永平 [J]. 福建教育，2017（12）.

充分地观察、探索、互动、体验,实现儿童与博物馆的相互作用。① 儿童博物馆教育立足于儿童博物馆的馆藏资源,充分发挥博物馆的教育职能,以儿童为本位,遵循儿童以游戏为天性的学习特点,以"玩中学"理念对儿童进行相应的教育,并且通过创设立体、多感官调动的互动体验式展览等活动,营造富有情境化氛围,实现儿童与博物馆的双向互动,为儿童创设积极的教育环境,激发儿童的好奇心和学习兴趣,给予儿童优秀传统文化的熏陶,激励儿童在自我教育、自我学习中获得成长和发展。②

(三) 幼儿园博物教育

幼儿园博物教育是幼儿园教育的有机组成部分,是对现有幼儿园课程活动的重要补充。它是以"广博"的"物"为活动对象,以博物馆或准博物馆样态为载体,围绕"广博"的"物"而开展的"赏物与识物、玩物与格物"等相关活动,并在活动中带给幼儿在其他课程活动中难以获得的或是比其他课程活动"多一点"的经验的认识与实践活动。对幼儿园博物教育内涵的理解,可以从如下六个层面加以剖析。

一是幼儿园博物教育中的"物",是幼儿活动的对象,也是课程资源,其中,"物"的类型是"博"的、"广博的",包括"自然、社会、文化、科技"等方面。

二是"物"与幼儿间关系的外在体现方式,便是"赏物与识物、玩物与格物"。其中,"赏物与识物"的"赏"指的是观察与欣赏,即在观察与欣赏中了解与认识"物";"玩物与格物"的"玩"指的是摆弄与操作,"格"指的是分析与探究;赏物以怡情(情感)、玩物以增智(能力)、格物以致知(知识),"博物教育"即是一种有目的、有计划、有组织的"赏物、玩物与格物"的教育。

三是将这些"物"在一定的空间上分类集中呈现出来,或以一种自然的

---

① 金鑫,杨梦萍. 博物意识下的儿童科学探究学习及支持策略 [J]. 陕西学前师范学院学报,2018 (4).

② 丁津津. 综合博物馆儿童教育专属空间——儿童体验馆研究 [D]. 南京:南京艺术学院,2016.

样态而存在的，即博物馆或准博物馆，博物馆或准博物馆是开展博物教育的特定场所。而博物馆或准博物馆是一个课程资源系统，是动态的，非固定不变，博物馆或准博物馆是室内的，也主张延伸到户外等空间。正如虞永平教授在本课题研究阶段成果线上分享会上（2023年1月8日）所作的点评中明确指出："对博物馆的空间面积没有特殊的要求，一定要多少，没有这个要求，博物馆可以在房间里，可以在走道上，可以在露天，甚至还可以在园外、公共空间，这是一个重要的突破，千万不要把博物馆去限制在室内空间。"

四是幼儿园博物教育是幼儿园课程体系的重要补充，也是一种新的课程实践形态，幼儿园博物教育活动带给幼儿的经验不能简单地与其他课程活动重复。虞永平教授在指导本课题研究活动时曾指出："博物馆主要是补充其他活动的不足的，当其他活动不能带来某些新经验的时候，通过博物馆来获得。""博物的核心是比一般的教室学习要再多一点。所谓再多一点，就是有新经验。"

五是幼儿园博物教育是幼儿探索和表征、支持和欣赏的学习场，是幼儿共享、交流、融合的学习场，[①] 是增强幼儿博物意识，培养幼儿探究精神，推动幼儿自主发展、主动发展、多元发展的学习场。相比博物馆中"静"的教育，幼儿园博物教育更凸显"动"的操作和互动特色，更符合幼儿的学习特点。

六是判断一个活动是不是属于博物教育活动，最直观的标准便是将之与博物馆或准博物馆建立联系。具言之，凡是基于博物馆或准博物馆而开展的，旨在"带给幼儿多一点的经验"的教育活动，就是博物教育；凡是能够"带给幼儿多一点的经验"的教育，且该教育活动的结果最终表征方式是以博物馆或准博物馆形式而呈现的教育活动，也是博物教育。

二、幼儿园开展博物教育的意义

幼儿园充分挖掘、利用园内外空间资源积极开展博物教育的意义，除了

[①] 宋宜，霍力岩. 儿童主题博物馆——不一样的探究和艺术表征 [M]. 北京：北京师范大学出版社，2016：31.

是为了带给"幼儿多一点经验"这一终极目的外,从幼儿园课程管理的角度而言,还有如下四方面的需要:

(一)践行幼教法规精神的需要

国家颁布的幼教法规文件是幼儿园开展课程建设的依据,也是幼儿园教育的行动指南。幼儿园开展博物教育是践行幼教法规精神的主要依据如下:

一是《幼儿园工作规程》(以下简称《规程》)在第三十条指出:"幼儿园应当将环境作为重要的教育资源,合理利用室内外环境,创设开放的、多样的区域活动空间,提供适合幼儿年龄特点的丰富的玩具、操作材料和幼儿读物,支持幼儿自主选择和主动学习,激发幼儿学习的兴趣与探究的愿望。幼儿园应当营造尊重、接纳和关爱的氛围,建立良好的同伴和师生关系。幼儿园应当充分利用家庭和社区的有利条件,丰富和拓展幼儿园的教育资源。"幼儿园开展博物教育就是基于"物"的一种综合教育,是对园内外可利用的教育资源的综合利用,在开展博物教育过程中,幼儿园必然要携手"家庭、社区和园外博物馆",在不断丰富本园教育资源、拓展和利用幼儿园周边教育资源的过程中完善博物教育课程内涵,并通过形式多样的博物教育活动将幼儿生活世界中的教育资源转化为幼儿生动而丰富的经验,培养幼儿的博物意识,促进幼儿动手实践、语言表达、交往合作等多方面能力的发展。可见,幼儿园博物教育活动是多形式、多途径、多渠道、多方合作的教育活动,是贯彻《规程》精神的新型教育形式。

二是《幼儿园教育指导纲要(试行)》(以下简称《纲要》)在"组织与实施"中明确指出:"环境是重要的教育资源,应通过环境的创设和利用,有效地促进幼儿的发展。""充分利用自然环境和社区的教育资源,扩展幼儿生活和学习的空间。"而幼儿园开展博物教育的载体便是"博物馆",这个博物馆可以是类似于幼儿园周边的公园和河流这种"准博物馆",也可以是园内教师利用走廊等公共活动空间所创设的"儿童博物馆"。幼儿园开展倡导博物教育,其实就是倡导有效利用环境资源,积极拓展幼儿学习与生活空间的课程意识。

三是《3—6岁儿童学习与发展指南》(以下简称《指南》)在社会领域的

"教育建议"明确提出:"和他们一起收集有关家乡、祖国各地的风景名胜、著名的建筑、独特物产的图片等,在观看和欣赏的过程中激发幼儿的自豪感和热爱之情。"艺术领域的"教育建议"明确提出:"支持幼儿收集喜欢的物品并和他一起欣赏。"华爱华教授在《通过活动区游戏来实施〈指南〉》一文中,提出了"展示区"一说,展示区的内容可以有自然常识的,有社会历史的,如城市的过去、文房四宝、传统的劳动工具,有艺术欣赏的,有多元文化的……把图片、实物集中布置或分散布置为小小的展示区,让儿童了解和分享,以开阔视野,增长见识。研读《指南》这些教育建议,不难发现其包含有培养儿童博物意识意蕴。应该说《指南》为开展幼儿博物教育提供强有力的"法理"依据,幼儿园博物教育是落实指南精神的有效做法。

(二)实施生态式教育的需要

生态式教育旨在克服以往的灌输式教育、园丁式教育的不足,倡导从基于知识立场、学科立场转向基于儿童立场,让教育回归生活、回归生命、回归自然、回归永续发展、回归教育本质。生态式教育理念下的教育样态,是强调在教育过程中遵循自然,尊重规律,采取多元教育策略,实施全环境育人,走向跨学科的课程整合,最终实现幼儿生态成长、全面发展,师生生命共同成长。生态式教育最终的走向是一种良好的教育生态的建立,培养生态智慧,为终身发展奠定基础。

生态式教育包括自然生态教育和文化生态教育等方面,目前幼儿园开展的生态式教育,更多停留在自然生态教育层面,其直接表现是重视自然生态教育环境的创建,如创设种植园地、自然角、饲养区、花果园、沙水区、山洞与山坡地等,而对文化生态教育方面的关注相对较为欠缺,在教育环境创设,尤其是有关文化生态教育功能室创建工作方面较为薄弱。

文化生态的最直接体现便是文化的多元化,在众多的文化类型中,从时间维度而言,有现代文化和传统文化;从地域划分,有地方文化和非地方文化;从载体划分,有物质文化和非物质文化等等。从教育所承载的文化传承功能,幼儿教育所独具的扎根性特点而言,在幼儿园教育中应加强中华优秀传统文化教育,尤其要加大对地方文化资源的挖掘与利用,开展文化认同启蒙教育，以加深幼儿对地方文化、民族文化的认同感和凝聚力，在文化滋养中发展良好的社会情感和社会道德启蒙，助力人格完善和文化自信。而要开展中华优秀传统文化教育，提升中华优秀传统文化教育效果，就必须根据幼儿直接感知、实际操作和亲身体验这一学习特点，在幼儿园创设相应的教育场所。这一场所，可以是有关中华优秀传统文化方面的儿童博物馆。我们主张，在幼儿园里以博物馆为载体呈现所在地区的风土人情，借助博物馆载体能让幼儿较好地了解和感受文化生态，能很好地发挥博物馆传承文化的功能，是传承文化的一种创新型载体，是坚定文化自信的有效方式。

（三）丰富功能室样态的需要

目前幼儿园里常见的功能室，主要有音体室、建构室、美术室、科学室等，这些功能室的共同特点，通常是以单一学科领域维度或价值取向相对单维。显然的，新时期的功能室规划与建设的思路，应超越单一领域教育需求，应立足于跨领域、利于开展整合教育需要的新视角。儿童博物馆的创建以及基于儿童博物馆而开展的博物教育，便是一种整合性的教育活动。因为儿童博物馆的内容源于生活、源于问题，而非源于"学科知识"，而"生活"或"问题"本身就是以一种"整个的方式"而存在，基于"生活"或"问题"的学习与教育活动，本身就是一种整合性活动，儿童获得的经验也是跨领域的、整合和多元的。创建儿童博物馆，不仅是功能室创设思路的一种转向，更是对幼儿园所创建的功能室样态的重要补充、扩展，乃至一种升级创新。

目前幼儿园儿童博物馆的常见类型有：以班级为单位打造的班级主题博物馆，如"纸的王国""西街印象""'船'奇之旅"等；利用走廊或过道公共三维空间巧妙打造的凸显某个博物专题的走廊专题博物馆区，如美食坊、木工坊、自然探秘街、娃娃T淘园；还有随着幼儿兴趣不断变化的流动的、呈现开放样态的"我的博物馆"等；园内公共主题博物馆，是指在特定的专属空间里，运用博物教育理念打造具有专题性、开放共享的功能馆，如闽南文化体验馆、彩绘馆；而户外自然博物馆则是利用户外露台、绿化带等公共空间打造的可供幼儿种植、饲养、游戏的课程活动场所，如开心农场、开心花园、百果园、沙水区、体能挑战区等。

（四）深化园本课程建设的需要

作为虞永平教授主持的教育部"十五"重点课题"生活化、游戏化的幼儿园课程研究"课题实验基地园和《幼儿园课程资源丛书》成员单位，我园坚持以课题研究为主线，先后开展了"幼儿园生活化教育环境的研究""生活化的幼儿园课程资源深度开发与利用研究""幼儿园课程视野下的'宝宝博物馆'建设研究"等多项课程建设方面的省市级课题研究，于 2009 年 10 月成功地创建了全国首家幼儿园"宝宝博物馆"，明确将幼儿园"宝宝博物馆"界定为——一个深化儿童感官体验，拓展儿童生活世界，激发探究欲望，萌发博物意识，寓教于乐的教育场所。回顾我园课程建设历程，可以清晰地得出开展幼儿园博物教育，是我园在园本课程建设的必然走向与历史的选择。

三、幼儿园博物教育的基本理念

我园博物教育课程理念是"博物启智，文化润心"。为了便于教师在开展博物教育课程活动中，更直观更全面地领会与落实这一课程理念，我们将"博物启智，文化润心"作了进一步的细化，对细化后每条课程理念的内涵进行阐释。

（一）博物即多元

以"自然、社会、文化、科技"等方面的"广博的""物"为活动对象而开展的"赏物与识物、玩物与格物"等博物教育，旨在通过博物教育活动带给幼儿"多一点的"新经验。带给幼儿"多一点的"新经验，就是开展博物教育的意义所在。因而，"博物即多元"，便是开展博物教育应秉持的基本课程理念之一。这里的"多元"指的是活动材料多元、活动形式多元、经验获得多元。

"博物"即"广博的"物，体现的便是博物教育活动在材料层面的多元。静态层面的"材料多元"，指的是材料种类的不同、材料所蕴含操作难易层次的不同；而动态层面的"材料多元"，指的是博物教育活动材料是随着课程推进的需要及时有序地调整，以不断满足幼儿探索学习的需要。"博物即多元"课程理念中的"材料多元"，强调的是动态层面的多元。

材料是依托该材料展开相应活动的媒介，多元化的材料提供，也就为多元的活动方式提供了必要的物质基础。但材料是静态的，如果材料未能与幼儿通过"活动"方式进行有效的互动，那么，提供再多元的材料也只是一种摆设。倡导活动方式多元，意味着教师要鼓励与引导幼儿与材料建立多重互动关系，力求体现"一物多用、物尽其用"。"广博的"物，只有与幼儿建立多元的互动关系，才能带给幼儿"多一点的"新经验。

在博物教育课程中，材料提供与活动方式的多元，再加上教师的有效指导，自然就可以让幼儿获得多元的经验。但在博物教育中所谓的"获得经验多元"，这里的"多元的经验"不仅是指是广度层面的"多元"，即综合的经验；更是强调深度层面的"深刻的经验"，即博物教育活动所追求的是带给幼儿深刻的探究之体验；"多元的经验"是有"广度和深度"意义的有机联系的整体性的经验。

（二）博物即开放

这里的"开放"，指的是立足于课程空间拓展的视角，对一切具有博物教育价值的课程资源，如园内资源、周边社区资源、公共博物馆资源等进行积极盘活与充分利用。虞永平教授在指导我园"宝宝博物馆"课程建设时指出："开展博物教育活动对博物馆的空间面积没有特殊的要求，博物馆可以在房间里、可以在走道上、可以在露天，甚至还可以在园外、公共空间，千万不要把博物馆去限制在室内空间。幼儿园周围有一个公园和一条河流，这也是开展博物教育的资源。"

秉持"博物即开放"这一课程理念，我们对"宝宝博物馆"的内涵进行了与时俱进的"升级"：是对幼儿进行博物教育的一种课程资源系统，是"以园为馆，处处是风景，处处是博物"的环境资源系统；并基于"博物即开放"这一课程理念，积极盘活和拓展园内外的课程资源空间，促进多样化的博物课程生发，助推幼儿的经验生长。

一是积极盘活园内资源，拓展幼儿博物学习空间。如利用户外和走廊环封空间，合理规划"闽南文化体验馆""自然探秘街""娃娃T淘园""百果园""开心农场""涂鸦乐园""木工坊""美食坊"等博物活动公共区；打造"开心农场""百果园"之外的高秆农作物培植区、时令花卉观赏通道。在门厅设置玻璃栈道鱼池、在儿童街设置昆虫饲养观区、蘑菇培植区等，努力将幼儿园打造成幼儿喜欢、丰富而有趣、充满生机气息的"自然·文化"儿童博物馆。让幼儿在园内就能享受大自然气息，感受丰富多元、开放共享的学习环境，感知物品的多样化、丰富性。

二是充分利用园外资源，拓展幼儿博物学习空间。这里的园外资源，包括周边社区资源和公共博物馆资源，并将这些园外资源，以资源类型、资源分布情况、资源潜在价值、资源可利用思路（可开展的课程活动）等维度加以分类整理，形成了"民间文化类、自然生态类、日常生活类"三大园外博物教育资源库，绘制了博物教育课程资源地图。

（三）博物即共享

从某种意义上来说，儿童博物馆就是一个具有整合性的课程资源系统，创设儿童博物馆就是将幼儿园课程资源以"馆"的形式集中呈现而已。而博物馆所具有"共享性"特征，也就意味着创设儿童博物馆时要从"空间资源"和"材料资源"这两个方面，来体现对资源充分利用与共享的意识。

这里的"空间资源"，指的是基于班级活动室而创设的班级博物馆、全园性质的园内公共博物馆。在班级博物馆创设与使用管理上，要求班级博物馆要定期向本年段其他班级开放。具体来说，就是在该班级完成了本班儿童博物馆创设工作之后，择时向同年段其他班级开放，接受其他班级幼儿与本班幼儿一起参观体验。而在园内公共博物馆的实际使用上，主要采用"园内公共博物馆活动周安排表"的管理方式，即每半天都保证有相应的幼儿到园内公共博物馆开展活动，如每周5个上午，采取2次（大段混班）＋2次（中段混班）＋1次（小段混龄）的方式，而其他时间亦可成为班级课程活动或游戏的场域。

材料资源充分利用与共享时，需要实现环境材料资源配置最优化。即在园内公共博物馆环境创设与材料提供上，尽量与班级活动室处于"异于"或

"优于"的关系，避免出现过多的简单重复的现象。以求和班级不一样的环境材料带给幼儿多元体验和不同经验，形成经验互补的常规模式，达到材料1＋1＞2的环境浸润和博物教育效果。

如参观园内公共博物馆"彩绘馆"过程中，幼儿对各种闽南建筑材料如花砖、红瓦等产生浓厚兴趣，因此生成了博物主题"闽南古厝"；在主题推进过程中，彩绘馆的建筑材料成为主题开展的资源之一，而主题的深入探究进一步丰富和拓展彩绘馆的建筑材料，如窗棂、琉璃瓦、滴水兽等。彩绘馆和班级所呈现的材料资源各不相同，又形成一种互补、互生的课程关系，螺旋式地推动主题进程。此外，我们每周在某一固定时间，开展跨班或跨年段的自主区域游戏活动，将藏品与游戏建立连接，在游戏时可以将馆区内的东西借出，在不同游戏中理解博物，以进一步加大园内博物馆常态互动区材料的共享使用频次，发挥材料资源的最大效益。

（四）博物即传承

从历时性维度而言，人们在生产生活中所创造和使用的"物"都有其相应的历史文化内涵。博物教育中的"物"这一活动载体，如果是属于文化类的，那么，在博物教育活动中会将"物"的历史演进形态，以及与人们的关系等潜在价值予以充分挖掘，并加以显现，让幼儿从历史文化维度来进一步了解"物"的内涵。博物即传承中的"传承"，指的是重视从历史文化维度来了解与人们生产生活休戚相关的这些"物"是如何薪火相传与迭代演进的。

虞永平教授在指导我园"宝宝博物馆"课程建设时，特别指出："现实生活是博物的源泉，我们要立足泉州，关注泉州的文化，要知道泉州的文化才是儿童生活的源泉，才是儿童教育的源泉。"本土文化作为中华传统优秀文化的重要组成部分，是博物课程建设不可或缺的资源。基于博物即传承这一课程理念，在积极地将泉州当地的风土人情融入博物教育环境创设时，我们还专门创设了旨在传承本地优秀的"闽南文化体验馆"，让幼儿去了解和感受本地的文化生态。

闽南文化体验馆包含德化陶瓷区（设计制作陶胚、彩绘陶泥、介绍陶瓷作品）、妆糕人区（设计区、自制区和展示区）、老亭茶坊（各种茶具、桌椅和幼儿自备的茶点替代物)、木偶区（幼儿和家长共同收集展示各种各样的木偶，如杖头木偶、提线木偶、掌偶)、惠安女装扮区（各种惠安女服饰、头饰、幼儿设计图纸、辅助材料等)、古厝建筑区（分设计部、施工部、展示部，提供各种富有闽南特点的砖、瓦、低结构辅助材料等）……这里是一个充满闽南文化气息的专题场馆。同时常态化邀请泉州非遗传承人等老一辈艺术家入园授课，传承闽南文化，拓展幼儿园博物课程新资源。从最初的传承中华优秀传统文化到弘扬博物精神，我们在探索中以中华优秀传统文化和博物精神浸润幼儿，滋养心灵，萌发幼儿对传统文化的亲近感和认同感，培养幼儿从小喜欢本地文化，让文化的种子在幼儿心中生根发芽，为开展文化认同启蒙教育，萌发爱家乡、爱祖国之情，为文化自信奠定坚实的基础。

四、幼儿园博物教育的现状与展望

近些年来，幼儿园博物教育渐渐引起幼教工作者的关注，取得了一定的研究成果。这些成果主要是以期刊或学位论文，或以专著形式公开发表或出版。其中，在中国知网（CNKI）期刊数据库中，搜索以"儿童博物馆教育""幼儿博物馆教育""幼儿园博物馆教育"为主题的文献（检索期限为2004年至2023年），分别获得的文献为164篇、44篇和30篇；搜索以"博物教育"为主题的文献，获得中文文献有210篇（其中，学术期刊114篇、博硕论文13篇、特色期刊43篇、会议22篇、报纸7篇、学术辑刊11篇）；搜索以"幼儿园博物教育"为主题的文献，获得中外文献32篇，其中中文文献25篇（包含期刊论文20篇、硕士论文3篇、会议1篇、报纸1篇）。对以上文献进行进一步阅读，共获得与幼儿园博物教育研究相关的代表性文献14篇。在当当网以"儿童博物馆教育""幼儿园博物教育"为关键词，可搜查到的书籍资料主要有：《儿童主题博物馆——不一样的探究和艺术表征》（宋宜、霍力岩主编，2016)、《幼儿园课程资源建设新思路——"宝宝博物馆"建设的理念与实践》（叶俊萍主编，2016）等5部论著。现就所检索与收集的"幼儿园博物教育"相关的文献资料为依据，对当前幼儿园博物教育研究的现状与展望进行阐述。

（一）幼儿园博物教育研究现状

关于幼儿园博物教育研究现状的总体概况，本研究以"幼儿园博物教育"为主题搜索到的知网文献较少的情况，以搜索到的 32 篇总数为依据进行分析比对，并从研究方法的运用、研究人员背景分布、研究地区分布、研究成果发表的期刊性质、研究成果发表的时间趋势、研究成果的角度等六个方面进行分析。

1. 幼儿园博物教育研究现状的总体概况

（1）从研究方法的运用来看：多以实践经验为主

分析本研究搜集到的文献，可以看出研究者在"幼儿园博物教育"这一主题的研究方法主要有经验总结法、比较研究法、调查研究法，其中以幼儿园教师的经验总结为主，少部分高校教师或学者运用比较或调查等方法进行研究。5 部论著主要采用的研究方法为行动研究法，即基于理论学习和经验积累基础上构建行动研究方案，再在行动中逐步调整、完善与总结。但总体来说，现阶段幼儿园博物教育研究所使用的研究方法较为单一，且多以实践经验为主。

2004 年 1 月 1 日至 2023 年 4 月 30 日
幼儿园博物教育论文研究方法分布

研究方法	数量	百分比（%）
经验总结法	29	90.625
比较研究法	2	6.25
调查研究法	1	3.125
文献法	0	0
总计	32	100

（2）从研究人员背景分布来看：一线教师占半数以上

关于幼儿园博物教育的研究中，幼儿园教师的研究比例占 46.875%，加上幼教服务中心教师，总比重过半，为 53.125%。由此可见，目前该研究以实践研究为主，主要研究人员为一线幼儿教师，而相对的理论研究较少。从数据上看，高校背景的研究者有 9 人（含国外研究者 6 人），理论研究尚不足以支持对实践研究的指导。就 5 部论著而言，有部分高校教师指导或直接参与研究工作。

2004 年 1 月 1 日至 2023 年 4 月 30 日
幼儿园博物教育论文研究人员背景分布

作者单位	人数	百分比（%）
幼儿园教师	15	46.875
幼教服务中心	2	6.25
高等院校	9	28.125
未标明作者单位	6	18.75
总计	32	100

（3）从研究地区分布来看：以发达省市为主

文献数据显示，研究幼儿园博物教育的地区主要集中在福建、北京、江苏等地。福建省主要以泉州市温陵实验幼儿园（原泉州市机关幼儿园）的实践经验总结为主，该园从 2009 年起持续在一线教育中研究博物教育与幼儿园课程建构的相互连接。北京市主要以朝阳区福怡苑幼儿园的博物教育研究为主，江苏省主要从幼教集团（幼教中心）覆盖的幼儿园所而开展博物教育研究。各地充分利用丰富的地域性博物馆资源以及当地自然、人文资源开展幼儿园的博物教育研究。此外，有 7 篇文献来源于国外研究，占比 21.875％。

2004 年 1 月 1 日至 2023 年 4 月 30 日
幼儿园博物教育论文研究地区分布

地区	数量	百分比（%）
北京	5	15.625
江苏	5	15.625
福建	8	25.00
山东	1	3.125
河南	1	3.125

续表

地区	数量	百分比（%）
云南	1	3.125
上海	1	3.125
安徽	1	3.125
哈尔滨	1	3.125
广东	1	3.125
外国	7	21.875
总计	32	100

（4）从研究成果发表的期刊性质来看：学术期刊占比近三分之一

从文献发表的期刊性质上，学术期刊占比 28.125%，其中 2 篇中文文献，1 篇发表于 CSSCI 期刊。博硕学位论文中，仅有 3 篇硕士论文，占 9.375%；已发表在核心刊物的文献有 3 篇，占比 9.375%；在其他 CN 期刊发表的有 15 篇，占总数的 46.875%。可见，实践性研究居多，学术性和理论性研究较少。

2004 年 1 月 1 日至 2023 年 4 月 30 日
幼儿园博物教育论文研究文献期刊性质分布

期刊性质	数量	百分比（%）
学术期刊	9	28.125
硕士学位论文	3	9.375
国内会议	1	3.125
报纸	1	3.125
核心期刊	3	9.375
其他 CN 期刊	15	46.875
总计	32	100

（5）从研究成果发表的时间趋势来看：总体略呈逐年上升之势

搜索自 2004 年 1 月 1 日到 2023 年 4 月 30 日的幼儿园博物教育研究文献，从下表中，可以看出文献的发表集中在 2015 年以后，2017 年数量最多，总体呈逐年上升趋势，这表明研究者对幼儿园博物教育的重视程度越来越高。从 5 部论著来看，出版于 2016 年有 2 部，之后 2019、2020、2021 三年各出版 1 部，论著探讨的话题越来越深入，并渐成体系。但从数量上来看，研究者对幼儿园博物教育的研究力度远远不够，可发展的空间还很大。

2004 年 1 月 1 日至 2023 年 4 月 30 日
幼儿园博物教育研究论文发表的时间分布

年份	数量	百分比（%）
2008	1	3.125
2015	3	9.375
2017	7	21.875
2018	3	9.375
2019	3	9.375
2020	4	12.5
2021	5	15.625
2022	5	15.625
2023	1	3.125
总计	32	100

（6）从研究成果的角度来看：逐步走向体系化研究之路

从期刊文献中可以看出，研究者在幼儿园博物教育这个领域中主要的关注内容。多数文献从幼儿园课程建设的角度出发（68.75%），涵盖的研究内容有：博物环境创设，博物资源运用（物的资源、人的资源、社会资源、文化资源等），博物活动组织与实施，博物教育中幼儿的成长与发展。少数文献从博物馆与幼儿园对接的角度出发（25%），研究的内容有：博物馆与幼儿园课程的衔接，博物馆针对幼儿所开展博物体验活动等。从 5 部论著来看，有关注园内幼儿博物馆创设策略、有致力构建幼儿园博物教育课程方案、有关注园外公共博物馆开展博物教育的研究。

2004 年 1 月 1 日至 2023 年 4 月 30 日
幼儿园博物教育研究角度分布

角度	数量	百分比（%）
幼儿园	22	68.75
博物馆	8	25
其他	2	6.25
总计	32	100

2. 幼儿园博物教育研究内容的基本现状

幼儿园博物教育研究内容主要体现在：对幼儿园博物教育内涵的界定、幼儿园博物教育课程方案的构建两大方面。

（1）关于幼儿园博物教育内涵的界定

开展幼儿园博物教育研究，首要问题是对"幼儿园博物教育"内涵的界定问题。国内研究者曹慧弟认为[1]：幼儿园博物教育是以幼儿园为主导，通过多种途径开展的，以培养幼儿的博物意识、博雅情趣、博爱情怀为目标的一切教育活动。而其他研究者通常是从博物馆教育这个维度进行界定的，如宋宜认为[2]，儿童主题博物馆课程是以幼儿园 3～6 岁儿童为主要对象，以帮助儿童主动学习、合作学习为目标，以儿童的身体健康、语言、社会、科学、艺术、学习品质为主要内容，以儿童的一日生活和博物馆学习五部曲为教学组织形式，以儿童的展品和博物馆学习历程为主要评量方式，旨在促进儿童对自然和社会生活的广泛兴趣和高度热情，提升儿童的学习品质和心智习性的幼儿园课程。叶俊萍认为[3]，"宝宝博物馆"是指幼儿园以博物馆创建的宗旨与思路，在园内有目的、有计划地精心呈现一些具有博物价值的事物、现象，以供幼儿观察、操作和欣赏的专门活动场所。

---

[1] 曹慧弟. 博物·博雅·博爱：幼儿园博物教育课程的理论与实践［M］. 北京：北京师范大学出版社，2019：3.

[2] 宋宜，霍力岩. 儿童主题博物馆：不一样的探究和艺术表征［M］. 北京：北京师范大学出版社，2016：14.

[3] 叶俊萍. 幼儿园课程资源建设新思路——"宝宝博物馆"建设的理念与实践［M］. 福州：福建人民出版社，2016：7.

在幼儿园开展博物教育研究上，出现了幼儿园博物教育与幼儿园博物馆教育两个概念，关于二者的关系，曹慧弟认为[①]：广义上的博物教育理解为一切影响个人身心发展的博物活动，而狭义上的博物教育指的是以博物馆为经验载体对幼儿、青少年和成人进行的各种教育活动。

我们认为，在界定幼儿园博物教育的内涵时，必然会遇到"博物""博物馆""博物学"这三个词语，但尽管这三个词义略有不同，但从教育意义上，"博物教育""博物馆教育""博物学教育"三者则相融相通、异曲同工。因而，从广义上来说，博物教育不限于博物馆教育或博物学教育，而是以"广博"意识为基础，将历史、文化、科学、自然、生活等领域间的事物与人建立起一定的关联，通过人对动植物、历史文物、艺术品等进行观察、操作、探究的活动，在感知和操作中连接过去、现在和未来，从而促进人在知识、情感和价值观方面的多维发展。而幼儿园博物教育则是在此基础上，通过引导和鼓励幼儿在与广博的人、事、物进行互动的实习场中观察、习得、探索、表征，逐渐增强幼儿的博物意识和探究意识，帮助幼儿养成和谐、积极、健康的精神状态和生活理念。

（2）关于幼儿园博物教育课程要素的研究

幼儿园所开展的博物教育研究，通常都是置于课程研究范畴，即从课程的视角来进行幼儿园博物教育的相关研究。已有的文献资料显示，尤其是已公开出版的5部论著所反映的基本上是属于幼儿园课程视角。因而，以下围绕课程要素对幼儿园博物教育成果作回顾：

①关于幼儿园博物教育课程目标的研究

宋宜要所提出的儿童主题博物馆课程目标[②]：培养儿童的广泛兴趣和高度热情。该目标具体包括"以发展儿童主动能力为核心""鼓励幼儿在合作中发展建构""促进幼儿对自然和社会生活的广泛关注和高度热情"和"培养幼儿的学习品质和心智习性"四个子目标。

[①] 曹慧弟. 博物·博雅·博爱：幼儿园博物教育课程的理论与实践 [M]. 北京：北京师范大学出版社，2019：3.

[②] 宋宜，霍力岩. 儿童主题博物馆：不一样的探究和艺术表征 [M]. 北京：北京师范大学出版社，2016：14—18.

叶俊萍认为[①]：博物馆教育活动的目的是让幼儿在观察和操作中培养博物意识，发展各方面的能力。曹慧弟则提出[②]：幼儿园博物教育课程目标主张是走进广泛的世界，开阔视野；走进自然，感受自然是神奇的；走进社会，了解社会发展与需求；走进生活，熟知衣食住行；走进儿童，追随儿童发展的兴趣、能力。并分别从"博物意识""博物情趣""博物情怀"三个维度比较系统地构建了博物教育课程目标体系，即包括了幼儿园博物教育课程总目标和各年龄段博物教育课程目标。冯伟群在明确提出博物馆课程价值取向[③]，即"文化的体悟与认同、儿童的全人发展"的基础上，提出了"一中心·三会·三有"课程目标，即"一个中心"：为了幼儿更好地生活；"三会"：会认知、会交往、会表达；"三有"：有审美、有情感、有责任。

应该说，从课程目标制订依据与目标体系的完整性而言，曹慧弟在《博物·博雅·博爱：幼儿园博物教育课程的理论与实践》一书中做了较系统的阐述，但在阐述的逻辑上能否将"博物意识、博雅情趣、博爱情怀"并列，这是需要商榷的。因为"意识是以心理过程（包括认识、情感、意志过程）为基础的一个有系统的整体。它指的是"一个人的心理体验的总和"[④]。可知，博物意识的提法本身包含认识与情感维度。而冯伟群等人所著的《跨越围墙的幼儿园课程：博物馆之旅》中对博物馆课程目标的研究，带有浓厚的园本课程研究特征，其研究思路值得学习与借鉴。但总体来说，关于幼儿园博物教育课程目标的研究，在体系化、科学性、适宜性等方面还有待更进一步的努力。

②关于幼儿园博物教育课程内容的研究

[①] 叶俊萍. 幼儿园课程资源建设新思路："宝宝博物馆"建设的理念与实践［M］. 福州：福建人民出版社，2016：11.

[②] 曹慧弟. 博物·博雅·博爱：幼儿园博物教育课程的理论与实践［M］. 北京：北京师范大学出版社，2019：16—24.

[③] 冯伟群，徐慧，罗娟. 跨越围墙的幼儿园课程：博物馆之旅［M］. 南京：江苏人民出版社，2019：54—58.

[④] 叶奕乾，祝蓓里. 心理学［M］. 上海：华东师范大学出版社，1988：24.

宋宜等认为[①]，儿童主题博物馆课程内容是"主动探究和艺术表征合二为一，实现儿童的快乐学习和发展"。课程内容根据《纲要》及《指南》等文件的指引，贯穿并支持幼儿的一日生活，主要包括学习品质、健康、语言、社会、科学和艺术六方面。叶俊萍在《幼儿园课程资源建设新思路："宝宝博物馆"建设的理念与实践》一书中，则是以清单的方式将"宝宝博物馆"涉及的因素罗列出来，主要涉及有民间文化类（非物质文化、物质文化、民间饮食文化）、生活品类（生活用具、交通工具）、自然物类、动植物类等。

曹慧弟则将幼儿园博物教育课程内容分为[②]常规课程内容和适宜性课程内容两大类，其中，常规课程内容涵盖自然博物和社会博物两大板块，自然博物包括生命科学、地球与空间科学、物理科学、工程与技术，社会博物包括艺术文化、社会历史文化，并在后续的课程调整和完善中逐渐形成一套相对成熟的幼儿园博物教育课程体系；而适宜性课程内容可分为主题式幼儿博物馆和世界博物馆日活动。

冯伟群等人在所著的《跨越围墙的幼儿园课程：博物馆之旅》一书中，提出应通过课程资源的开发与利用在确定博物馆课程资源的同时架构起博物馆课程的内容。如，在活动前的审议中从幼儿的角度（怎么来的、怎么做的、怎么传承的）将项目活动内容分成历史、工艺、文化三大块，并对博物馆中蕴含的中国元素进行梳理，再结合幼儿的兴趣和发展需要，从学习活动和区域活动两个方面考虑，从而预设具体活动内容。而倪琳、陆娴敏在编著的《儿童博物馆课程故事研究——一场关于儿童学习方式的变革》一书中，则认为儿童博物馆的主题内容广泛多样，包括具有重要博物价值的事物、现象，涵盖自然、社会、文化等内容。儿童博物馆课程在实践中以主题的形式开展，例如形成了以爬山虎、银杏、芭蕉等自然物为研究对象的自然博物馆，以纸、线、盖子等生活用品为研究对象的生活博物馆，以京剧、泥、青花瓷等为研究对象的艺术博物馆等。

---

① 宋宜，霍力岩. 儿童主题博物馆：不一样的探究和艺术表征［M］. 北京：北京师范大学出版社，2016：20—24.

② 曹慧弟. 博物·博雅·博爱：幼儿园博物教育课程的理论与实践［M］. 北京：北京师范大学出版社，2019：25—32.

综上，可见幼儿园博物课程内容主要包括有自然、社会、生活、文化等方面，内容的选择首先根据《纲要》《指南》精神以及园所的实际情况，其次通过审议幼儿的兴趣经验和开发利用有价值资源等方法，同时遵循丰富性、多元性、经验性、生活化等原则，最后形成一系列具体可实际操作的博物课程内容。

③关于幼儿园博物教育课程实施的研究

幼儿园博物教育课程实施载体离不开博物馆或准博物馆，因而，在博物教育课程实施上主要是围绕创建或利用博物馆这一途径而展开相关的研究。

一是以创建园内儿童博物馆为形式开展博物教育。叶俊萍主编的《幼儿园课程资源建设新思路："宝宝博物馆"建设的理念与实践》一书，详细介绍了幼儿园博物教育课程实施的主要形式，便是通过在园内创建"宝宝博物馆"，"宝宝博物馆"是在园内有目的、有计划地精心呈现一些具有博物价值的事物、现象，以供幼儿观察、操作和欣赏的专门活动场所，是满足幼儿发展需要、支持幼儿学习、生成课程的场所。她们创造性地将"宝宝博物馆"创建与博物主题课程实施有机结合，提出博物主题课程实施过程便是"宝宝博物馆"创馆的过程，"宝宝博物馆"便是博物主题课程实施结果的一种呈现方式。宋宜、霍力岩主编的《儿童主题博物馆——不一样的探究和艺术表征》一书中说明儿童主题博物馆的教育实施过程有五个环节——即计划与决策、探究与表征、寻访与体验、回顾与反思、评量与收藏，并表示儿童主题博物馆是儿童与教师共同创建的，儿童可在园内自由寻访和体验更多不同的主题博物馆。①

徐凯萍、李晓莉在《在幼儿园开展博物教育的实践与反思》文章中提出，为了便于开展博物教育，她们所在学园为幼儿专门打造了主题式的博物馆，在空间与区域方面用一间活动室专门设置了实体的幼儿博物馆，并简单地划分为电教感知、展品分享、情境创设、图书查阅、操作学习等区域。②陆娴敏

---

① 宋宜，霍力岩. 儿童主题博物馆：不一样的探究和艺术表征［M］. 北京：北京师范大学出版社，2016：54—55.

② 徐凯萍，李晓莉. 在幼儿园开展博物教育的实践与反思［J］. 福建教育（学前），2017（12）.

在《幼儿园儿童博物馆的建设及在实践中的应用研究》一文中介绍了其所在幼儿园构建的主题探索式儿童博物馆。主题探索式儿童博物馆主要分有常设馆、动态馆、"我的……博物馆"三种类型，这些馆的定位包括三点：一是操作互动的，幼儿的博物馆一定是可以操作的，能看、能摸、能动；二是自主建构的，我们的博物馆应该是幼儿参与建构的，不是成人打造好给幼儿的；三是共同成长的，在建构博物馆的过程中，幼儿在成长，博物馆也在成长。在过程中，幼儿不只是博物馆的使用者，更是博物馆的设计者和维护者。[①] 巫筱媛在《国内幼儿园与博物馆的合作及实践》一文中总结了一种儿童博物馆教育形式，即"向内萌生：建设园所内的儿童博物馆"，在教育实践中，许多幼儿园的一日生活、主题活动与园内博物馆的创设活动相辅相成。其中，"我的……博物馆"较容易建成开放性儿童博物馆，是属于儿童自己的博物馆。[②]

二是以博物馆资源为载体而开展幼儿博物教育课程。博物馆中蕴藏着丰富多元的教育资源。在幼儿园博物教育研究中，我们发现多数幼儿园充分借助博物馆的馆藏资源进行课程的开发和利用。可以这样说，儿童博物馆是幼儿园在开展博物教育课程中的首选途径或载体。当然，这个博物馆又可分成三类：在已有博物馆创设儿童展厅、创办独立的儿童博物馆、在幼儿园创建儿童博物馆。王昊涵在《让博物教育走进幼儿园视野——访南京师范大学教授虞永平》一文中提到，幼儿园博物课程，应重视博物馆资源的价值，充分利用博物馆资源的优势。[③]

在文献研究中，利用公共博物馆资源所开展的博物教育课程主要有"走出去"和"请进来"两种方式。巫筱媛在《国内幼儿园与博物馆的合作及实践》一文中表示，积极与博物馆合作，依托区域内的物质与文化资源、因地制宜地开展园所外的博物活动，是当前幼儿园与博物馆合作的重要途径。赵菁提出[④]，教师应利用博物馆教育资源研发课程的"5R"模式，即从博物馆

[①] 陆娴敏. 幼儿园儿童博物馆的建设及在实践中的应用研究［J］. 早期教育，2022（12）.

[②] 巫筱媛. 国内幼儿园与博物馆的合作及实践［J］. 上海托幼，2022（3）.

[③] 王昊涵. 让博物教育走进幼儿园视野——访南京师范大学教授虞永平［J］. 福建教育（学前），2017（12）.

[④] 赵菁. 馆校合作视域下博物馆课程资源开发的实现路径［J］. 博物院，2020（4）.

的藏品出发将博物馆的藏品资源运用到教育教学活动中。任鑫也在其硕士论文中提出[①]，博物馆专家入园学习幼教知识与对幼师传递博物馆知识的双向培训方式。基于幼儿园日常活动的实际情况考虑，频繁外出前往博物馆比较不切实际，巫筱媛提出[②]"依托博物馆人力和线上资源开展活动"的资源联结方式。在冯伟群等人所著的《跨越围墙的幼儿园课程：博物馆之旅》一书中，详细地介绍了如何利用公共博物馆资源有效开展博物馆项目课程活动，在该书所介绍的博物馆项目课程活动程序，前后共需经历4次"博物馆之旅"，通过馆内探究和馆外探究之间的多次互动，循环进行，以拓展幼儿学习和成长的时空。而倪琳、陆娴敏编著的《儿童博物馆课程故事研究——一场关于儿童学习方式的变革》一书，认为儿童博物馆课程要以幼儿为中心，师幼共同构建三层级儿童博物馆体系，即以主题式探究为主的班级博物馆为主体、以参与体验为主的园级博物馆为实践场和资源库、以搭建共研共享平台的社会场馆为补充，具体构建步骤为："收集陈列，动态呈现"——"自发兴趣，投入活动"——"自主学习，深入探究"——"回顾反思，成果展示"。

此外，有些幼儿园在开展博物教育课程活动，基于"大社会、大自然是活教材"的这一课程理念，倡导以广义的博物馆为载体实施博物教育课程。如尹兰英、齐颖以南阳市第一实验幼儿园的实践经验为例，详细介绍了该园的博物教育经验做法。该园非常注重自然博物教育，除了通过开展户外自然观察与记录、自然实验与发现、自然照料与养护、自然博物馆建设等常态化活动外，还充分利用周边地质公园、文化村、湿地等资源，让幼儿在自然而然中变得博闻强识、博情雅趣、博爱躬行。[③] 徐凯萍、李晓莉两位研究者结合自身实践，提出了通过依托博物馆和打造主题博物馆开展教育的教育过程，认为博物教育应更加注重在一日生活中寻找博物教育的生发点，在幼儿兴趣点和已有的经验前提下广泛探究，在一日生活各环节以及环境创设中进一步丰富博物教育的表现与价值。该园每月开展一个博物专题活动，内容涉及动

[①] 任鑫. 博物馆资源与幼儿园活动课程衔接研究[D]. 昆明：云南大学，2021.
[②] 巫筱媛. 国内幼儿园与博物馆的合作及实践[J]. 上海托幼，2022（3）.
[③] 尹兰英，齐颖. 多维联动 和美与共——立足"生态启蒙"的幼儿园博物教育实践[J]. 现代中小学教育，2022（10）.

物、植物、文化、科学等。①

综上，幼儿园博物教育课程实施与组织形式，通常是以创建"主题博物馆"的形式来呈现，即由一物为引子从而引导幼儿延展性地了解与其相关联的各种人事物，并由幼儿为主来陈列、摆设、表现，以此创设相应的博物空间，以供大家观察、欣赏、操作和展示；幼儿园博物教育借由"物"而展开的广博探究过程，在无形中开启了幼儿聚焦性地广泛关注同类事物，使得探究活动得以持续与深入，从而具有博物的广度认识和博物的深度学习。

因而，幼儿园博物教育在某种意义上意味着，在《指南》精神的指导下，在以幼儿为本、以幼儿为主的前提下，广大教师更应唤起充分挖掘和借助生活的、自然的、文化的、社会的、科技的等可利用资源的课程意识，以激起幼儿自发产生博物的求知欲和行动力，让幼儿能在广泛关注的广度学习下发展投入专注的探究学习能力，从而让他们在博物教育的言行中不断建构自己的思维、培养博物意识。而教师则是在观察、记录和支持中助力幼儿的主动博物学习，与幼儿共学习同成长。

④关于幼儿园博物教育课程评价的研究

宋宜等认为②：在儿童主题博物馆课程中以发展性评价为主，教师是主要的评价主体，幼儿是主要的评价对象，同时家长及幼儿也对幼儿的评价发挥着重要的作用。教师凭借自身丰富的教育经验和扎实的理论基础总结了幼儿发展的关键指标，汇总出幼儿园特有的儿童观察记录表，通过记录相应数量幼儿的活动情况，对幼儿及其作品给予客观的表现性评价。

曹慧弟提出③，幼儿园博物教育课程的评价主体是多元的，且认为评价的设计和实施过程就是对幼儿园博物教育理论和实践进行价值判断的过程，就是评价该课程本身的内容及组织结构对于博物意识、博雅情趣、博爱情怀的教育目标的契合程度以及对幼儿发展的适宜程度；评价贯穿于幼儿园博物教

---

① 徐凯萍，李晓莉. 在幼儿园开展博物教育的实践与反思[J]. 福建教育（学前），2017（12）.

② 宋宜，霍力岩. 儿童主题博物馆：不一样的探究和艺术表征[M]. 北京：北京师范大学出版社，2016：25.

③ 曹慧弟. 博物·博雅·博爱：幼儿园博物教育课程的理论与实践[M]. 北京：北京师范大学出版社，2019：118—135.

育课程发展的始终，是对幼儿园博物教育课程规划、设计、实施与成果全过程的评价。同时，幼儿园博物教育课程评价倡导方法的灵活性，问卷、访谈、设置量表、观察记录表等多种方法灵活运用，使评价过程中收集到的数据信息更全面，进而得出更真实合理的判断和结论。

冯伟群等人认为[①]：幼儿园博物教育课程评价应以学习评价为主，以幼儿和课程为评价的主要对象，通过多样化的评价方式，如学习故事、课程分享会、幼儿访谈评价、幼儿图画评价、文化知晓度评价等，来评价幼儿否获得发展、获得怎样的发展，课程是否有发展、有了什么样的发展。

而在叶俊萍主编《幼儿园课程资源建设新思路——"宝宝博物馆"建设的理念与实践》和倪琳、陆娴敏编著《儿童博物馆课程故事研究——一场关于儿童学习方式的变革》，这两部著作中，没有直接表述出关于幼儿园博物教育课程的评价，而是结合具体实录或案例，在幼儿的具体行为表现中对幼儿及活动作出相应的过程性评价。

综上，目前关于幼儿园博物教育课程评价方面的研究，在评价体系构建的完整性、评价的科学性，以及通过评价来改进课程实施的有效性等方面，还有待进一步研究与完善。

（二）幼儿园博物教育研究展望

幼儿园博物教育是基于博物馆资源的教育，是基于社会生活的教育，是基于自然科学的教育，是基于文明发展的教育，是基于完整生命的教育。目前幼儿园博物教育研究尽管已取得一定的研究成果，但整体上还是处于起步的发展阶段。博物教育课程研究作为幼儿园教育的新领域，结合虞永平教授给予我园课题研究的指导建议，我们认为，未来还需要在以下方面加强研究：

一是从研究队伍的优化角度来讲，鉴于当前研究人员以一线教师居多的现实，未来的博物教育课程研究队伍还需要进一步的合理化与优化，应该需要更多高校专业教师的参与，提高研究成果的学术性水平。

二是从研究方法的运用方面来看，多数研究者采用文献分析法、经验总

---

① 冯伟群，徐慧，罗娟. 跨越围墙的幼儿园课程：博物馆之旅［M］. 南京：江苏人民出版社，2019：226.

结法、调查访谈法等方式，而鲜少在量化的数据上作统计分析等研究，研究方法应该多元化。

三是从研究内容的深化角度而言，未来博物教育课程研究需要进一步关注的基本问题为：

（1）幼儿园博物教育课程的理论基础的是什么？如何确定幼儿园博物教育课程的理论基础？

（2）幼儿园博物教育课程与共同性课程融合的机制是什么？

（3）幼儿园博物教育课程的基本理念是什么？

（4）幼儿园博物教育课程的基本特征是什么？如博物主题教育课程与非博物主题教育课程的区别与联系。博物教育区域活动与非博物教育区域活动的区别与联系。

（5）幼儿博物教育课程活动指导的基本要求是什么？如何确保儿童活动自主、高度投入、经验充实又能获得必要支持？

（6）幼儿园博物教育课程中"博物馆"空间与班级活动空间及户外活动空间是什么关系？如何实现活动和经验的互补？

（7）如何合理规划博物馆空间？博物馆空间应该是稳定的还是变化的？如何最大限度地发挥博物馆的效能？如何建立博物馆"区域库"，以实现活动的更替和互换？

（8）如何建立博物馆材料支持系统？应建立怎么样的制度和规则？

（9）如何确定儿童活动的成效？如何在加强日常观察和记录的同时，建立"互联网＋"评价支持系统？

（10）如何形成科学有效、适宜便捷的博物教育课程评价策略？

上述所列举的幼儿园博物教育研究所展望的十大方面基本问题，我们基于文献学习、理论思辨与实践探索所获得的认识，本书部分内容已有对这些问题进行了尝试性的回答，但囿于水平问题，尚待有志于幼儿园博物教育研究的诸位同行继续加以完善，共同为构建完善的幼儿园博物教育理论与实践体系做出应有的努力与贡献。

第二章 幼儿园博物教育课程目标与内容

一、幼儿园博物教育课程目标

课程目标是课程实施的第一要素和前提,是幼儿园培养适应社会需要、身心和谐发展的儿童为目标最为关键的准则。课程目标顶层设计是课程实施的行动指南,是课程内容和课程评价的依据。

(一)幼儿园博物教育课程目标制定原则

幼儿园博物教育课程倡导以学习者为中心,追随儿童的兴趣和需要,开阔视野,广泛关注自然、生活,提高幼儿的认知能力;深入观察,静心欣赏,充分尊重和保护幼儿的好奇心和学习兴趣,创设条件最大限度地支持和满足幼儿观察感知需要;积极探究,遵循幼儿的学习特点,开拓思维,聚焦生发点,以问题为导向,操作体验、发现问题、主动探究,在博物教育的滋养下,提高博物素养。因此,要科学地制定幼儿园博物教育课程目标,就必须以儿童的发展、社会发展要求作为制定幼儿园博物教育课程目标的主要依据,呈现社会价值和个人价值的和合。

1. **整体性原则**

博物教育课程目标制定的整体性原则,具言之,一是指博物教育课程是幼儿园课程的有机组成部分,博物教育课程目标是统一于促进幼儿身心健康全面发展这一幼儿园课程总目标,博物教育课程目标与幼儿园其他课程目标不仅是非简单的重复,而是有机的统一,促进幼儿个性化的全面发展。二是在博物教育课程目标的制定时，要考虑年龄班幼儿认知特点与发展水平，三个年龄段的课程目标既是有层次性，又是相互衔接有机统一的。三是在博物教育课程目标的制定时，还要考虑情感态度、技能能力与知识经验等维度。

在整体性原则下，在制定幼儿园博物教育课程目标时，尤其要着重梳理好与幼儿园其他课程活动目标之间的关系，目标的制定应与其他课程活动目标有所区别、有所侧重。此外，在目标制定时，应立足于博物教育课程目标结构的整体性，应全面考虑情感态度、技能能力与知识经验三大维度，切忌重知识经验的掌握，而轻情感态度的培养。

2. **适宜性原则**

目标制定的适宜性，指的是既是幼儿现有水平可接受的，又对其发展具有一定的挑战性，可以促进其在原有水平上获得发展。在博物教育课程目标制定时，要与各年龄段幼儿认知特点与发展水平相契合，能促进幼儿发展。

在适宜性原则下，在制定博物教育课程目标时，既要认真研读《指南》中所制定的各年龄段典型行为表现，更要结合本园幼儿实际水平以及本园教育资源性质等方面，加以统筹考虑，以使所制定出的博物教育课程目标处于幼儿的最近发展区内，体现课程目标在促进幼儿发展的适宜性引领作用。

3. **文化性原则**

与幼儿园其他课程活动相比较，突显"物"的历史文化维度，应该是博物教育课程活动中较为显著的特征之一。如果说文化传承是教育所承载的功能之一，那么，在博物教育课程活动中是最能体现文化传承价值的。博物教育课程目标制订的文化性原则，指的是应将帮助幼儿了解本地、本民族以及我国优秀传统文化的认识、做好幼儿的文化认同启蒙，将培养"做人、做中国人、做现代中国人"作为博物教育课程重要目标。

在文化性原则下，幼儿园博物教育在课程内容的选取上，在关于文化认同教育类题材方面应有所突出，要强调中华优秀传统文化在幼儿成长中的重要作用。文化兴、则国运兴，文化强、则民族强，中华文化是我们的根和血脉，需要从文化建设的视角出发增强文化自信，着眼于传承和弘扬中华优秀传统文化，充分挖掘本地的文化底蕴，有意识地引导幼儿去感知、体验生活中的文化、地域中的文化，感知本地区和中华优秀传统文化的多样性，萌发幼儿爱家乡爱祖国的真实情感，初步具有民族的自豪感、认同感和归属感。

（二）幼儿园博物教育课程目标基本体系

幼儿园博物教育课程目标内容，包括总目标和领域子目标。

1. 博物教育课程总目标

幼儿园博物教育课程总目标，指的是培养具有"博物意识"的完整儿童。

首先，所谓的"博物意识"指的是"广泛关注、深入观察、静心欣赏、积极探究"。从博物意识的具体所指中可知，其所涉及的学习内容维度，主要有艺术领域，如"欣赏"；科学领域，如"观察、探究"；社会领域，如"广泛关注历史文化中的纵向维度"；学习品质领域，如"深入、静心、积极"等。从心理发展维度而言，"深入、静心、积极"可以归入情感态度类目标，"观察、欣赏、探究"可以归入技能能力类目标，"关注"及基于"观察、欣赏、探究"之上的则可以视为知识经验类目标。

如果从心理学角度而言，"意识是以心理过程（包括认识、情感、意志过程）为基础的一个有系统的整体。它指的是一个人的心理体验的总和。"[①] 可知，博物意识的提法本身包含认识与情感维度。因而，有的研究者将"博物意识、博雅情趣、博爱情怀"作为并列关系进行阐述的做法，在逻辑上犯有交叉重复错误的嫌疑。

其次，所谓的"完整儿童"，指的是身心健康全面发展的儿童，这是幼儿园教育目标的应有之义，即幼儿园教育目标就是促进幼儿身心全面健康和谐的发展，在"完整儿童"前面加上具有"博物意识"的意思，使得"完整儿童"的涵义就更丰富而全面，深化人们对"完整儿童"的认识，也突显出在幼儿园开展博物教育的价值，即促进幼儿个性化的全面发展。

2. 博物教育课程领域子目标

基于博物教育课程是已有幼儿园课程的重要补充，在博物教育课程领域内容的确定上，我园将之分为"三大领域"——即"寻味民间文化、体验当下生活、关注周边自然"。其中，"寻味民间文化"，包括"非物质民间文化、物质民间文化"；"体验当下生活"，包括"生活用品、交通工具"；"关注周边

[①] 叶奕乾，祝蓓里. 心理学 [M]. 上海：华东师范大学出版社，1988：24.

自然",包括"植物类、动物类、自然物类"等。基于博物教育课程构建的需要,我园在博物教育课程总目标下,又根据三大领域的内容特点,拟定出博物教育课程领域子目标。

(1)"寻味民间文化"博物教育课程目标

了解本地区优秀民间文化,知道家乡悠久的历史文化,热爱家乡;了解中华民族灿烂悠久的历史文化和中国古代人民的聪明才智,对中华优秀传统文化有粗浅的感知,具有初步的民族自豪感、认同感和归属感,热爱祖国,为自己是中国人而自豪;感知本地区和中华民族优秀传统文化的多样性。

其中,又将"寻味民间文化"博物教育课程目标,按"学习领域+心理发展"维度将之细化表述如下:

①乐意与他人交流有关民间文化方面的相关话题,并能积极倾听主动回应。(语言,技能能力)

②能清楚地、较连贯地说出有关民间文化方面藏品的相关信息。(语言,技能能力)

③对有关民间文化方面的故事感兴趣,有良好的阅读习惯。(社会、科学、语言,情感态度)

④喜欢参加民间体育游戏,动作协调、灵活。(健康,技能能力、情感态度)

⑤知道文化的多样性与差异性,尝试发现博物藏品的异同和联系。(社会、科学,知识经验、技能能力)

⑥能积极参与有关民间文化方面的收藏活动,感受收藏的乐趣。(社会、艺术,情感态度、技能能力)

(2)"体验当下生活"博物教育课程目标

对生活中美的事物感兴趣,喜欢欣赏与表征生活中美的事物;喜欢与生活中人、事、物积极互动,对生活中自己喜欢的物品有收藏兴趣;养成健康的生活习惯,对生活充满兴趣。

其中,又将"体验当下生活"博物教育课程目标,按"学习领域+心理发展"维度将之细化表述如下:

①对周围生活充满热爱,能主动与他人分享交流周围新奇有趣的事物。(语言,知识经验、情感态度)

②乐于发现周边生活环境中美好的人、事、物，喜欢收集自己喜欢的物品。（科学、艺术、社会，技能能力、情感态度）

③在博物相关活动中，能用自己喜欢的方式进行创造性表征。（艺术，技能能力）

④理解规则的意义，能遵守相关活动的基本行为规则。（社会，知识经验、情感态度）

⑤养成健康的生活习惯，能较快地适应周边生活环境的变化，对生活充满兴趣。（健康，情感态度）

（3）"关注周边自然"博物教育课程目标

乐于接触大自然，感知大自然的多样性；能主动观察、发现大自然中事物的特征和事物之间的差别，有探究欲望和能力；乐于通过多种表征方式与他人交流、分享周边大自然中新奇、有趣的事物。

其中，又将"关注周边自然"博物教育课程目标，按"学习领域＋心理发展"维度将之细化表述如下：

①乐于探究周边大自然的事物，愿意与同伴分享自己的发现，体验探索自然的奥妙和乐趣。（科学、语言，知识经验、情感态度）

②能保持情绪安定，愉悦地参与户外科学探究活动，爱护身边的动植物，友好对待他人。（健康、科学、社会，情感态度、技能能力）

③在探究活动中，能初步自主解决实际问题，遇到困难能与同伴想办法一起克服解决。（科学、社会，技能能力、情感态度）

二、幼儿园博物教育课程内容

课程内容是课程展开的载体，课程内容的选择与组织直接影响课程实施的质量。在幼儿园博物教育课程活动中，关注课程内容就意味着关注课程质量。

（一）幼儿园博物教育课程内容选择原则

幼儿园博物教育课程作为幼儿园课程体系中有机组成部分，在课程内容选择上同样应遵循幼儿园课程内容选择的基本原则，如目标性原则，即所选择的课程内容必须符合并有助于实现课程目标；适宜性原则，即指所选的课程内容要符合幼儿的发展水平、是幼儿力所能及的，也要贴近幼儿的生活、是幼儿喜闻乐见的，还要考虑幼儿发展的整体需要；生活性原则，即生活是幼儿园课程内容的重要来源，在选择与提供幼儿学习的内容时，应尽可能是幼儿在现实生活世界中看得见、摸得着，能够亲身感受与体验的经验，同时又不是生活事件的堆积，而是基于生活又高于生活；兴趣性原则，即在选择课程内容时要从幼儿感兴趣的事物中寻找富有教育价值的内容，将富有教育价值的内容转化为幼儿的兴趣，使学习活动变得轻松愉快，让幼儿在自觉而积极主动中获得发展。

此外，在幼儿园博物教育课程内容选择上，特别强调应关注文化性和广博性原则。

1. 文化性原则

博物教育课程内容选择的文化性原则，指的是在选取博物教育课程内容时，应紧紧围绕文化认同启蒙教育价值这一主线，在博物教育课程内容选取上应适当突显"物"的人文性、历史文化维度，应多从本地区、本民族所积淀的中华优秀传统文化中选取适宜的课程内容，让幼儿通过博物教育课程活动，了解当地文化，增强对中华优秀传统文化的认同与体悟。

如，我园在开展博物教育课程中选取了南音、梨园戏、木偶、陶瓷、茶文化、古城街巷、蟳埔风情、惠安女、闽南古厝、"拼"文化等本土优秀传统文化相关内容，开展了博物主题课程活动，如《囡仔话茶》《木偶奇遇记》《遇见最美西街》《踩街真热闹》《最爱闽南红》《咱厝的赶海人》《蟳埔小渔村》《船奇之旅》《印象惠安女》……将传统文化元素与博物课程巧妙融合，让儿童学会用博物的眼光回望中国传统文化，做中国人，传中国精神。

2. 广博性原则

"物"是幼儿园开展博物教育活动的对象，也是载体，且这个"物"是"广博而多样的"，博物教育课程是一种综合学习活动，通过博物教育课程带给幼儿多方面的有益经验。那么，博物教育课程内容的选择上就应该是多元、广博而丰富的。

广博性原则，体现在博物教育课程内容不仅包括文化方面，还包括自然、社会、科技等方面，即包括文化类、自然类、社会类和科技类博物教育内容；还体现在即使是同一类"物"（内容）的层面上，也应突显种类的丰富多样。如生活类博物教育课程中的"物"，就有生活用品类、玩具类、美食类，其中，生活用品类又分为帽子、衣服、鞋袜、杯具、餐具、炊具等，而"帽子"又有礼帽、公主帽、运动帽、官帽等，而每一种帽里又可以有不同造型的帽子；玩具类按年代分为"爷爷奶奶的玩具""爸爸妈妈的玩具""我们的玩具"，按品种则分为"木制玩具""毛绒玩具""电动玩具"等；美食类有元宵、米粿、春卷、海蛎煎、面线糊等。

我园根据本园实际所确定"寻味民间文化""体验当下生活"和"关注周边自然"三大博物教育课程领域内容，本身就是基于博物教育课程内容的广博性原则而确定的。

其中，"寻味民间文化"指的是本地区和中华优秀传统文化，包含物质文化、非物质文化和民间饮食文化，如让幼儿在闽南古厝里，在街角巷弄里，在朗朗童谣声中印刻闽南印记，让幼儿自然浸润在闽南文化之中，体验"爱拼敢赢"的闽南情怀。"体验当下生活"指的则是生活中一切美的事物都是课程内容的选择，如各种炊具、电器、餐具、服装鞋帽伞包、食品包装纸盒、交通工具、生产工具、学习用品、玩具、书、手机等。"关注周边自然"指的是幼儿生活周边的一切自然物和自然环境，具体又包含植物类、动物类和石头、泥土、水、贝壳等自然物。

（二）幼儿园博物教育课程内容组织方式

幼儿园博物教育课程内容的组织，主要是根据具体的内容性质与年龄班幼儿水平，灵活地采用纵向组织法和横向组织法。

1. 纵向组织法

纵向组织法指的是根据各年龄段特点，在课程内容安排上体现出先后顺序的排列方式，由浅入深，由易到难，由简单到复杂。如我园井亭园区三条廊道的环境创设，依照小中大班不同的年龄特点，打造的博物教育课程内容是有所侧重的。

其中，一楼廊道毗邻美食坊，整体布局以"食育"为主，下设闽南炊具馆和美食坊，除了摆放静态的号勺、石磨、石臼、印模、蒸笼、锅碗瓢盆等生活物以外，我们也引入饼干、花生糖、龟粿、元宵、糖粿、炸枣、润饼菜、蛋糕、饺子等制作体验活动。让中班幼儿在烹饪活动中了解闽南小吃的发展历史、时代变迁和制作工艺。

二楼廊道则以创设适宜小班幼儿观察与操作的快乐生活馆，下设生活物展示馆和亲亲宝贝屋，截至目前，我们举办过杯子、瓶子、鞋子、帽子、纸艺、厨具、玩具、图书等不同的生活物品展览。当然博物的展品并不都是现成的，我们还提供各种低结构材料或者半成品让幼儿自己动手制作，他们模仿藏品，大胆想象，积极创造，完成的优秀成品也可收入博物馆之中。如在纸艺展区，目之所见除了刻纸、剪纸、折纸、绘画等纸张工艺品，还有幼儿与家长们制作的纸张服装、纸张帽子、用纸张搭建的房子等。

三楼则以闽南文化为中心，我们依据大班幼儿的年龄特点对各种优秀戏曲进行筛选，分阶段开辟出"南戏体验馆""开心木偶剧团""踩街风情秀"等不同的展区。在"南戏体验馆"区里，将琵琶、二胡、锣钹、压脚鼓、木鱼、拍板、响盏、洞箫、唢呐等泉州戏曲表演所需的各种器乐按照不同的表演位置悬挂、摆放，同时配合多媒体设备，循环播放泉州戏曲，让幼儿能够静心倾听传承千百年的戏曲，感知南戏的艺术魅力，同时可以深入探究不同乐器的造型、发声特点，自主尝试演奏，初步建构对戏曲的经验；在"开心木偶剧团"中，我们以泉州久负盛名的提线木偶作为主展品，在展柜中摆放如《西游记》《闹新春》《驯猴》等不同经典提线木偶戏角色，让幼儿借助视觉体验发现其异同，了解悬丝傀儡一静一动的奥秘。同时设置三个木偶小舞台，幼儿可以用提线木偶、掌中木偶、杖头木偶三种木偶，依据自身已有经验自由创作、编撰剧情和情节，合作演出木偶戏；在"踩街风情秀"馆区里，我们将泉州的踩街文化以展板的形式呈现，利用多媒体循环播放各种踩街片段，利用长廊两侧摆放拍胸舞、彩球舞、火鼎公婆、舞龙舞狮、游花灯等传统踩街节目的道具、服饰，鼓励幼儿合理协商，有序分工，自主装扮，在园内复现踩街文化，重现元宵节日欢腾游乐的盛景。

2. 横向组织法

横向组织法指的是打破传统的知识体系，使课程内容与幼儿的已有经验连成一体，横向组织的关键词即"整合性"，主要表现在：新知识与旧经验在交互作用中不断整合起来；不同学科的知识在差异得以尊重的前提下得以整合起来，消除学科之间彼此孤立的对立局面，以使学科知识良性发展，使幼儿的学习产生最大限度的累积效应；课程内容以社会生活的需要为中心整合起来并将社会生活视为具有内在联系的整体。

我园在确保博物教育课程形式多样化的同时，倡导以博物主题为主要形式推进博物教育课程的开展，如我们曾开展过的博物教育主题课程有小班博物主题"叶子的秘密""铁罐大变身""枝丫丫""泉州小吃真好呷""超级糖果趴"，中班博物主题"我的昆虫日记""'绳'秘之旅""玩转石头""嗨，足球""布的世界"，大班博物主题"小小造桥师""上新了，博物馆""'船'奇之旅""走街串巷""碗的大咖秀"等。这些博物主题课程活动便是横向组织法在博物教育课程内容编排上的具体运用。

（三）幼儿园博物教育课程内容基本框架

幼儿园博物教育课程内容体系，主要介绍我园所编的供全园教师使用的《幼儿园博物教育课程资源地图一览表》和历年来所开展过的博物主题课程资源库。我园在幼儿园博物教育课程内容体系的构建中，主张内容既相对稳定成系统，又能体现时代特点，具有一定的灵活性与新颖性。

1. 幼儿园博物教育课程资源地图

基于上述博物教育课程内容选择原则，我园根据本园实际情况，对周边可利用的博物教育课程资源进行梳理，并形成相应的博物教育课程资源地图，以供教师在开展博物教育课程时有的放矢加以选择利用。

我园博物教育课程资源地图表

资源类别		资源项目	资源内容	资源分布与可利用情况	活动开展设想	展馆与具体展区设想
非物质文化民间文化	民间文学	泉州歌诀（童谣）	《一只鸟仔》《草蜢弄鸡公》《天乌乌》《正月点灯红》《羊仔》等		学习童谣、手绘童谣、创编童谣、童谣编歌、童谣舞蹈	传说手绘图、童谣情景图片、录音机、童谣CD、各种服装道具、幼儿活动花絮及学习海报等
		民间故事传说	《西游记》《神笔马良》《司马光砸缸》《孔融让梨》《木兰从军》《愚公移山》《三个和尚》《铁杵磨成针》《鲁班学艺》等	非遗传承人、老一辈本地人、闽台缘博物馆、图书馆内相关书籍等	1.语言领域：讲述、应答等 2.戏剧表演：创编、表演等 3.美术创作：舞台背景、道具等的设计与制作	相关文学作品图书或图片、照片
	传统音乐	泉州南音	南音《直入花园》《一路来》等	南音社、府文庙、老人活动中心等	1.语言领域：讲述、应答 2.健康领域：协调性 3.社会领域：合作、协商 4.建构游戏：搭建舞台	1.实物、模型、图片或照片 2.幼儿参与制作的作品 3.幼儿体验操作区（馆） 4.参观、欣赏、写生、制作等
		民间舞蹈	火鼎公婆、拍胸舞、车鼓舞、舞龙舞狮、贡球、大鼓凉伞舞、唆啰嗹等	民间表演团体、社区表演组织等		

（续表）

资源类别	资源项目		资源内容	资源分布与可利用情况	活动开展设想	展馆与具体展区设想
	民间戏剧	人戏	梨园戏：《陈三五娘》《桃花搭渡》等	梨园剧团、锦绣庄、家长资源等		
			高甲戏：《李亚仙》《娄阿鼠》等	高甲剧团、锦绣庄、家长资源等		
			北管、歌仔戏、打城戏等	民间表演团体、社区表演组织等		
		偶戏	木偶戏：《火焰山》《赵氏孤儿》《驯猴》等	木偶剧团、锦绣庄、家长资源等	1.欣赏视频、木偶互动、参观剧团、观看表演、模仿扮相、动作学习等 2.艺术领域：表演、扮相、制作木偶等	1.展示以服饰、木偶、小样藏品等实物为主，相片、图片相辅 2.创设表演区，投放录音机和可操作（扮相）的材料，可让幼儿模仿相、学习肢体动作，让幼儿表演，定期表演填写 3.制作区：各式各样的手偶、指偶、掌偶、手影幕布、玩具、手套等
			嘉礼戏、布袋戏、皮影戏等			

37

（续表）

资源类别	资源项目	资源内容	资源分布与可利用情况	活动开展设想	展馆与具体展区设想
	民间乐器	响盏、拍子、小叫、压脚鼓、锣、二弦、三弦、洞箫等	乐器店、梨园剧团等	1.社会领域：参观乐器店或剧团体 2.艺术领域：尝试演奏乐器，为歌曲伴奏	闽南乐器坊、表演区
	民间音乐	南音、北管、歌仔等	民间表演团体、社区表演组织等	1.社会领域：参观了解 2.艺术领域：欣赏感受、表征发现、模仿学习及写生创作等	图片展示、视频播放、乐器实物等
	方言曲艺	讲古、答嘴鼓、锦歌说唱、月琴说唱	民间表演团体、社区表演组织等		
传统美术手工技艺	纸雕	李尧宝刻纸艺术	1.文庙、锦绣庄、闽台缘博物馆等 2.实物、幼儿作品、历史演变图、幼儿的问题和看法	1.艺术领域：制作、手工、欣赏、绘画、表演等 2.社会领域：家乡文化等 3.认识工具 4.尝试活动	1.纸雕、木雕（包括木偶）、石雕、瓷雕、刺绣、竹编等民间工艺作品（图片、实物） 2.工人制作作品的简单流程图 3.幼儿参与制作的作品等 4.幼儿体验操作区（馆） 5.实物、幼儿作品、步骤图、历史演变图、幼儿的问题和看法
	木雕	木雕、木偶、根雕等作品（实物、模型、照片或图片）			
	石雕（石刻）	石雕、石刻作品（实物、模型、照片或图片）			
	瓷雕（陶艺）	瓷雕作品（实物、模型、照片或图片）			
	刺绣	刺绣作品（实物、模型、照片或图片）			
	竹编	竹编作品（实物、模型、照片或图片）			
	漆线雕	漆线雕作品（实物、模型、照片或图片）			

（续表）

资源类别	资源项目	资源内容	资源分布与可利用情况	活动开展设想	展馆与具体展区设想
民俗文化	妆糕人	妆糕人作品（实物、模型、照片或图片），面塑泥、捏面人工具套装、软胶模具、木棍等			6.幼儿彩绘作品 投放各种自然物、生活用品、闽南建筑材料等，布置彩绘场景，并展示幼儿作品
	花灯	花灯作品（实物、模型、照片或图片）			
	纸织画	纸织画作品（实物、模型、照片或图片）			
	彩绘	建筑彩绘、人体彩绘、物品彩绘			
	过年	除尘、贴春联、年夜饭、拜年等	非遗传承人、老一辈本地人、闽台缘博物馆等	1.资料调查及分享交流 2.艺术领域：《过新年》《扒龙船》《上元丸》等原创音乐活动及"做香包""花灯展""赛龙舟"等美术活动 3.主题活动："惠安女""蟳埔女"，了解惠女斗笠、头巾、腰饰及蟳女文化及簪花围	1.节日活动照片、图片 2.活动的节日服装实物、图片、照片 3.活动演变过程的实物、图片、照片 4.幼儿体验操作区（馆） 5.习俗图片、相关道具，与现代婚嫁比对图
	闹元宵习俗	踩街、元宵灯展等			
	端午节习俗	端午节包粽子、划龙舟、挂艾叶等			
	清明节习俗	清明节扫墓			
	中秋节习俗	中秋博饼			

39

（续表）

资源类别	资源项目		资源内容	资源分布与可利用情况	活动开展设想	展馆与具体展区设想
	惠女风情		崇武古城		蟳埔女服饰、开蚝生活等蟳埔文化 4.生活活动：包粽子、团元宵、中秋饼、清明粿等	
	蟳埔女文化		蟳埔村			
	婚嫁		用品、习俗			
	清明节		扫墓、包润饼			
	七夕节		七夕粿			
民间游戏	跳		跳皮筋、花绳、跳格子	家长资源、小学生、网络资源	户外活动、体育活动、早操活动等	1.场地设置 2.提供相应的户外玩具
	纸张		纸青蛙、卡片、东西南北中			
	其他		传声筒、石子、毽子、丢手绢、弹珠子、陀螺			
物质文化	闽南建筑	闽南民居	蔡氏古民居建筑群	1.图片、参观照片、幼儿自制的建筑物、现代建筑图等 2.蔡氏古民居、状元街、牌坊、杨氏（吴氏）宗祠、开元寺、承天寺、清净寺、文庙、天后宫等 3.参观博物馆、参与体验非遗活动、记录等	1.建构游戏：空间建构，设计等 2.艺术领域：绘画、写生、欣赏、手工、表演等 3.语言领域：传说等	1.以图片、照片或模型等形式展出这个文化的各载体 2.幼儿在参与这个主题活动所产生的相应的作品（包括制作作品、实地参观照片等） 3.幼儿体验操作区（馆）
		城楼、宗祠、牌坊	威远楼、朝天门、临漳门			
		宗教建筑（寺庙与圣墓群）	开元寺、承天寺、清净寺、府文庙、天后宫、灵山圣墓			
		地名传说	二郎巷、状元街、台魁巷、涂门街等			

（续表）

资源类别	资源项目	资源内容	资源分布与可利用情况	活动开展设想	展馆与具体展区设想
	博物馆、文化馆	闽台缘博物馆、泉州博物馆、泉州海外交通史博物馆、泉州华侨历史博物馆、泉州文化馆、泉州非遗文化馆等（井亭园区资源）泉州市文化艺术中心、泉州东海工人文化宫、泉州市图书馆、泉州市科技与规划馆、泉州大剧院等（东海园区资源）	4.泉州文创产品、老旧西街相片、闽南红砖、花砖、红砖古厝模型、番仔楼骑楼模型、房檐雕花、窗户雕花模型等5.桥的模型、桥的装饰物、桥的手工品、桥的纸盒模型玩具、一些低结构材料建构的桥6.书的结构展示图（封面、环衬、封底、扉页、正文等）		
古代桥梁	石桥	洛阳桥、安平桥			
	木桥	东关桥			
古代塔	石塔	东西塔、姑嫂塔			
	木塔	开元寺双塔原型			
	砖塔	定心塔			
古代书	古书	古书、竹简、甲骨文、有声书、立体书、翻翻书、布书、小人书、连环画、书架、案板、书签、书立、借书板等			

41

（续表）

资源类别		资源项目	资源内容	资源分布与可利用情况	活动开展设想	展馆与具体展区设想
其他类		特色建筑	崇武古城、蚵壳厝、骑楼			
		棋类	亚克力展示柜、圆形旋转收纳盒、各国棋子、棋子硅胶模具、精致棋盘			
		球类	历届世界杯吉祥物公仔、足球队服、球星公仔、奖杯模型			
民间饮食文化	民间小吃	食品类	侯阿婆肉粽、元宵圆、润饼、海蛎煎、面线糊、碗糕、夹包、润饼菜、永春白鸭汤、土笋冻、米粿等	各小吃店、特产店等	1.角色游戏：闽南小吃一条街 2.艺术领域：手工制作 3.数学领域：计算、分类 4.社会领域：小吃习俗 5.生活技能：切、摘、刨等技能	1.活动照片、图片、实物 2.小吃主要工具的实物、图片、实物。 3.幼儿体验操作区（馆）
	土特产		源和堂蜜饯、涂门贡糖、口花生、永春麻花等			
		茶饮类	安溪铁观音、永春佛手、茶杯、茶盏、茶叶、茶叶罐、茶宠、茶道六君子、各种茶包装（塑料、纸、罐、瓶等） 茶饼、茶叶、茶便、茶末、茶包、茶树、茶籽等	茶叶店、茶馆	1.生活活动：捡茶叶、包茶包 2.艺术活动：设计茶包及包装盒、茶壶想象画、"茶茶女"等	创设茶艺坊

第二章 幼儿园博物教育课程目标与内容

（续表）

资源类别	资源项目	资源内容	资源分布与可利用情况	活动开展设想	展馆与具体展区设想
生活用品 — 炊具类	现代类	电饭锅、电磁炉、铲、调味盒等		1.科学领域：比较不同锅具、勺子的功用 2.艺术领域：印模花纹	1.生活中常见的各种各样的炊具与餐具的实物、图片、照片及幼儿参与制作的作品。 2.生活中常见的各种各样的炊具与餐具的主要演变历程，包括实物、模型、图片、照片等。 3.幼儿体验操作区（馆）。
	传统炊具	饭勺、水勺、漏勺、印模、竹刷、丝瓜囊、锅刷、葫芦勺等	厨具店、宜家、超市、杂货铺、闽南建筑博物馆等		
生活用品 — 餐具类	进餐用具	盘子、碗、筷子、刀叉、杯子		1.美术领域：美工《杯子穿花衣》、折纸《纸杯》 2.艺术领域：歌曲《会唱歌的杯子》《玻璃保温》《塑料》 3.科学领域：《纸杯电话》 4.数学：《给杯子分类》 5.健康领域：《用自己喝水身体好》 6.创游：拼插杯子、"杯子店"等	1.区域活动：小班娃娃家 2.益智区：比较大小、给杯子分类 3.美工区：橡皮泥装饰杯子、画杯子 4.音乐区：杯子打击乐 5.体育：滚动杯子 6.环境创设：杯子展览

43

（续表）

资源类别	资源项目	资源内容	资源分布与可利用情况	活动开展设想	展馆与具体展区设想
服装鞋帽伞包类	服装、日常用品	卫衣、风衣、毛衣、羽绒服、背心、裙子、裤子、纽扣、毛线、蓑衣、船桨、鱼篓	相关故事、帽子商店、红帽子志愿者队、帽子展览会及网络资源。如：民族帽子、帽子种类、古代的帽子、帽子的用途、折帽子、装饰帽子、设计帽子、帽子戏法、帽子舞、帽子秀、帽子游戏、帽子操等	1.艺术领域：装饰、手工、设计、空间造型 2.数学领域：时间空间、分类、集合概念 3.科学领域：找空气等科学小探究 4.社会领域：节约环保 5.语言领域：认字、描述外形 6.健康领域：自我服务意识、跳的技能	1.生活中常见的各种各样的服装鞋帽伞包类的实物、图片、照片及幼儿参与制作的作品 2.生活中常见的各种各样的服装鞋帽伞包类的主要演变历程、包括实物、模型、图片、照片等 3.幼儿体验操作区（馆）
	鞋子	凉鞋、拖鞋、皮鞋、运动鞋、长筒靴			
	帽子	圆帽、针织帽、宽边帽、棒球帽、遮阳帽、网球帽			
	伞	雨伞、太阳伞			
	包袋	书包、旅行包、运动包、手提包、皮包、背包			
食品包装盒类	纸盒、纸制品	生活中的纸制品、纸盒、纸袋、生活中常见不同纸类材料、常见的用途成品	家长资源、饰品店、工艺品店、锦绣庄等	1.生活活动：整理收纳 2.艺术活动：装饰彩绘、手工制作 3.社会活动：环保行动	1.生活中常见的各种各样的包装盒类的实物、图片、照片及幼儿参与制作的作品 2.生活中常见的各种各样的包装盒类的主要演变历程、包括实物、模型、图片、照片等 3.幼儿体验操作区（馆）
	铁盒木盒塑料盒	糖果盒、音乐盒、茶叶盒等			
	瓶子	各种各样的瓶子、素坯瓶子、碎花布、玻璃瓶、展示架			
	食品类	健康食品、垃圾食品			

第二章 幼儿园博物教育课程目标与内容

（续表）

资源类别	资源项目	资源内容	资源分布与可利用情况	活动开展设想	展馆与具体展区设想
生活中好帮手	小工具木工	锤子、剪刀、钳子等，多层防护手套、护罩衫、安全帽、防护目镜、斧子、锤子、各式各样的钉子、不同型号的螺丝螺母等，软颗粒板、硬颗粒板、密度板、实木板、多层实木板、松木、杉木、榉木、橡木等不同软硬程度、不同纹路生态木。带皮木头废料等原生态木头、树枝、竹子、藤条等不同状态的自然物	五金店、五交店、家具厂	体验活动：木工劳作	1.常见的生活好帮手的实物、图片、照片及幼儿参与制作的作品 2.幼儿体验操作区（馆） 3.工具实物展示区 4.布置信息发展历程板，展示各种信息工具
	小家电	榨汁机、绞肉机、豆浆机、洗碗机、消毒柜	商场、超市、网络资源等。	生活活动：学习使用	
	生产工具（工业生产工具）	螺丝、螺帽、各种铜线、铁线、铝线	五金店、五交店、家具厂	1.科学领域：螺帽的功能 2.数学领域：排列、比较等 3.艺术领域：工业用线的造型	
		管子	水管店、五交店、城市管道建设、小区环境	1.建构游戏：不同型号管子的连接 2.科学探索：管子的原理和特性	

45

（续表）

资源类别	资源项目	资源内容	资源分布与可利用情况	活动开展设想	展馆与具体展区设想
	生产工具（农业生产工具）	簸箕、扁担、筛子、石臼、锄头、铁器、石磨、曲辕犁、简车、犁、耙、刀、干稻草、干谷穗、芦苇扫帚、丝瓜瓤、葫芦瓢、各种果核、水果籽、农作物种子、玉米操作工具、干稻草、干谷穗、芦苇扫帚等	家长资源、专业人士、农场等	1.健康领域：开心农场耕作 2.社会领域：生活坊操作 3.艺术领域：装饰、创意制作	
	学习用品	笔、文具盒、纸	文具店、超市、网络资源	1.社会领域：收拾整理学习用品 2.数学领域：分类、比较等 3.科学领域：纸的生产	
	信息工具	书、报纸、电脑、手机等	图书馆、电脑城、通讯商品街	可开展系统的信息工具，也可以围绕单个信息工具展开	
玩具	传统童玩	皮筋、花绳、石子、卡片、陀螺、传声筒、纸青蛙、毽子、东西南北中、手绢、木制七巧板、纸鸢、竹蜻蜓、拨浪鼓、纸翻花、布老虎、空竹、九连环、不倒翁、鲁班锁、陶响球、沙包、泥咕咕等以前用的生活用品，如：时钟	家长资源、网络资源	1.科学领域：了解不同玩具工作的原理，如电池的安装、发条转动 2.艺术领域：玩具歌曲、设计玩具 3.社会领域：合作、分享	1.生活中常见的玩具的实物、图片、照片及幼儿参与制作的作品 2.玩具主要演变过程的实物、图片、照片 3.幼儿体验操作区（馆）

46

（续表）

资源类别	资源项目	资源内容	资源分布与可利用情况	活动开展设想	展馆与具体展区设想
	现代玩具	电话等、及个人藏品，如：小人书、胸章、邮票等 发条玩具、遥控玩具、电动玩具、拼图玩具、变形玩具、木制玩具、毛绒玩具等。如：小挖掘机、小铲车、钓鱼玩具、毛绒玩偶、手敲八音盒、蓝牙话筒、发条玩具、打地鼠、陀螺、敲冰块、俄罗斯方块、积木、拼图、翻斗车等	超市、商场、网络资源	4.数学领域：分类、集合 5.语言领域：表达自己喜欢玩具的外形、原因等	
交通工具	海上交通工具	轮船、帆船、游艇、皮筏艇、独木舟、快艇、救生艇、气垫船、观光船、竹筏、排等		1.科学领域：了解其发动原理 2.社会领域：不同种类车的功用、学习乘车技巧 3.健康领域：学习骑车	1.生活中常见的各种各样的交通工具的模型、图片、照片及幼儿参与制作的作品 2.生活中常见的各种各样的交通工具的主要演变历程，包括模型、图片、照片等 3.幼儿体验操作区（馆）
	地上交通工具	自行车、轿车、摩托车、动车、火车、出租车、拖拉机、无轨电车、地铁、人力车、轿子、滑板车、救护车（三轮车）、消防车、马车等各种汽车、车模型、马路、红绿灯等、交警人物服装	家长资源、网络资源、码头、港口、停车场、汽车维修4S店、机场等		
	天上交通工具	飞机、火箭、宇宙飞船、热气球等			

47

（续表）

资源类别		资源项目	资源内容	资源分布与可利用情况	活动开展设想	展馆与具体展区设想
动植物和自然物	植物类	树类	梧桐树、果树、榕树等	1.每个分类还可从种子、根、茎、叶、果实等区分 2.实物或图片、玩法图 3.家庭资源、中山公园、湖心街根雕店、菜市场 4.参考《树丫丫》《奇妙的根》《落叶飘飘》《有趣的竹子》等	1.科学领域：植物生长的过程 2.艺术领域：创意植物绘画、手工、写生、稻草人的制作 3.社会领域：创设蔬菜、水果沙拉等，学习合作种植、叶或果实工 4.数学领域：测量、排列、分类、集合 5.健康领域：手眼协调技能的锻炼	1.生活中常见的各种各样植物的根、叶或果实等实物、标本、图片、照片 2.幼儿参与制作生活中常见的各种各样植物的根、叶或果实等实物、标本、照片等 3.幼儿体验操作区（馆）
		草类	含羞草、松香草、地毯草等			
		蔬菜类	青菜、西红柿、丝瓜等			
		庄稼类	稻子、小麦、玉米、豆类等			
		花卉类	菊花、梅花、茉莉花、马缨丹、紫花马缨丹、六道木、虾衣花、紫珠、长寿菊、乌尾花、蓝扇花、乒乓菊、石榴花、木荷高、新几内亚凤仙、假连翘、小叶龙船花、蓝雪、松红梅、凌霄花、五星花、桂花、紫娇花、小木槿、蓝雪花、山桃花、红花玉芙蓉、栀子国香水花、紫云杜鹃、金焰绣线菊、蝶豆花、迎春花、含笑花、红萼龙吐非洲凌霄、美女樱、肾形草、黄婵珠、巴西野牡丹、橙钟花、多花山扁豆、蝶豆花等			
	动物类	昆虫类	晶蛋、蚕、蝴蝶、蛐蛐等。昆虫图书及绘本、昆虫标本、图鉴、真昆虫、昆虫模型及模拟昆虫养护盒	1.动物图片、相关书籍、动物生长过程图、标本、幼儿的观察日记、幼儿制作的模拟昆虫	1.科学领域：动物的生长过程的演变 2.艺术领域：写生、手工	1.生活中常见的各种各样的动物实物、图片、标本、照片 2.幼儿参与收集、认

48

（续表）

资源类别		资源项目	资源内容	资源分布与可利用情况	活动开展设想	展馆与具体展区设想
	水里游	蟹类	螃蟹	虫（小动物）的"家"，幼儿的问题墙 2.家长资源，东湖公园、童亿软件等多媒体、	3.数学领域：类概念 4.社会领域：学习照顾小动物 5.语言领域：描述不同动物的外形、习性，大胆表达自己的观点	识以及制作生活中常见的各种各样的动物的实物、标本、图片、照片等 3.幼儿体验操作区（馆）
		虾类	龙虾			
		鱼类	海龟、鲨鱼、鲸鱼、海马、金鱼			
		其他	乌龟			
	地上走		小鸡、老虎、大象、狗熊、斑马、狮子、奶牛			
	天上飞		麻雀、老鹰、鸽子、鹦鹉、天鹅、燕子。			
	灭绝	恐龙	恐龙化石、恐龙仿真玩具、恐龙蛋、仿真草坪、各种恐龙化石书籍、恐龙模型、以及典型恐龙的各名称对照图、几种恐龙的身体结构图、各种小型物件、大铁卵石、木盒子、闲置的牙刷、盆子、排笔、鞋刷、小锤子、一字螺丝刀等			
自然物类	石头	水晶	孔雀石、粉晶、蓝水晶、水晶、发晶、玛瑙	家长资源、网络资源、惠安石雕厂、周边公园	1.科学领域：亲亲泥土，了解泥土、沙石的特性 2.艺术领域：欣赏不同造型的石头，装饰画、手工、沙画	1.各种各样的鹅卵石等小石头或贝壳类的实物、图片或照片 2.幼儿参与收集、识以及制作生活中
		花岗岩	承德绿花岗岩、产钻石等			
		大理石	天然大理石、汉白玉、红、人造大理石、南江			

第二章 幼儿园博物教育课程目标与内容

49

（续表）

资源类别	资源项目	资源内容	资源分布与可利用情况	活动开展设想	展馆与具体展区设想
	鹅卵石			3.数学领域：空间建构、数数 4.健康领域：亲近自然、玩沙、玩泥	常见的各种各样的鹅卵石等小石头或贝壳类的实物、标本、图片、照片等 3.幼儿体验操作区（馆）
泥			开心农场、家长资源	泥塑活动	
水			水池、鱼池、自来水公司、污水处理厂、沙池	小实验、玩水活动等	
贝壳类	扇贝、螺壳	海螺、蛏、花蛤、蚌、蚝等	海域、家长资源	角色游戏、彩绘、节奏音乐活动等	
种子	植物种子	各种植物种子、种子类绘本图鉴、瓶子等。 各种果子（如花生、松果、水果等）、果核等	家长资源、开心农场、农贸市场等	科学认知、种植试验、生活劳作品尝活动、艺术排贴等	"种子博物馆"展区投放： 1.搭大棚膜材料、尺子、浇水壶、铲子、相关绘本、放大镜、种植百科书 2.榨汁机、展示架、塑料水果刀+塑料砧板、果子横切面模型 3.材料置物柜或材料植物架

2. 幼儿园博物教育课程内容安排

我园在十余年的博物教育的实践研究历程中，在每学期的博物教育实施过程中，主张以主题课程形式来进行博物教育，并形成主题课程资源库。如下是我园十余年来开展得比较成功的主题的汇总。

各年龄段常见主题课程内容一览表

主题名称 年龄班		主题一	主题二	主题三	主题四	主题五	主题六	主题七
小班	上	魔力小圈圈	汽车总动员	果子缤纷乐	萌萌小兔	咕噜咕噜滚	亲亲小脸	色彩城堡
	下	糖果乐园	罐罐乐园	奇妙的圆圈	球，真好玩	枝丫丫	扇扇可爱	香香世界
中班	上	与泥相遇	遇见土豆	荷兰豆成长记	草儿青青	伞伞惹人爱	鞋子对对碰	走进纸王国
	下	探布之旅	"绳"秘之旅	我的昆虫日记	二十四节气	好玩的线绳	乘风破浪的船	京剧满园
大班	上	走街串巷	"棋"乐无穷	哈啰！玉米	种子博物馆开馆啦	图书馆那些事	遇见小"莓"好	寻桥记
	下	走进古大厝	走进纸王国	"船"奇之旅	"豆"来逗趣	纸趣横生	恐龙大探秘	地图大探秘

3. 幼儿园博物教育课程内容简述

以下从所开展的三个年龄段的博物主题课程库中各节选两个活动，节选的博物主题课程活动主要呈现"主题资源"和"主题实施途径的设想"，相同的课程资源与幼儿所建立的关系不一样，生发的相应活动也是不一样的，不一样的活动内容所形成的主题课程内容也是不一样的，其相应的主题课程目标自然也会随着主题课程内容的变化而变化。

（1）小班博物主题课程内容节选

主题一：汽车总动员

一、主题资源

通过家园配合、幼儿园与社区互动等途径，收集主题活动所需要的汽车图片、交通标识和亲子作品"马路",鼓励家长在空闲时间带幼儿去看看路上常见的车,一起观察汽车的外形特征等,丰富幼儿的汽车与交通规则的知识经验。

1. 按照车辆用途分类收集相关模型,主要有:代步车、载货汽车、挖掘机、客车、出租车等以及警车、救护车、消防车等特殊车辆。

2. 按照车辆品牌的标识收集相关图片,主要有:奔驰、宝马、大众、标致、丰田、奥迪等等各类车标。

3. 收集交通标志。交通标志是用文字或符号传递引导、限制、警告或指示信息的道路设施,又称道路标志、道路交通标志。交通标志有多种类型,主要有:主要标志和辅助标志;可动式标志和固定式标志;照明标志、发光标志和反光标志;以及反映行车环境变化的可变信息标志。

二、主题实施途径的设想

1. 集体活动

序号	领域	活动名称	活动目标
1	语言	谈话:汽车大调查	1. 发现并收集生活中常见的汽车图片 2. 能安静地倾听他人讲述,共同分享自己和汽车有趣的故事
2		谈话:我最喜欢的汽车	1. 尝试与同伴分享自己喜欢的汽车,并说出原因 2. 能注意倾听别人的分享并给予回应
3		故事:下雨的时候	1. 学习故事中的对话 2. 能关心同伴并与同伴友好相处
4	健康	红绿灯	能根据红绿灯的信号走或停
5		送汽车回家	能根据汽车的颜色,将汽车送回到对应颜色的框内
6	社会	乘车安全	1. 知道乘坐汽车时不随意按动车内按钮,不干扰成人开车,不把头和手伸出窗,开关车门时注意安全 2. 想加入同伴的游戏,能提出友好的请求

续表

序号	领域	活动名称	活动目标
7		加油站里的安全	1. 了解交通安全规则和常识 2. 培养观察力和判断力,增强安全意识
8		数学：小小停车场（一）	1. 能按汽车的种类和颜色进行分类 2. 可以用"把××和××放一起"表述分类结果
9		数学：小小停车场（二）	1. 可以手口一致点数 3 以内的汽车并说出总数 2. 能进行 3 以内的按数取物、按物取数
10	科学	科学：喜欢的汽车	1. 能仔细观察感兴趣的玩具,发现其明显特征 2. 能按提示或要求收放玩具
11		科学：汽车动起来	1. 探索让汽车动起来的方法,关注动作所产生的结果,体验玩汽车的乐趣 2. 愿意与同伴交流自己玩汽车的发现
12		科学：轮子	1. 探索轮子的玩法,体验玩轮子的乐趣 2. 感知、发现轮子是可以滚动的,知道常见、会动的车子有不同数量的轮子
13		绘画：我的小汽车	乐意观察汽车,能用画笔画出小汽车
14		撕贴画：小汽车	1. 初步尝试用撕、贴的方式表现汽车身上的颜色 2. 乐意动手制作,体验撕贴活动的乐趣
15	艺术	歌唱：开汽车	1. 能用自然的声音舒适地歌唱,学习仿编歌词 2. 敢于在集体中大胆表现,体验合作创编与用歌声交流的快乐
16		韵律：我是汽车小司机	1. 认真倾听音乐,愿意跟随教师随乐有节奏地走、跑、跳 2. 能根据提示,控制自己的身体,初步合拍地做立正、转圈、下蹲等简单动作
17		手工：警车撕撕乐	1. 尝试用撕下的彩纸装扮警车 2. 体验创作撕贴画的快乐

2. 区域活动与环境创设

序号	小组名称	材料与环境创设	活动预期效果
1	创意坊	1. 提供画纸、蜡笔、颜料、报纸等,让幼儿为各种各样的汽车穿上漂亮的衣服 2. 提供牙膏盒、药盒、纸卷心、轻泥土等废旧材料,让幼儿自制小汽车 3. 提供纸皮、卡纸、白乳胶、报纸,让幼儿制作车牌	1. 能够自主选择材料进行汽车创意画 2. 感受色彩变化带来的美感,萌发参与创意坊的兴趣 3. 能根据图形进行简单的想象并添画 4. 尝试将纸屑均匀撒在涂有白乳胶的地方 5. 学习自己收拾桌面,将多余的纸屑放进操作盘 6. 能大胆操作,体验手工活动的乐趣 7. 能根据不同的汽车特点进行汽车绘画
2	阅读坊	投放《会动的交通工具》《五花八门的交通工具》《消防车的故事》《棒棒的挖掘机》《巡逻的警车》等绘本故事,以及交通标志手卡	1. 能与同伴介绍自己喜欢的小汽车及小汽车的用途 2. 能够认识交通安全图标 3. 能够围绕某一话题,进行调查分享 4. 能简单表达自己所看到的画面内容 5. 能遵守基本的阅读常规,养成爱护图书的好习惯
3	智慧坊	可以拆、拼、插的汽车零件、模型玩具;创设汽车连连看的墙面游戏;各种自制的汽车拼图玩具;不同的车轮等材料,供幼儿科学小实验;停车场底板,骰子,标有数字1—3的红色小车、黄色小车、绿色小车若干	1. 能根据颜色、大小的要求,找出相应的汽车 2. 能按大小标记进行分类 3. 能根据原点(或数字)标志,匹配对应的物体 4. 理解物体的对应关系,并能匹配相关物体

续表

序号	小组名称	材料与环境创设	活动预期效果
4	建构坊	废旧的纸箱、易拉罐、纸杯等材料	1. 感知材料的特征，初步掌握材料的操作方法 2. 能为自己的建构作品命名，并能大胆介绍自己的建构作品 3. 学会与同伴共同使用材料
5	表演坊	有关各种特殊汽车的录音、汽车的音乐；警察、消防员、医务人员的服装	1. 能利用各种材料创造性布置场地，营造舞台氛围 2. 能初步遵守游戏规则
6	玩具坊	停车场地垫、小汽车；滑道	1. 能与同伴合作搭建长长马路 2. 能大胆与同伴一起游戏，学习礼貌待人

3. 馆区创设设想

序号	展区（柜）名称	展示的主要材料与环境创设	家长资源
1	汽车总动员调查表	涵盖"我见过的汽车""我认识的车标""交通标志我知道""我的博物寻访体验"等内容的主题调查表	请家长与幼儿共同搜集资料，丰富幼儿的经验，让幼儿知道汽车有很多种类，以及了解各种交通安全规则
2	我认识的汽车	幼儿与老师收集各种各样的汽车的图片和实物	与幼儿共同寻找、收集各种样的汽车及图片，初步了解汽车的特点
3	我喜欢的汽车	幼儿与爸爸妈妈一起制作汽车模型并拍照记录下来，教师打印贴在班级主题墙上	与幼儿商量制作汽车的类型与材料，亲子手工，增进情感，丰富幼儿经验
4	汽车标识	幼儿绘画的《我最喜欢的汽车标志》；调查问卷《汽车标志知多少》	与幼儿共同收集资料，初步了解汽车的标志，并完成调查问卷《汽车标志知多少》

续表

序号	展区（柜）名称	展示的主要材料与环境创设	家长资源
5	交通标志	交通标识手卡展示	爸爸妈妈与幼儿一起制作手卡，丰富交通标识知识
6	纸皮马路	布置模拟日常生活中的马路场景	幼儿与家长一起动手用纸皮或者卡纸做底板，在卡纸上贴上美纹纸或者双面胶做标线

主题二：扇扇可爱

一、主题资源

通过家园配合、幼儿园与社区互动等途径，收集主题活动所需要的各种扇子及图片，主题开展中需要的扇子主要有以下：

1. 团扇：是一种圆形有柄的扇子，它代表着团圆友善、吉祥如意。

2. 折扇：是一种用竹木或象牙做扇骨、韧纸或绫绢做扇面的能折叠的扇子，用时张开，成半规形，聚头散尾。

3. 各式各样的扇子：羽扇、檀香扇、响扇、羽绒扇、蒲扇、芭蕉扇、长柄扇、菩提叶宫扇等。

4. 数字博物馆：杭州"扇博物馆"。

二、主题实施途径的设想

1. 集体活动

序号	领域	活动名称	活动目标
1		谈话：介绍我的扇子	1. 认真观察扇子并用自己的语言描述扇子 2. 懂得认真倾听伙伴的分享并做出回应
2	语言	诗歌：小扇子	1. 理解儿歌内容，感受儿歌的有趣 2. 能较清楚地朗诵儿歌，念好翘舌音 3. 能够运用已有经验进行简单的儿歌内容创编
3		诗歌：折扇	1. 能够在同伴面前大胆朗读儿歌 2. 喜欢念儿歌，感受儿歌的有趣

续表

序号	领域	活动名称	活动目标
4	健康	保健：清凉办法多	1. 能围绕话题与同伴交流，大胆清楚地表达自己的想法 2. 感受夏季的炎热，萌发夏季防暑降温的意识
5	社会	社会：扇子的演变	1. 通过图片等方式了解扇子的演变过程 2. 认识演变过程中各种扇子的名称并了解其不同的用途
6	科学	科学：扇子的故事	1. 通过调查，初步了解扇子的外形特征、由来及用途 2. 对扇子感兴趣，有初步探索扇子的兴趣
7		科学：扇子的用途	1. 能运用多种感官探索发现各种扇子的差别与用途 2. 初步感知扇子与人们生活的关联
8		小实验：我会制造风	1. 感受风的存在，体验制造风的乐趣 2. 知道风是空气流动产生的，初步了解风力与扇子大小的关系
9	艺术	手工：我会折折扇	1. 学会尝试用正反折叠的方法折折扇 2. 对手工活动感兴趣
10		欣赏：扇面	1. 欣赏不同扇子的扇面中的风景与图案，并用自己的语言描述扇面中的内容 2. 喜欢欣赏各种不同的扇面图案，感受图案的美
11		手工：一把蒲扇	1. 知道剪刀的正确用法，巩固剪贴画技能 2. 锻炼手部肌肉的灵活性和手指配合的协调性
12		韵律：一起舞扇吧	1. 能跟随熟悉的音乐运用扇子作道具做身体动作 2. 喜欢参与韵律活动并能够跟随老师大胆表现动作
13		手工：粘土花扇	1. 巩固粘土做花朵的技能制作扇面，并使用搓圆或长条的技能制作边框 2. 喜欢运用粘土制作手工并乐在其中

2. 区域活动与环境创设

序号	小组名称	材料与环境创设	活动预期效果
1	绘扇园	团扇、干花、酒精胶、空白小鱼扇、水彩笔、透明飞仙扇、丙烯马克笔、超轻黏土、各色长方形/正方形折纸、双面胶、牛皮纸、剪刀、勾线笔	1. 尝试用正反折叠的方法折扇子 2. 能使用颜色搭配粘贴干花 3. 会均匀涂色,涂色尽量不超出线 4. 能用有序的线条绘画蒲扇,并使用剪刀剪下巩固剪贴画技能
2	扇扇馆	团扇、折扇、蒲扇、羽扇、宫扇、响扇、折叠扇、手持电风扇等	1. 愿意向同伴介绍自己的扇子 2. 懂得遵守常规,愿意共同遵守班级的扇扇博物馆的约定
3	书香阁	绘本《三借芭蕉扇》《点点的夏天》《春扇》《好好拥抱这个夏天》《好热的天》《风从哪里来》《奇妙的风》《扇子的演变》	1. 能简单表达自己所看到的画面内容 2. 掌握一页一页轻轻翻阅,学会认真阅读的基本方法,养成爱护图书的好习惯
4	匠心坊	牛奶纸箱、薯片罐、筷子等结构材料;花片、积木等各种积塑玩具	1. 能够使用各种不同的材料进行拼搭扇子展架 2. 会利用花片、积木等材料组合拼插各种各样的扇子 3. 学习初步搭配颜色,并且拼牢固
5	阖家乐	厨具、玩具床、娃娃、蔬菜、水果玩具、二维码收款码、玩具钱币、购物篮、理发店配套玩具、甜甜圈、收银台等	1. 引导幼儿具有角色意识,增进各游戏之间的联系 2. 能够合理分配角色,做好自己角色工作 3. 懂得使用礼貌用语交流

3. 馆区创设设想

序号	展区（柜）名称	展示的主要材料与环境创设	家长资源
1	扇子我知道	幼儿与爸爸妈妈共同收集各种各样的扇子的图片和实物	与幼儿共同寻找、收集各种各样的扇子，初步了解扇子的特点
2	我的扇子	幼儿自行运用低结构材料进行制扇	与幼儿创想，共同准备制作扇子所需的材料并制作
3	创绘扇	幼儿利用超轻黏土、树叶、毛球等材料制作扇子	与幼儿共同收集各种废旧材料，如：套圈、一次性筷子等
4	扇扇T台秀	大舞台、各种扇子及音乐	与幼儿使用扇子进行表演、展示
5	扇扇博览会	展示各种扇子，或运用多材料幼儿自制，或亲子制作的成品扇子	收集古今中外的扇子，以及扇子演变的历史图片介绍，与幼儿共同探索自制扇子的材料、形状、风量等不同，拓展幼儿经验

(2) 中班博物主题课程内容节选

主题一：草儿青青

一、主题资源

通过家园配合、幼儿园与社区互动等途径，收集主题活动所需要的各种草的实物及图片，主题开展中收集到的草主要有以下四大类：

1. 观赏性的草：主要指各种绿植盆栽、学园、公园、小区等低矮类绿化植物。

2. 可以治病的草：主要指常见中草药，如薄荷、鱼腥草、蒲公英等。

3. 可以吃的草：主要指农场里、市场里的蔬菜，如香菜、蒜苗儿、荠菜等。

4. 杂草：主要指自然野生生长出来的常见的杂草，如知风草、牛筋草、牛膝菊等。

二、主题实施途径的设想
1. 集体活动

序号	领域	活动名称	活动目标
1	语言	谈话：青青草儿大调查	1. 发现并收集生活中各种各样的小草 2. 能主动与同伴分享自己对草的认识
2		故事：草的种子	1. 了解草的生命的生长 2. 能与同伴分享关于草的故事
3		诗歌：草的古诗	1. 初步了解《草》《敕勒川》等关于草的古诗 2. 初步了解草的坚韧与顽强的生命力
4	健康	保健：常见中草药	1. 认识几种常见的中草药，并了解其特性 2. 简单了解中草药对人身体的利弊
5		心理：草的生命	1. 进一步了解草的顽强生命力 2. 初步了解生命的循环，学会敬畏生命
6	社会	亲子：草的调查表	1. 能积极参与草的大调查，并主动观察询问 2. 学会运用调查表的方式来记录观察和发现，积累经验
7		常识：各种各样的草	1. 简单了解常见的各种各类的草，并积极与同伴交流 2. 能感知并表达不同草之间的形状、颜色、触感等异同
8		劳作：种草	1. 积极参与种植劳作，感受劳作的喜悦 2. 能主动选择自己喜欢的草，并运用不同工具进行草的种植
9	科学	认知：草的构造	1. 初步认识草的基本构造（根、茎、花、叶等） 2. 尝试画出自己喜欢的草的构造
10		实验：草的颜色	1. 初步了解不同颜色草的区别 2. 简单了解叶绿素、叶黄素等关于叶子颜色的科学常识

续表

序号	领域	活动名称	活动目标
11		数学：草的形状	1. 能积极观察草的形状，并尝试以形似几何图形来形容 2. 尝试运用分类的方式，按草的形状进行简单分类
12		数学：草的比较	1. 初步感知不同草的外在特征的异同 2. 能根据自己的观察，按照不同维度对草进行比较
13		欣赏：草的影子	1. 欣赏光线下不同草的影子，感受自然的样态美 2. 尝试用多种线条和图案表现草的自然样态
14	艺术	手工：草的拓印	1. 感受不同草的颜色、形状、触感等特点 2. 能自主选择不同的草进行创意拓印画
15		歌曲：风铃草	1. 了解风铃草，理解歌词内容 2. 能跟着旋律学唱歌曲
16		韵律：草儿随风舞	1. 感受音乐，大胆联想草随风飘动的样态 2. 能跟随音乐节奏用身体动作表现草的姿态

2. 区域活动与环境创设

序号	小组名称	材料与环境创设	活动预期效果
1	观察区	长有各种草的菜地、放大镜等	能主动关注草的形状、颜色、样态等基本特征，积累草的直观经验
2	拔草区	提供玩具挖掘机、小铲子等材料	自主选取不用种类的"草"，积极选择材料对草进行自主操作
3	拓印区	提供石头、纸张、小棉布、锥子、印泥等	进一步感知多样丰富的草的形状、样态等经验

续表

序号	小组名称	材料与环境创设	活动预期效果
4	捣磨区	提供木臼、石磨等	了解草的汁液，满足探索将草捣碎、磨碎的过程
5	农舍区	提供棍子、铁锅、碗、藤篮、玩具杯盘碗等	能尝试以"草"代"菜"模仿生活情节，增加与草接触的感性经验
6	留白区	允许幼儿选取其他材料或在农场里生成其他与草有关的经验	

3. 馆区创设设想

序号	展区（柜）名称	展示的主要材料与环境创设	家长资源
1	我知道的草	幼儿与老师收集各种各样的草的图片和实物	与幼儿共同寻找、收集各种各样的草，初步了解草的特点
2	草的文化展板	师幼共同探讨关于草的故事、草的文化等与生活相关的资料制作观察展板	与幼儿协商，共同探讨展板内容
3	草的创意画	纸、笔、花、草、布、纸浆等材料创设创意画一角	与幼儿共同收集材料，并尝试记录作画过程
4	草的探究	记录幼儿探究、发现的过程并图文并茂地展示	与幼儿分享并记录探究发现及感受

主题二：探布之旅

一、主题资源

通过家园配合、幼儿园与社区互动等途径，主题活动开展中需要收集的有关"布"的物品。

（一）按照布料的材质收集

1. 天然纤维类，如棉布、麻布、羊毛、蚕丝等布料

2. 化学纤维类，如涤纶、锦纶、腈纶、维纶、粘胶、氨纶等布料

（二）按照布料的用途收集

1. 餐厅类：用于餐厅的系列产品，包括桌布、餐垫、餐巾、餐巾杯、杯

垫等。

2. 厨房类：用于厨房的系列产品，包括围裙、袖套、厨帽、隔热手套、隔热垫等。

3. 卫生间类：用于卫生间的系列产品，包括坐垫、盖套、地垫、毛巾、浴巾等。

4. 装饰与陈设类：壁挂式有信插、鞋插、门帘和装饰类壁挂等。

5. 垫子类：用于客厅和起居室以及其他休闲区域的各类坐垫等。

6. 包装类：制作各种花式箱包、手提包、购物包等。

7. 家具类：布艺沙发等现代家具。

二、主题实施途径的设想

1. 集体活动

序号	领域	活动名称	活动目标
1		谈话：布的大调查	1. 喜欢收集生活中各种各样的布藏品 2. 能安静地倾听他人讲述，主动与同伴分享有趣经验
2	语言	绕口令：打醋买布	1. 初步学会朗诵绕口令，理解绕口令的主要内容 2. 练习发准字音，在不断挑战语速的过程中感受绕口令的乐趣
3		儿歌：小花布	1. 完整朗诵儿歌，并能尝试用三字句创编出花布的变化 2. 对花布的一物多用感兴趣，能根据生活经验想象花布的多种变化
4	健康	好玩的布	1. 初步探索关于布的多种玩法，乐于尝试、探究 2. 锻炼走、跑、爬、滚、跳等动作，发展其动作的协调性和灵敏性
5		布条打结	1. 尝试使用布条进行多种方式的打结 2. 发展双手的协调性，提高操作能力

63

续表

序号	领域	活动名称	活动目标
6		丢手绢	1. 发展快速奔跑的基本动作 2. 具有较好的观察反应能力,并能体验游戏带来的愉悦情绪
7		两人三足	1. 乐意与同伴协作游戏,体验合作游戏的乐趣 2. 锻炼脚部的力量,提高动作的协调性
8		好玩的布垫	1. 尝试探索、发现布垫的多种玩法 2. 发展基本动作,锻炼肢体协调性和快速反应能力
9		好玩的隧道	1. 尝试利用布和器械、材料设计建造隧道 2. 遇到问题能与同伴尝试想办法一起克服解决
10	社会	布从哪里来	1. 初步了解布的来源 2. 产生对布的制作、加工的探索兴趣
11		花布旅行记	1. 知道爱心毯的来历和意义 2. 萌发乐于助人的友爱心理和关爱他人的情感
12		各种各样的布	1. 知道生活中有各种各样的布,探索并发现布的特征 2. 增进对布制品多样性的认识,对生活中布的用途感兴趣
13	科学	布的吸水性	1. 通过实验初步感知不同布的吸水性不同 2. 了解雨布在生活中的不同用途,能对防水现象感兴趣
14		布的分类	1. 能尝试根据布的不同特征进行初步分类,探索收拾整理布的方法 2. 知道生活中分类的重要性,体验数学活动的乐趣
15		叠方巾	1. 能准确折叠方巾,发展几何图形的感知能力 2. 培养手眼协调性和空间知觉的发展

续表

序号	领域	活动名称	活动目标
16		布的透光性	1. 初步接触光的穿透现象，知道光穿过不同的物质会产生变化 2. 对事物有好奇心，乐于大胆探究和实验，愿意与同伴分享自己的发现
17		布的过滤	1. 初步探索发现过滤的有趣现象，并愿意表达自己的发现 2. 能分工合作完成实验，体验不同材料对过滤效果的影响
18	艺术	彩绘：七彩T恤	1. 欣赏各种各样的T恤，感受其图案、颜色的美 2. 尝试用自己喜欢的颜色和图案设计衣服
19		手工：植物敲染布	1. 了解植物敲染所需的材料、工具及方法，并尝试制作"植物敲染布" 2. 喜欢接触大自然，感受植物的色彩美
20		手工：扎染手帕	1. 能尝试运用不同的扎皮筋方式捆扎、浸染手帕 2. 欣赏不同的扎染作品的美，对扎染活动感兴趣
21		手工：布贴画	1. 尝试用大小、形状不同的布头进行贴画活动 2. 知道布艺贴画是我国的一项传统民间工艺，提升审美能力
22		打击乐：纺纱织布	1. 感受乐曲轻快的旋律，尝试用动作、乐器表现乐曲的节奏 2. 体验与同伴合作打击乐器的快乐

2. 区域活动与环境创设

序号	小组名称	材料与环境创设	活动预期效果
1	布创意	1. 白纸、白色蜡笔若干、深蓝色颜料 2. 操作纸（衣服、裤子）若干，水彩笔若干 3. 提供颜料、亮片、贴纸、酒精胶 PP棉、布料、布袋、碎布、手绢等材料 4. 提供白布、各色颜料；粘贴扎染的步骤图；创设可悬挂晾干扎染花布的区域和用品，如网格夹子、夹子等 5. 棉花、各种布、皮筋若干 6. 各种布袋、布手帕、T恤等；拓印锤、垫板、各种植物叶子或花等	1. 知道蓝印花布蓝白相间的特点，并能用中点对称的方法设计蓝印花布的花纹图案 2. 能用画、剪、贴等方式设计、装饰服饰 3. 会用彩绘的方法装饰布袋 4. 大胆探索扎染的折法，尝试用不同的扎染法染出图案对称的花布，感受不同的折法产生的不同效果 5. 学习用扎皮筋的方式扎晴天娃娃
2	布绘本	1. 棉花、丝线、剑麻麻线、蚕茧等图片一张；棉布、麻布、丝绸实物一块 2.《花布旅行记》故事挂图一份 3. 自制图文结合图示《白兔和花鹿》	1. 能清楚讲述不同的布的来源，并大胆与同伴讨论交流 2. 能看图大胆讲述故事
3	布探秘	1. KT板上粘贴大小相同的棉布、麻布、丝绸、棉布、绒布各一块；滴管、一瓶水、实验记录表、笔 2. 不织布等编织玩具	1. 会使用滴管进行吸水性实验，并能大胆说出自己的实验结果 2. 会使用布条进行编织
4	布拼搭	废旧的纸箱、易拉罐、纸杯等低结构材料；花片、积木等各种积塑	会使用各种不同的低结构材料与布结合进行创意拼搭

续表

序号	小组名称	材料与环境创设	活动预期效果
5	布好玩	1. 纺织机、缝纫机等 2. 儿童针、绣框、绣布等 3. 手帕、丝巾等若干 4. 若干长短相同的细布条，粘贴两股辫、三股辫的步骤图	1. 探究纺织机的正确使用方法 2. 能快速地将线穿入针眼里，并学习线头打结的方法 3. 学会既简单又多样的系丝巾的方法，如绕颈、交叉、穿拉、折叠等 4. 初步学习编两股、三股辫，并能在收尾处打结结束
6	布演绎	1. 水果表演服饰、大小不同的布，各类丝巾、围巾、夹子、各种布制品道具；时装秀音乐 2. 故事"小兔乖乖""小羊和狼"等头饰以及树、桌椅等道具	1. 能运用各种布和布制品自主创意装扮，并根据音乐节奏大胆开展表演秀 2. 能以"布"为载体进行以物代物，开展创意故事表演

3. 馆区创设设想

序号	展区（柜）名称	展示的主要材料与环境创设	家长资源
1	布的种类和布的制品	幼儿与老师收集各种各样的布和布制品的实物	与幼儿共同寻找、收集各种各样的布和布制品，初步了解布的特点
2	布的由来和制作过程	有关布的由来和棉布的制作过程的相关图片	与幼儿查找资料，共同收集相关图片
3	布艺展示	收集展示幼儿各类有关布的作品，如晴天娃娃、扎染手帕、彩绘T恤等	与幼儿寻找生活中的各类布艺作品，引导幼儿欣赏感受
4	布料超市	收集各种材质、大小、品种不同的布创设布料超市	与幼儿共同收集各种材质、大小、品种不同的布，引导幼儿能根据自己的分类方式进行整理

(3) 大班博物主题课程内容节选

主题一：寻桥记

一、主题资源

2021年，我国申遗项目"泉州：宋元中国的世界海洋商贸中心"成功列入《世界遗产名录》。泉州，一座写满海洋记忆的港口城市，22个遗产点中的洛阳桥、安平桥、顺济桥遗址，都是幼儿日常生活中见过的桥。泉州申遗项目不仅为我园幼儿提供了得天独厚的学习条件，在拓展视野的同时，也让幼儿更加深入地了解泉州的本土文化，为幼儿园课程提供了得天独厚的教育资源。

基于上述优越资源，通过家园配合、幼儿园与社区互动等途径，收集主题活动所需要的各类资料与活动所需材料：

1. 利用出游时间与幼儿共同收集各种各样桥的照片和视频。

2. 亲子阅读时间与幼儿分享桥的历史，搜集桥的有关材料，从而萌发幼儿对祖国的热爱。

3. 与幼儿共同交流，并协助完成调查表。

4. 亲子共同制作不同材料的桥并帮忙收集关于建桥的废旧物品，让幼儿体验亲子制作的快乐。

5. 收集关于桥的书籍，引导幼儿通过阅读增加更多知识。

二、主题实施途径的设想

1. 集体活动

序号	领域	活动名称	活动目标
1	语言	讲述：我与桥	1. 发现生活中各种各样的桥并收集采风照片 2. 能在集体中连贯、清楚讲述自己游览桥的经验与感受
2		谈话：如果没有桥	1. 能够大胆想象与思考没有桥的后果，了解桥的用途 2. 初步了解人类生活与桥的密切关系，知道桥的重要性
3		故事：猴子造桥	1. 喜欢和同伴谈论故事的内容 2. 对桥的作用和意义有更深一步的体会

续表

序号	领域	活动名称	活动目标
4	健康	人体造桥	1. 利用肢体动作大胆表现各种形态的桥,体验想象的乐趣 2. 在相互合作、相互交流、相互欣赏中分享创造的快乐
5	社会	家长协助:桥梁采风	1. 拍照记录生活中各种各样的桥 2. 主动与同伴分享采风过程中高兴或有趣的事情
6		古桥探索:洛阳桥	了解洛阳桥建成的历史与传说,感受特色古桥文化
7	科学	科学:桥的构造	1. 初步了解桥的结构特征 2. 感受桥梁设计师的设计创想,萌发敬佩之情
8		搭建:我设计的桥	1. 尝试根据设计图纸选择适当材料进行搭建 2. 能通过观察、比较调整搭建作品并描述作品前后变化
9		沙水:洛阳桥	1. 能运用推、拍、压、印、挖等技能,用沙土搭建出洛阳桥 2. 根据造桥情况分享交流造桥经验并总结反思
10		探究:斜坡滚物	1. 感知坡度不同的斜坡与物体运动的关系 2. 能用一定的方法验证自己的猜想
11		探究:"环岛"建桥	1. 能根据桥不同结构特征调整搭建方式与选择搭建材料 2. 尝试在搭建过程中发现问题、解决问题
12	艺术	设计:我心目中的桥	1. 能根据自己的喜好设计桥的造型,体现桥的基本构造 2. 尝试用多种几何图形和线条表现桥梁的外形
13		绘画:辛勤建筑工人	能用流畅的线条大胆描绘出建筑工人在造桥时的形态与动作
14		彩绘:百变桥墩	能运用相近色和对比色装饰彩绘纸箱桥墩

续表

序号	领域	活动名称	活动目标
15		音乐：小竹桥	1. 用舒展的音色演唱《小竹桥》，感受村寨人民对小竹桥的热爱 2. 用律动感受笙独奏《小小竹排》电影插曲
16		手工：彩泥建桥	能运用搓、捏、揉、拉、接等技能，用超轻黏土塑造出不同桥的造型

2. 区域活动与环境创设

序号	小组名称	材料与环境创设	活动预期效果
1	桥梁搭建区	小蓝桌、塑料椅、硬纸板、鞋盒盖、纸箱、花片、积木、空矿泉水瓶子、纸盒、纸轴、木片等	1. 探索适宜造桥的材料，在尝试中不断总结经验、调整策略、实现想法 2. 尝试运用各种材料制作光能灯泡，丰富桥梁设计的整体构造
2	材料研究区	提供积木、纸盘、各种类型纸、奶粉罐、PVC管、幼儿设计的记录表、吸管、跳绳、图书、雪糕棍等	1. 运用平衡的原理来迁移搭建过程中的平衡现象 2. 制定简单的表格，使用数字符号等记录平衡现象 3. 能选择自然测量物或尺子测量物品的长度并记录测量结果
3	桥梁宣传区	三角支架、旧手机、直播窗口、绘本图书、透明胶、儿童剪刀、铅笔、书签纸等	1. 喜欢看桥梁科普书，能一页一页地翻阅图书、爱惜图书 2. 能自己架手机支架，连贯清晰向观众说出桥的由来与基本结构特征
4	桥梁设计区	各色A4纸、卡纸、纸板、宣纸、国画颜料、毛笔、调色盘、勾线笔、水彩笔等	1. 运用纸板拼贴拓印的技法刻画桥的主要结构特征 2. 尝试运用多个线条进行创造性组合，为桥墩填涂丰富多样的装饰图案 3. 能用多种工具或不同的表现手法表达自己的创意

续表

序号	小组名称	材料与环境创设	活动预期效果
5	桥梁博物馆	各种桥类模型、亲子手工、桥资料（幼儿与桥的合影、调查表）等	1. 观察不同种类桥的外形特点以及共同之处，掌握桥的基本结构 2. 了解博物馆藏品摆放规律，尝试自己设计摆放桥梁作品展

3. 馆区创设设想

序号	展区（柜）名称	展示的主要材料与环境创设	家长资源
1	桥梁科普站	幼儿与老师收集各种各样的桥梁的图片和模型	与幼儿共同寻找、收集各种各样的桥梁，初步了解桥梁的共同点
2	桥梁展示区	幼儿与爸爸妈妈亲子制作的桥梁作品、幼儿手工桥作品、搭建桥成品等。收集布展的材料与所需工具	与幼儿制作桥手工、桥成品和亲子作品并收集布展的材料，如甜品台、各类布
3	搭建试验区	设置不同桥主题，幼儿自主研究桥结构并还原搭建，尝试不同搭建方法	与幼儿共同收集长板、酸奶罐、PV管等适宜搭桥的低结构材料
4	桥梁讲解区	幼儿利用直播支架、手机、儿童相机、小蜜蜂向观众介绍桥梁由来与结构特征	与幼儿共同收集闲置的手机支架与儿童相机
5	桥梁设计秀	创设设计板，幼儿自由设计图纸，每周由全班投票选出"创意王"	引导幼儿观察桥梁的外形特征与兼顾桥梁实用性

主题二："船"奇记

一、主题资源

通过家园配合、幼儿园与社区互动等途径，收集主题活动所需要的各种船模型及图片，带领幼儿参观宋代古船、泉州海上交通博物馆等，有条件的还可以带幼儿外出旅行，乘船，近距离感受船。主题开展中需要的船模型主要有以下四大类，拟通过多种渠道进行收集：

1. 帆船：中国古代海船中的一种船型，四大古船之一，福建、浙江一带沿海尖底海船的统称。

2. 红船：1959年，南湖革命纪念馆根据中共"一大"会议时来嘉兴安排游船的直接当事人王会悟回忆，仿制了一艘丝网船模型，送到北京请中共"一大"代表董必武审定认可。后按模型原样仿制了一艘画舫，作为南湖革命纪念船，供群众瞻仰。

3. 军舰：可以提供无人舰载机的起飞和降落，是在海上执行战斗任务的船舶。直接执行战斗任务的叫战斗舰艇，执行辅助战斗任务的是辅助战斗舰艇。

4. 快艇：快舰艇中的"短跑冠军"，最大航速可达40—60节，有"海上轻骑兵"之称。

二、主题实施途径的设想

1. 集体活动

序号	领域	活动名称	活动目标
1	语言	谈话：船只大搜索	1. 发现并收集生活中各种各样的船只模型 2. 能主动与同伴分享自己的收藏经验
2		讨论：海交馆之旅	1. 大胆交流与分享自己参观的经验 2. 能倾听他人的讲述，并补充说明
3		讲述：船只发布会	1. 能大胆讲述自己了解的船只的外观和特点 2. 能用连贯清楚的简单的说明性语言进行讲述
4		讲述：西瓜船	1. 学习观察图片，并用自己的语言讲述故事的情节发展 2. 能根据不同的图片顺序，合理创编故事
5	健康	体育游戏：赛龙舟	1. 锻炼双手摆臂的动作，并能手脚协调运动 2. 掌握划龙舟的基本的游戏规则，与同伴共同合作游戏

续表

序号	领域	活动名称	活动目标
6	社会	参观活动：海交馆	1. 做好相关的参观计划，并尝试根据自己的计划进行参观 2. 能初步了解不同船只的外形特征与用途
7	社会	亲子活动：海交馆大冒险	1. 能与父母交流自己感兴趣的船只，并能做简单的介绍 2. 能与父母合作一同寻找相应的海交馆目标物
8	社会	参观活动：古船馆	1. 初步了解各种古船的历史 2. 学习做好参观计划，并能根据自己的计划进行参观
9	科学	小实验：沉与浮	1. 大胆探索、尝试使物体沉或浮的不同方法 2. 感知物体在水中的沉浮现象
10	科学	小实验：船不会下沉的秘密	1. 对船能够浮于水面的现象进行猜想 2. 通过实验验证自己的猜想，并做好相应的记录
11	科学	数学：船只排排队	能根据船的形状、颜色或大小的差异进行递增、递减排序
12	科学	数学：船只的分类统计	能根据船只的外形特征进行多维分类并进行统计
13	艺术	绘画：阿莫斯的船	1. 大胆想象阿莫斯船的形态，并能用自己的方式表现 2. 用多种方式（剪、贴、画）表现船的形态
14	艺术	欣赏：民间船号子	1. 欣赏民间音乐和民间号子的旋律 2. 能通过体态、表情和动作来创编乐曲中纤夫拉纤的形象
15	艺术	手工：折纸船	1. 学习自主看折纸步骤图，并按照相应步骤进行折纸 2. 能较均匀平整地向左右方向对折
16	艺术	歌唱：小白船	1. 学习演唱3/4拍的歌曲，体会歌曲中优美意境 2. 能跟随音乐创编动作

2. 区域活动与环境创设

序号	小组名称	材料与环境创设	活动预期效果
1	"船"奇文创品	彩泥、泡沫球、热缩片、磁铁贴、空白胸章、小木棍、马克笔、各色彩纸、白纸、各色油画棒、白乳胶等物品	1. 学会用画、剪、吹等步骤制作船只热缩片 2. 能用彩泥表现出各种各样的船的模型 3. 能自制多样的船只胸章
2	"船"奇绘本	投放绘本《揭秘船舶》《轮船》《舰船大百科》《爸爸出海了》《船舶与港口》等，各种船只图片若干	1. 能与同伴分享自己喜欢的绘本，并简单介绍 2. 能用连贯的语言表达画面内容 3. 能遵守阅读常规，养成爱护图书的好习惯 4. 根据自己摸出来的卡片进行你说我猜的游戏
3	"船"奇聪明屋	船只图片、自制棋板、各种材质的纸、记录表、实验步骤图	1. 能用不同的排序的方法进行游戏 2. 能用船来进行五子棋游戏 3. 能根据船只的颜色、形状、大小等特点进行二维和三维的分类 4. 发现和记录不同材质的纸折成的纸船沉没时长不同
4	"船"奇加工厂	废旧的纸箱、纸砖、纸杯等低结构材料；积木和花片	1. 会使用各种不同的材料进行拼搭船展架 2. 学习用不同的材料进行搭配，搭建出不同的船
5	"船"奇体验馆	各种各样的船模型、素描纸、写生板、沙池、铲子、儿童考古工具、护目镜、罩衣、小话筒	1. 能选择自己喜欢的船模进行写生 2. 利用工具在沙池中进行寻宝 3. 利用工具进行考古探险 4. 与自己的同伴进行船只介绍
6	"船"奇文化馆	轿子、拍胸舞服饰、乐器、迎番货游戏材料	1. 与同伴一同表演迎番货游戏 2. 喜欢在同伴面前表演，并能设计自己的创意动作

3. 馆区创设设想

序号	展区（柜）名称	展示的主要材料与环境创设	家长资源
1	我知道的船	幼儿与老师收集各种各样的船的图片和船只模型	与幼儿共同寻找、收集各种各样的船图片，初步了解船的特点
2	航海小工具	幼儿与爸爸妈妈收集各种航海的工具，如指南针、望远镜等	与幼儿协商，共同收集航海工具
3	迎番货	各种迎番货的图片、少数民族服装	与幼儿共同收集迎番货的资料和图片、各种表演服装
4	留白区	幼儿利用收集的各种废旧物进行以物代物的游戏	与幼儿共同收集各种废旧材料，如矿泉水瓶、易拉罐、报纸等

第三章　幼儿园博物教育课程实施与评价

一、幼儿园博物教育课程实施

博物教育课程实施既有幼儿园课程实施的共性特征，又有与其他课程活动有所区别的个性特征。幼儿园课程实施的共性特征，是以幼儿在园一日生活为主线，通过游戏、区域活动和主题活动等形式而展开的课程学习活动。而幼儿园博物教育课程实施的个性特征，便是依托博物馆或准博物馆资源为载体而展开的课程学习活动，与其他课程活动实施相比较而言，博物教育课程的实施更重视课程资源的利用以及课程环境的创设，更强调幼儿的综合性学习与多方面经验的建构。

（一）幼儿园博物教育课程实施原则

博物教育课程实施除了应遵循幼儿园课程实施的共性原则外，还应该突显博物教育课程实施中应遵循的具有个性化的基本要求。

1. **整体性原则**

幼儿园博物教育课程实施的整体性原则，指的是在开展博物教育课程活动时，要将之放置在幼儿园课程体系中进行全盘的规划与设计，博物教育课程是幼儿园课程的有机组成部分和重要补充，通过博物教育课程所带给幼儿的经验，应该是与其他课程活动既有所区别，又相互弥补，是比其他课程活动"多一点的新经验"，而不是简单的重复。

在整体性原则下，幼儿园博物教育课程审议时，就应着重考虑如下问题：

幼儿的哪些方面的经验是适宜通过博物教育课程活动来获得的？博物教育课程活动与幼儿园其他课程活动如何有机协调统一、互补共生？

2. 场馆性原则

博物馆或准博物馆是幼儿园博物教育课程实施的载体，在开展博物教育课程时，需要借助园外的公共博物馆（包括大自然博物馆），或是在园内利用一定的空间创设拟真博物馆。博物教育课程实施的场馆性原则，是其区别于其他课程实施的显性特征。

在博物教育课程的场馆性原则下，教师就应该充分挖掘利用园外周边的各种博物馆或具有博物意蕴的各种教育资源，如大自然博物馆，将博物馆中"物"的资源与幼儿建立起多维度的、正向关系，并通过开展相应的博物教育课程活动将之转化为幼儿的经验。或是将园内"宝宝博物馆"的创建与博物教育课程的实施有机统一起来，博物场馆的创建过程就是博物教育课程实施的过程，博物场馆的呈现与分享便是博物教育课程实施效果的表征方式之一。

（二）幼儿园博物教育课程实施形式

课程游戏化、生活化理念，同样适宜于幼儿园博物教育课程。在幼儿园博物教育课程实施形式上，应根据具体的博物教育课程内容采用适宜的、多样的活动方式。在此着重介绍我园所探索的幼儿园博物教育主题活动、博物教育区域活动、依托公共博物馆课程活动、自然博物研学活动四种形式，及其实施要点。

1. 博物教育主题活动

博物教育主题活动是开展博物教育活动的重要形式，顾名思义便是以主题活动形式对幼儿开展相应的博物教育。博物教育主题既有一般主题活动的共性特征，也有其个性特征；同时伴随博物教育主题活动的开展，必然会涉及与主题相关的博物馆（区）的创设问题。

（1）博物教育主题活动的基本特征

一是在课程目标上，博物教育主题活动注重于培育幼儿的博物意识。虞永平教授指出，幼儿园博物教育应以儿童为中心，培养"广泛关注、静心欣赏、深入观察、积极探究"的博物意识，通过博物教育培养热爱生活、具有博物情怀的幼儿，促进幼儿审美教育以及认知、语言、社会性的发展。应该说，培育幼儿的博物意识是博物教育主题活动的核心价值。因而，在课程目标上应尽可能围绕博物意识的培育而展开。在此课程目标下，幼儿园博物教育主题活动设计时比较突显这样的主张：藏品及物品打破时空限制，尽量丰富多样、广泛多元；注重动手操作、深入参与、亲身体验进行感官学习；倡导和鼓励幼儿从多个不同的视角探索世界；认同所处的地域文化，培养博爱精神；注重幼儿与藏品及物品的互动，并为同伴互动搭建学习和交往的平台。与一般主题课程活动的目标相比较而言，博物教育主题活动的目标在"认同所处的地域文化、培养博爱精神"等方面较为强调与突显。

如我园大班博物教育主题活动"小小造桥师"，该案例源于幼儿暑假回园后的一次分享交流——"我认识的桥"，幼儿从家里带来公园里的石拱桥、马路上的天桥等周围常见桥梁的照片、模型，闲暇时聚集、观察、交流和摆弄。分享活动引起了班上幼儿的普遍关注，教师也认为"桥"的主题内容适宜大班幼儿认知水平、利于幼儿发展，于是顺应幼儿的关注点开展"小小造桥师"的博物教育主题活动。这是定位于开展与桥梁有关的博物教育活动，教师在规划实施方案时，在保留一般主题活动常见的"科学探究取向"的基础上，即一般主题活动通常定位于认识桥梁的主要外形特征、结构与功能等，增添博物教育主题活动所应突显的"广博经验取向"个性特征，利于幼儿获得有关桥的种类（造型与材质）、桥梁演进变化等经验，在激发幼儿好奇心与探究欲望的同时，培植博爱情怀。该主题活动也因增加桥的历史与今天的演变轨迹这样的历史维度，在利于幼儿建构探究性经验的基础上，增添了文化性经验，即在横向关注事物种类之丰富的同时，纵向帮助幼儿了解事物背后的历史文化，这样的主题活动便将博物教育的特征突显出来。

二是在课程内容上，博物教育主题活动侧重于文化认同教育类题材。正如荷兰热带青少年博物馆的馆长安妮梅斯·布鲁卡登所说的："每个儿童博物馆都受到其存在的文化背景的影响：儿童博物馆反映了其所处社会的价值。"幼儿园在开展博物教育中，同样深受所处地域文化的影响。从文化认同与传承的角度而言，基于博物馆的教育是最直接而且经济的途径。因而，在博物教育主题活动内容的选取上，关于文化认同教育类题材既是其不二选择，也是其在内容选取上的优势所在。相对而言，在主题活动题材的选取上，以自然类科学探究为主要内容的博物教育主题活动，其活动的延伸、拓展与一般的主题活动区别不大。

在我园所开展的大班博物教育主题活动"去看一场木偶戏"，该主题源于幼儿在周围生活环境中经常可以接触到泉州木偶、德化陶瓷等。由于木偶形象滑稽可爱，与幼儿生活中的玩偶类玩具较为接近，加之泉州木偶独具特色且负有盛名，幼儿自然是对泉州提线木偶关注有加，教师也认为泉州木偶具有文化传承价值，且大班的幼儿具有一定的表现能力，能与同伴分工合作，愿意为集体做事，遇到困难能够一起克服，于是决定围绕木偶的话题开展一个博物教育主题活动，即"去看一场木偶戏"。

教师在规划该主题活动实施方案时借鉴了项目活动的做法，以小组探究为主要开展形式，围绕筹备一场木偶戏这一主线，依"计划—行动—反馈"这一程序开展活动。通过实地参访剧团、专家进园表演与传授技艺、观看相关表演视频，帮助幼儿进一步了解木偶戏的演变与发展，知道家乡悠久的木偶表演文化，并积累相应的表演经验；幼儿有了参与木偶表演的强烈兴趣后，教师组织幼儿以小组探究的形式筛选木偶剧本，设计与制作相应的表演服装与道具，商讨角色分配与排练，制订演出规则，最后登台合作表演一场木偶戏……该主题活动全程幼儿积极主动、专注自信，他们认真挑选心仪的乐器，共同克服舞台装饰中遇到的困难与问题，满怀豪情地表演每一场木偶戏，并在与木偶共识、共情、共演的过程中传承中华优秀传统文化，萌生爱乡之情。相信这样一场木偶戏表演主题活动，所带给他们将是一次与中华优秀传统文化亲密接触难忘的体验之旅。

三是在成果表征上，博物教育主题活动强调以馆区形式集中性呈现。博物教育主题活动有两大开展形式，即依托各种博物场馆和非专门博物场馆而开展的博物教育，但在活动载体上无论是否依靠博物馆开展，其主题活动的最终成果通常是以博物馆（区）的方式加以集中性呈现的，因而博物馆（区）也是主题活动的成果表征载体。博物教育主题活动带给幼儿的经验，必然是有博物馆（区）方面的相关认识与经验，而一般主题活动未必能够带给幼儿相关的博物馆经验。

如我园中班开展的博物教育主题活动"帽子秀"。该主题源于"宝宝博物馆"中的一组娃娃工艺品，娃娃们款式新颖的帽子一时间引来中班幼儿的好奇和关注，教师也认为帽子是幼儿生活中常见的物品，开展有关帽子的主题活动利于幼儿科学认知、艺术表现、语言交流和博物意识等方面的发展，于是，便开启了"帽子秀"博物教育主题之旅。该主题活动的推进与班级博物区的创设有机结合起来，依次创设了"帽子展柜""创意体验区""帽子T台秀""阅读天地""花样玩帽"等与帽子相关的博物区，充分发挥博物区自主探究的优势，让每一个幼儿成为博物区互动学习与环境创设的主人！该主题活动也因增添了有关帽子的博物区，更加有利于幼儿从中获得有关帽子的比较完整、系统和准确的知识内容，丰富帽子的广博经验，习得按照物品（藏品）的不同特征进行展示、陈列等相关的博物馆（区）经验，提高幼儿的动手操作能力和语言表达能力，并促进该主题活动成果以"帽子的世界"的表征方式集中呈现，这样的博物教育主题活动必然会给幼儿带来有关博物馆（区）方面的收获与体验。

四是在经验获得上，博物教育主题活动在分类整理能力上较为突显。2017年，国际博物馆协会在为博物馆作新定义的时候，将"教育"取代"收藏"成为了博物馆的首要功能。这说明博物主题教育真正的价值并非本身广泛丰富的材料、造型、性能，而在于其承载的信息，即见证自然和人类社会生活的信息。同样，幼儿园博物教育主题活动的主基调应围绕如何让环境（藏品）"活"起来落实落地，其教育形态将更加多元化，教育功能愈发突出，融入幼儿的生活。以此为鉴，在策划博物教育主题活动过程中同样必须遵循这样的信息传递特征，活动背景、主题选取、布馆设置、体验过程等应来自幼儿生活应用，努力用情境化的设计来还原生活的实践过程、探究过程。因此，从经验获得上：以科学、生活为主线开展的博物教育主题活动，幼儿所获得的分类、收藏、摆放等方面的博物经验优于一般主题课程活动。

如我园开展的小班博物教育主题活动"我喜欢的玩具"，在规划主题活动实施方案时，教师既保留一般主题活动通常定位的认识玩具的名称、玩法等方面的内容，同时有意识地增加了爸爸妈妈、爷爷奶奶"那些年玩过的玩具"等幼儿容易收集和认知的"年代秀"玩具等有关内容，这样的主题活动既能够让年久失传的玩具在幼儿的快乐童玩中"复活",同时也有利于帮助小班幼儿在学习以玩具材质、玩法进行分类、排列的基础上,初步学会在成人的引导下按照物品(藏品)和人类社会生活的关系进行分类,既按照物品(藏品)的某一种内在联系进行分类,又利于帮助幼儿通过比较相似与不同的基础上建立更高水平上的知识结构,使幼儿的思维更加灵活,并有利于他们在今后的学习中举一反三、融会贯通。

(2)主题博物馆(区)的创设

博物教育主题活动成果是以博物馆(区)形式呈现,博物教育主题活动实施过程也是主题博物馆(区)创设的过程。幼儿园博物馆教育要以幼儿的视角来建构,从幼儿的眼光和期待去设计、规划、布置活动和环境,幼儿课程资源要呈现出可见性的过程,充分激起幼儿的求知欲,将幼儿观察、探究、表达、操作融合到环境过程当中。[①]

有研究者提出[②],幼儿园博物馆(区)的创建的四个基本步骤:①选择幼儿园博物馆主题;②搜集博物馆创馆所需要的资源(如确定空间、收集筛选物品、分类标识等);③布馆创设环境(如物品陈列与展览、背景的装饰等等);④效果评价(如过程反思、表征反馈等等)。而我园基于实践经验,总结出幼儿园博物馆(区)创设的七个基本程序:

一是发现幼儿兴趣。兴趣是最好的老师。幼儿是博物馆(区)创建的主人,博物馆(区)创建的内容只有与幼儿的关注点和兴趣点相契合时,他们才能产生内在动机,并能主动积极地付诸行动,这既利于幼儿的主动学习,又利于推动活动的开展。因而,教师应善于通过谈话交流和自然观察记录等方式,及时去捕捉与分析幼儿的兴趣。其中,谈话,包括幼幼谈话、师幼谈话、家园谈话;记录,包括对幼儿谈笑的趣事、讨论的话题以及常被选择被耗损的玩具材料的记录,等等。

二是确定博物主题。不是幼儿所有的兴趣点都能成为博物馆(区)创建的"主题"。在幼儿的众多兴趣中,需教师对之进行一番的筛选与聚焦,从中

---

① 虞永平. 儿童博物馆与幼儿园课程[J]. 幼儿教育,2010(4).

② 黄俊生. 基于课程资源开发视角的幼儿园博物馆创建及利用研究[D]. 芜湖:安徽师范大学,2018.

选择与确定既贴近生活又有趣味、既有价值关联又适宜可行易操作、且又能引起互动的"话题",将之拓展成幼儿所关注与喜欢的相应的博物馆(区),让幼儿在参与创建的过程中,培养博物意识,发展博物经验。

三是收集与整理。在拟定了博物馆(区)创建主题后,教师可以通过海报或通知等形式,邀请幼儿和家长协助收集各类相关材料,并将所收集的材料(藏品)加以初步的整理。在馆区创建初期中有关藏品收集与整理工作,应集思广益,充分发挥"人多力量大"的优势,尤其是要积极创造条件,让幼儿有机会全程全员参与其中。事实表明,当幼儿参与到博物馆(区)的创建活动中,不仅可以唤醒幼儿活动的主体意识,更能够有效地激化与深化他们对博物馆(区)活动的探究热忱,使他们更积极主动地参与到博物教育活动中来。

四是分类与陈列。博物馆(区)的材料(藏品)收集几近完毕之后,接下来便是博物馆(区)空间的合理规划,以及藏品的分类和摆放问题。当收集了各种各类的藏品材料之后,教师就可以借助实地参访、视频学习等方式,指导幼儿合理规划空间,学会合理地将材料进行分类、统计,尝试将分类后的材料(藏品)按类,并按适宜的方式呈现在博物馆(区)当中。博物馆(区)材料主要可以分为两大类:观察欣赏类(图片照片、文字资料、视音影像、实物模型等)、操作实践类(与"主题"相关的成品或半成品材料、生活用具材料、低结构材料、日常美工用具等)。

五是观察与操作。到了"观察与操作"这个环节,幼儿的个性化空间得以满足,他们的自主性和自由度更加的有保障了。在博物馆(区)活动中,幼儿自由选择材料与"物"互动,或安静地观察赏玩,或有计划地摆弄制作博物主题的相关材料,如邀约同伴在观察欣赏馆(区)里趣聊见闻、分享发现、表演展示等,在操作实践馆(区)中尝试新制作、验证小疑问、补给所需道具等等。

六是更换与调整。材料的使用中,必然存在损耗和不足。在博物馆(区)中,我们鼓励幼儿可以根据需要对材料拥有自主更换与调整权利,幼儿可以根据博物教育课程活动推进进程,或个人兴趣自主地增添博物材料。如将生活中的新发现,以照片、涂画、文字等形式张贴于"观察"的展示板上;将自己制作的小作品摆放于展示台或游戏柜里；修补"玩坏了"的小玩具、小材料等等。

七是展示与演绎。展示和演绎，是幼儿在博物馆（区）操作的一种方式。通常而言，展示和演绎有两种方式：后继操作的一个过程性作品或演绎媒介，或呈现于整个博物活动结束时的表征环节。幼儿在博物教育课程活动过程中完成的"作品"，更多的是自主地展示或演绎，而表征环节则需要教师的帮扶、规划和指导。如，在西街小集市博物馆（区）中，幼儿将古厝画和窗格画展示在"饰品小铺"，同时也在"小集市"交往互动中以商品的形式演绎"买卖"生活场景；还将小布偶、纸箱偶等展示于小戏台自由表演。

关于主题博物馆（区）的创设，我园根据博物教育课程内容领域划分，将园内"宝宝博物馆（区）"分为传统文化类、现代生活类、自然动植物类等三大类。其中，传统文化类博物馆（区），包括童谣、童玩、闽食、木偶、集市等；现代生活类博物馆（区），包括玩具、服饰、帽子、鞋子等；自然动植物类博物馆（区），包括蔬菜、种子、树枝、叶子等。[①]

大自然、大社会都是幼儿园教育的活教材，在幼儿生活中的林林总总都具有可珍视的博物教育价值，除了上述所提及的种类，还有花卉、石头、贝类、杯子、罐子等等，凡于幼儿生活兴趣之处又具有可行性、有发展价值的事物皆可用以主题博物馆（区）。

2. 博物教育区域活动

将博物教育融入区域活动，赋予区域活动的博物教育功能，这样的区域活动称之为"博物教育区域活动"，简称"博物区活动"。显然的，博物区活动也是具有一般区域活动的特点，即创设一定的活动情景、投放一定的活动材料，让幼儿按照自己的意愿和能力，以操作摆弄为主的方式进行个别化的自主学习的活动，但也有其所独具的个性特征。

（1）博物教育区域活动的基本特征

一是从区域空间规划来看，博物区域兼具观察和操作内容。在博物区域活动中同样承载着培养幼儿博物意识的功能，而所谓的"博物意识"指的是

[①] 叶俊萍. 幼儿园课程资源建设新思路："宝宝博物馆"建设的理念与实践［M］. 福州：福建人民出版社，2016：16.

"广泛关注、深入观察、静心欣赏、积极探究"。因而，在博物区域的创设中，博物区通常是应兼备"观察和操作"的功能，即在博物区空间规划中还可以细分出观察区和操作区两部分。在非博物教育类区域活动设置上，一般是定位在纯粹的操作层面，且通常以领域或与领域相邻近的名称命名，如美工区、科学区、语言区等。

而博物区域包括观察区和操作区这两个相对独立设置的区域，观察区里陈列或呈现该博物区内容的各种物品，如纸类博物观察区创设有图文并茂的"纸的演变"和"纸的来源"、古今中外的"纸张的种类"和"纸艺品"等内容，还有幼儿生活中与纸的趣闻和影集，还展示幼儿在操作区完成的纸作品；操作区则与观察区相对应地提供各式各类的材料供幼儿对该博物内容进行积极的探究。因此，相比于非博物教育类的区域活动中，博物区域应拥有相对更大的活动空间。

二是从区域材料提供来看，博物区域突显文化性和展馆性。材料是区域活动必不可少的载体。在非博物教育类的区域活动中，我们更多的是与五大领域相结合划分区域、提供材料、创设环境，具有较明显的领域核心价值取向，材料的提供也同样地具有较强的领域取向色彩。而博物区域通常不是按五大领域划分，是依据博物教育内容或活动材料设置的，如树根博物区、瓶子博物区、纸张博物区等。

首先是材料提供类型，在确保多元的同时兼具文化价值。博物区域的材料相比于非博物教育类的区域活动，其材料除了注重"同一主题下"博物品种类的丰富多样、广泛多元，更为关注博物教育主题在材料提供上的历史性与文化性，让幼儿在与区域材料的操作体验中不仅有博物种类在"横向宽度"上的经验习得，也有博物材料在"纵向深度"上的联系探究。

如"印象惠安女"博物区域提供具有地域文化特色的惠安女斗笠、惠安女服饰、银饰腰带、渔具、贝类等，让幼儿了解惠安女渔家生活、感受家乡民俗文化；又如，种植博物区域的创设，除了植株、水壶、记录表等常规自然角的创设外，还提供了粮食作物图鉴、植物生命循环图、不同植物的根状展示、不同土壤对植株的影响实验等等，让幼儿在种植博物区域中了解人类生活历史和农耕文化、植物生命的生长循环等。

其次是材料呈现方式，在便于活动的同时兼具展馆性质。非博物教育类的区域材料的呈现方式是偏向操作指向，以便于幼儿活动为主。而博物区域的材料呈现方式遵循两个原则：一是便于幼儿操作活动；二是具备展馆性质，利于幼儿深入观察与静心欣赏。博物区材料的呈现既要让幼儿看得见、摸得着，方便幼儿取放观察和操作，又要让这些物品分类有序、摆放美观，营造静心欣赏的博物氛围。

因此，博物区材料的呈现需要进行归类整理，如按物品的属性、材质、来源等方式进行分类，或按物品与人类社会生活之间关系的方式进行整理，并以类似于展馆的方式予以呈现。如种子博物区域的材料呈现，一方面可以设有水果种子、蔬菜种子、花卉种子等不同展柜；另一方面，还可以设置成可食用的种子、不可食用的种子等展柜。与此同时，随着空间布局的不同，材料呈现方式也会随之变化，有陈列式、摆盘式、悬挂式、张贴式、景观式等，如叶子博物区域材料呈现有张贴的"叶子结构图"和"叶子的故事"等图文、陈列的"叶子的种类"及"赏叶类盆栽"、悬挂的"叶子工艺品"、景观式的"叶子插花艺术"等。

三是从区域核心价值来看，博物区域更注重生成性与整合性。博物教育活动是以培养幼儿博物意识为依归，而博物意识是一种综合意识，是现代人所应具有的基本素养之一。因而，博物教育活动非单领域教育，而属于综合教育。博物区域作为博物教育的载体之一，其所承载的核心价值自然是指向博物意识的培养。

首先是博物区域的核心价值具有生成性。相比于非博物教育类的区域，博物区域往往以材料为载体，通过幼儿在活动中与材料、同伴的互动促进其相应方面的发展。幼儿是具有主观能动性的个体，是活动的、变化发展的生命体，因此，幼儿在博物区域活动时所发生的行为有可能是艺术的、文学的、科学的、社会的、运动的、探索的、时代的……这些可能的活动就给他们的发展带来各种可能，也正体现出博物区域的生成价值。非博物教育类区域通常分为四大类型，即表现性活动区、探索性活动区、运动性活动区、欣赏性活动区，幼儿在各个活动区的发展都有相应的既定目标或发展方向，如表演区、建构区、美工区等表现性活动区侧重于让幼儿自我表达和表现，益智区、科学区、饲养区等探索性活动区，则侧重于让幼儿通过认知冲突对未知世界有所发现、不断充实自己的认知结构等等。

而博物区域的创设没有特定某个领域方向的规划和要求，在促进幼儿发展价值上也没有明显的预设取向，也就是说博物区域活动的核心价值存在于具体的活动过程中，而非事先预设的活动目标，博物区域的核心价值具有较强的生成色彩。如在石头博物区域，幼儿敲打不同质地的石头，发出多种不同的声音为歌曲伴奏；幼儿投掷不同重量的石头，感知重量、速度与位置的关系；幼儿观察石头工艺品，既能了解民族文化和工匠精神，又能欣赏与表达石头工艺的美；幼儿搬运石头的合作体验，以及对如何搬运不同大小的石头的探索……又如在叶子博物区域中，幼儿将叶子插在裤子后面，撅着屁股、甩着"尾巴"模仿小狗的姿态进行手脚爬行，这里我们可以看到：幼儿既关注到了事物的外形特征，又能迁移生活经验，展开合理联想，主动大方地进行游戏扮演。

其次是博物区域的核心价值具有整合性。非博物教育类区域活动的核心通常带有较明显的领域取向，区域之间相互独立，互动性和联系性比较少，幼儿从区域活动中所获得的经验也相较于单领域化或独立性，比如语言区的核心价值是促进幼儿语言发展，表演区的核心价值是培养幼儿的肢体表征能力，益智区的核心价值是锻炼幼儿的数理思维发展等。

而博物区域是综合的活动，是以"一个中心物或中心话题"为聚焦点全面展开的发散性的区域活动，过程中整合有语言表达、肢体表现、认知发展、经验再现、探索发现、想象创造等多领域或多类型的活动内容和发展方向。在丰富材料和适宜环境的有力支持下，博物区域借助既广博又有关联的"物"，为幼儿提供"博智、博言、博趣"的时空，让他们自主地、积极地对"一个中心物或中心话题"展开观察、感受、体验和探索，同时与环境、材料、同伴等人事物进行联系性的多向多元的相互作用，从而促进他们博物经验的整合与发展。

由此可见，博物区域较为关注区域的专题性、系统性与完整性，更为注重幼儿经验的关联性、连续性和完整性，也更加体现了整合性价值。如，西街博物区域中幼儿画西街、说西街、建西街、玩西街……他们运用各种博物区域材料进行摆摊设铺，再现小集市的买卖经验，进行角色游戏；他们通过对屋厝庭院的观察，运用生活材料进行模仿搭建；他们统计归类文创工艺品，并进行陈列……又如惠安女博物区域中幼儿演说惠安女在海边生活的勤劳故事，幼儿利用惠安女的大锯衫、阔腿裤、花头巾、银腰带等服饰来装扮自己并大方表现，幼儿尝试设计花头巾和腰带……在博物区域中整合多个领域的内容、融合多种类型的活动，让幼儿积累更多的博物经验，获得更为完整、多向的发展。

博物教育区域活动是幼儿园博物课程建设的一部分。博物区域与非博物教育区域在空间规划和材料提供上有很多的不同，既基于一般区域活动特点又具有独特的广博性、文化性、展馆性等特点，还兼具观察和操作的功能。同时，博物区域在幼儿主动选材、收集、调整等行为的过程中既增强他们的博物意识、促进他们的多方面发展，又推动课程的整合与发展。幼儿在区域活动中生发的博物行为，都是一次发展的机会、一次课程的契机，既让幼儿能够获得更加鲜活的、完整的经验的意识，又让生发的课程更具有过程性、联系性、整合性。

（2）博物教育区域活动形式与实施

在实践探索中，我们总结出四种具体的博物教育区域活动形式，及其具体的实施要点。

一是主题式博物区，指的是以区域活动为主要形式来开展博物主题活动的组织与推进，班级各区域活动内容均围绕博物主题而开展，此种情形的区域活动形式称之为主题式博物区。其具体又可以分为两种变式，即"并联式"和"串联式"的主题式博物区，这两种变式的共同点就是区域活动内容均与"博物主题"有关。但前者指的是班级各区域活动内容之间是相对独立的，某个区域活动内容的存在或消失，并不会影响到其他区域活动或整个博物主题活动；后者指的是班级各区域活动内容之间是有机联系的，各区域活动内容之间环环相扣、缺一不可，共同为博物主题的顺利开展而服务。

在主题式博物区的推进过程中，与主题相关的集体教学活动的占比相对比较小，实际开展的集体教学活动时间也相对比较少，其在整个博物主题活动的推进过程中往往是起着辅助的作用。在主题式博物区活动中，与主题相关的集体教学活动内容通常是源自主题式博物区域活动，同时幼儿通过集体教学活动而获得的相关经验再反哺到区域活动之中，共同推进博物主题活动的有效实施。

二是延伸式博物区，指的是在博物教育集体教学活动结束之后，幼儿对该活动仍意犹未尽，教师为满足幼儿继续探究的需要而设置的专门的活动区域。延伸式博物区设有既定的目标，其内容与当下博物教育集体活动相关，视幼儿兴致而定，投放的材料也与集体活动中所用材料相联系。

如在"瓶罐博物区"活动中，某幼儿在"有趣的瓶瓶罐罐"的集体活动中，对不同质地的瓶瓶罐罐的敲击声音产生了浓厚的兴趣。于是，老师就设置了"瓶罐博物区"，专门供幼儿玩起敲击各种瓶罐的声音探索游戏，幼儿在探索中感知声音的不同、享受乐音的节奏美感、感受动作幅度与声音大小带来的感官体验等等。在延伸式博物区活动中，教师倡导给予幼儿更多元的过程性体验，更宽阔的弹性发展的空间，让幼儿拥有充分的自得其乐的机会。

三是独立式博物区，指的是为满足幼儿在博物教育活动中个别化学习的需要而创设的活动空间。该活动区域单独设置，不主动地与其他活动相联系，但也不刻意回避，是允许相互联系也认可独立存在的一种博物区形式。在独立式博物区中，以提供丰富博物教育话题相关的物质材料为主要媒介，鼓励幼儿自主收集、按类取放、自由探索操作。

在独立式博物区活动中，幼儿拥有较大的活动自主权利，教师在幼儿活动中更多是以观察者和被咨询者的角色身份出现，且通常是在环境创设和材料投放时，基于幼儿的经验与兴趣而给予幼儿一定的指导和提示。因此，在独立式博物区活动的开展过程中，由于教师干预成分大大减少，幼儿在博物区活动所呈现出来的活动水平参差明显，也带有较大的随意性与不稳定性，既是考验也是锻炼幼儿的主动学习和独立思考的能力。

四是渗透式博物区，指的是将博物意识、博物经验、博物内容渗透到班级现有的各类区域中，在各区中融入博物中心话题。也就是说，在博物教育活动开展的同时，始终将博物中心话题与五大领域或一般四大类型区域（表现性、探索性、运动性、欣赏性区域）联系在一起，将博物中心话题与一般区域的内容和材料建立一定的联系，使二者的功能合二为一。

在渗透式博物区活动中，一方面以博物的"物"为媒介进行操作游戏、拓宽幼儿的游戏材料形式，另一方面借助一般区域的游戏行为加深幼儿对博物活动的兴致、丰富幼儿的博物经验，有利于培养幼儿的博物意识。例如种子博物区中，将各类水果籽儿与益智区的材料相结合，鼓励幼儿按类取物、按数取物等；又如瓶罐博物区中，将各类瓶瓶罐罐与建构区相结合，幼儿自取搭建、垒高、围合等等；再如将种子与瓶罐组合投放于演奏区或科学区，鼓励幼儿探索各种有节奏的乐音或声音质地的种类等等。

3. 依托公共博物馆课程活动

博物馆具有为教育服务与公共分享的重要职能，博物馆因其藏品多样、内容丰富，是开展博物教育课程活动的最佳场所。依托公共博物馆而开展博物教育活动，既是充分发挥公共博物馆资源的教育价值，也是幼儿体验式学习的直接体现。同时，公共博物馆是历史文化的积淀，人类智慧的结晶。通过丰富多元的博物馆资源，可以让幼儿了解中华民族悠久璀璨的文化和古代人民的智慧，增进幼儿对中华优秀传统文化的认同感。

幼儿园开展公共博物馆课程活动，这意味着课程活动是时常要走出园外，将课程学习场所延伸到园外；整个博物教育课程活动需要在"走出去"与"引进来"之间不断穿梭。因而，其课程活动实施的程序与要求也明显有别于园内课程活动。

（1）做好博物教育课程资源的前期研发工作

课程资源是课程实施的载体，要开展好公共博物馆课程活动的首要工作，便是要做好公共博物馆课程资源的调查，并对公共博物馆资源做基于幼儿园课程层面的审议工作。依据文化价值、路程远近、儿童视角等标准对泉州本土的博物馆资源进行筛选，确定了闽台缘博物馆、海外交通史博物馆、泉州非物质文化遗产馆、泉州科技馆等几大馆，并将西街文化、开元寺、清真寺、董氏宗祠、蟳埔女文化等有关美食、建筑、民俗方面的优质的本土文化资源，分门别类地纳入我园公共博物馆课程活动资源地图之中。

除了对公共博物馆资源进行筛选与确认外，我们还充分调动身边可用的人力资源，借力做好博物教育。首先是人力资源（幼儿家长）。公共博物馆的参观离不开家长，博物课程的建设更离不开家长。在开展参观博物馆的活动中，通常是采用一对一"亲子寻宝"的方式，让家长带着幼儿有目的地进行参观探寻活动，在活动中，家长会和幼儿介绍他们感兴趣的藏品，并与幼儿共同记录所见及所获。当幼儿在探索学习中遇到一些需要到博物馆再次印证的问题时，家长也会利用业余时间带着幼儿再次探寻博物馆。家长的助力不仅丰富了幼儿对博物馆的认识，有效搭建了幼儿与博物馆之间的联系，也拓展了幼儿的学习方式和成长的时间和空间。

其次是人力资源（专业人士）。博物馆有其固有的文化，这些文化通过传承人、宣讲员、考古学家等专业人士进行深究和传播。离开故事的藏品，其生命是苍白的。沿着历史的长河，每一件藏品都有其丰富的历史故事，或颠沛流离、或精彩璀璨、或世纪荣耀、或不堪回首……它们承载着中华五千年的历史发展和文化积淀。而这些精彩纷呈的历史故事和文化内涵，需要专业人士传承与传播。因此，在开展博物课程中，我们会不定期邀请木偶、妆糕人、南音、闽南语等传承人及博物馆工作人员等专业人士入园对教师进行培训并与幼儿进行互动，加深师幼对非遗文化的了解，让传统文化融入师幼的血液，滋养心灵，成为终生受益的人文底蕴。

此外，在开展公共博物馆课程活动时，还应注重做好教师关于博物教育课程理念的提升工作。博物教育课程实施的过程，其实也是师幼共长的过程。课程质量好坏的关键在于课程的执行者——教师。在博物馆课程实施中，教师对传统文化的认识、博物教育课程的理念都对课程实施的结果起着决定性的作用。优化课程，要从培养教师入手。

一是对传统文化认识的提升。幼儿教师因其专业特点，更多的是学习本专业的知识，较少涉及传统文化，再加上我园教师不全是本地教师、队伍年轻化等原因，她们对本土文化知之甚少。只有教师具备了相关的知识，才能够更准确地判断文化的价值，才能够给予幼儿更专业的支持，才能在与幼儿共同探究博物馆之时有更多的发现、更深的体会、更丰富的内涵挖掘。因此，在课程实施过程中，我们通过专家讲座、文化沙龙、现场参观、传承人入园等形式，让教师近距离多渠道了解传统文化，深刻感受本土文化的魅力，增强传承文化的责任感和使命感。

二是对博物课程理念的转变。我们通过专家引领、文章交流、讲座学习、课题研讨、教学研究等多种形式，来帮助教师树立正确的儿童观、教育观，学习在课程实施过程中，如何化解矛盾、解决问题、面对困难、推进课程的具体方法。由于新教师队伍壮大，我们还采用年段教研、小组教研、领航组教研等形式，让教研活动更加深入和落地。不断的思想碰撞、交流学习，不仅深化了教师对博物课程的认识，也提高了教师执行课程、推进课程、创新课程的能力。

（2）做好博物教育课程活动的中期实施工作

公共博物馆课程活动的实施。主要是以探究式主题活动的模式，通过参观博物馆——交流发现——提出问题——再度参观——解题释疑——深度再访——梳理总结，在不断参观与互动中加深对博物馆的印象，萌发对传统文化的仰慕之情，在操作中传承，在探索中创新，在学习中发展。具体可分为三部曲：

一是初遇博物馆，激趣萌探。"什么是博物馆呢？"当幼儿满怀疑惑、期待与好奇的时候，我们通过组织集体参观、亲子自由参观等形式，进入公共博物馆开展一场纯参观纯体验的博物馆之旅，幼儿在场馆内观察、记录，积极建立个人经验与展品之间的联系，感受展品所蕴含的文化内涵，生成整体、融合的经验。作为公共文化设施，博物馆就像一部立体的"百科全书"、实物的"图书馆"，让幼儿在这一特定的时空场域内深层次地感知文化的魅力，有效地激发了参观学习的兴趣，并萌生了进一步探究的欲望。

二是再访博物馆，寻宝释疑。幼儿园宝宝博物馆的创建有赖于课程的实施，这是一个"复活——演绎——回归"循环往复的过程。在博物主题开展过程中，幼儿对于某展品或文化现象的好奇，均可生发再次参观访问博物馆的活动，只是这次，幼儿更多是带着目的性进行参观访问的。如在开展"船"的博物主题活动时，幼儿对于"船的种类"产生了疑惑和兴趣，于是，我们组织亲子参观活动，让家长带着幼儿以"寻宝"的方式探寻、记录"海外交通史博物馆"内的各种船只，丰富了幼儿的视野，有效解决了问题。又如：在一个博物主题活动结束后，幼儿想在学园博物馆创设一个相应的"专题博物区"，把探究的成果向其他班级进行展示和交流，但要怎样创设呢？通过再次深度地参观博物馆，他们了解了展品的多种摆放方式、博物馆的参观规则、布馆所需的前期工作，并在回到幼儿园后开始规划设计馆区、分组布置展区、协商分配馆区任务、馆区管理实践等一系列相关活动。在这个过程中，幼儿不仅积累了更加丰富的博物馆参观及管理经验，还提升了解决问题、主动探究、践行计划的能力。

三是重归博物馆，温故知新。每一次参观博物馆，都有不同的收获。孔子曰："学而时习之，不亦说乎？""温故而知新。"在博物主题探究活动结束后，让幼儿重回博物馆，与展品进行更加有深度的互动，并在互动中更进一步地深化对中华优秀传统文化的感知。同时，幼儿在博物馆文化的长期熏陶下，有利于建立一种习惯、树立一种情感，一种主动学习、积极探究、能调动多感官运用多种方式进行学习的习惯，一种对中华优秀传统文化的热爱乃至深爱以及敬畏之情，并进而萌发初步的民族自豪感、认同感和归属感。

（3）做好博物教育课程活动的后期总结工作

开展公共博物馆课程活动的后期总结工作，除了基于经验获得维度来评量博物馆课程实施成效外，更应将对公共博物馆教育资源的有效利用，作为评价博物馆课程活动效果的一项重要内容。

在关于博物教育经验获得维度评价上，根据博物馆课程活动展开类型可有两种评价方式，属于目标导向的博物馆课程活动的成效评价，可以采用将预先所拟定的博物教育课程目标制作成评价表，按"已达成、基本达成、未达成"等三个等级进行目标与实际效果达成度评价；而属于兴趣导向的博物馆课程活动的成效评价，可以采用课程活动成果展示与分享会，包括精彩的学习故事、游戏案例等课程故事分享、或主题课程活动小结等形式，通过回顾该主题课程活动的实施过程来评量幼儿在活动中的经验所得。

而对于利用公共博物馆为载体而开展的博物教育课程活动成效评估，除了做常规性的经验获得维度评估外，还应做好关于公共博物馆教育资源的有效利用方面的评估。应该基于活动实施过程中，对公共博物馆资源的进一步了解情况，就资源利用方面进行比较全面的回顾与反思，比如有哪些资源可为有效研发利用？哪些资源还可以运用其他方式进行有效研发利用？哪些资源在实际利用过程中是不尽如人意的？等等。通过这样的回顾、反思与总结，为后续更好地开展该公共博物馆课程活动积累经验，从而不断地提升幼儿园博物馆课程活动质量。

总之，依托园外公共博物馆开展博物教育活动，不仅打破了传统课程实施的时空界限，将教育引入更为广阔的生活世界，为幼儿园课程建设提供了新思路，而且在幼儿园课程活动开展中拓宽了资源渠道，提升了师幼的文化内涵，为幼儿园课程建设提供了更多可能性。

4. 自然博物教育研学活动

幼儿园的自然博物教育，指的是遵循《指南》精神，立足"一阶博物学"，重视幼儿的发现、观察、探究、体验，让儿童在丰富的自然世界中，借助视、听、闻、触等不同感觉积累广泛的经验，提高自己对客观世界的认识，构建完整的世界观。在幼儿园开展自然博物教育活动，除了应立足于本园实际，充分挖掘本园资源之外，还可将自然博物教育与研学活动相结合，即开展自然博物教育研学活动，把幼儿园自然博物教育拓展到园外，以不断提升幼儿园自然博物教育质量。

幼儿园自然博物教育研学活动，是一个有计划、有目的的课程活动，并不只是单纯的亲子旅行或者野外采风，而需要幼儿带着"广泛关注、深入观察、静心欣赏、积极探究"的博物意识，有目的地游历，高质量地学习，"游"中有"学"，"研"中有"得"。那么，如何将自然博物教育巧妙地与研学活动相融合呢？我们认为，可以根据研学活动开展过程的不同阶段，将"自然博物教育内容"有机地加以凸显出来。

（1）准备阶段：突显自然博物教育主题

在研学活动的准备阶段，如果研学的主题越是明确清晰，那么，研学活动质量就越有保证。在确定研学主题时就应紧扣自然博物教育目标，也就是所确定的研学主题应是利于自然博物教育活动的开展。此外，我们认为，在确定研学活动主题时，还应考虑如下几个方面。

一是立足儿童视角，筛选适宜主题。立足儿童视角，根据其年龄特点以及园内开展的与自然博物相关的主题活动进程，筛选出与园内课程相衔接的适宜的研学主题，如生命的顺序与阶段（蝴蝶、蚕的一生）、认识颜色和形状（树叶一年四季的变化）、自然物与人造物的区别（多样的石头与石雕）、植物与人类的关系（树与中草药的功用）、研究时间与生长的关系（不同植物的生长节律)、生命的轮回（动植物的腐败与分解）、向自然学习（鸟窝的结构与蚂蚁的家）、解决问题（如何保护植物免受病虫害）、生命的永恒（标本的制作）、自然的艺术（花草绘画）等，再依照不同阶段幼儿的经验需求，邀请有相关专业经验的农业局、林业局、生物学家长进一步做好研学主题的选定工作，以及依据不同主题选择适宜的活动形式，如自然观察、体验游戏、发现探究、手工制作及劳动体验。

通过实践研究，我们认为，适宜小中大不同年龄班的自然博物教育研学主题有：小班自然观察类研学"神奇的叶子"、劳动体验类研学"美味的水果"、体验游戏类研学"森林寻宝"；中班探究发现类研学"我们一起去捉虫""寻根行动"、手工制作类研学"漂亮的花草画""制作草药包"、劳动体验类研学"我们学种树"、大班手工制作类研学"制作标本""奇怪的鸟窝"、劳动体验类研学"大米哪里来"、探究发现类研学"年轮的秘密"等。

二是根据研学主题，准备适宜工具。确定研学主题之后，我们应根据不同主题的特点准备适宜的工具。安全防护等基本工具有：着浅色的衣服，尽量把胳膊和腿都覆盖住，便于行走的鞋袜或雨鞋、驱蚊液、防护手环、适量的水、食物、简易医药箱、纸巾等；便于观察探索工具有：手套、放大镜、镊子、观察瓶、尺子、铲子、水桶、捕虫网、塑料袋、盒子等；适宜记录操作工具有：画笔、画板、纸张、剪刀、胶水等；此外，还应根据所确定的主题准备相适宜的资料收集工具，如调查表、相机、观察记录表、录音设备等。

三是做好出行准备，提前安全教育。自然环境是不断变化的，不同的季节或天气，动物和植物在短时间内都有可能发生翻天覆地的改变，需做到"活动有方案，物资有保障，经验有准备"。教师与家长共同收集资料，最好能提前到研学活动的场地进行踩点，讨论行走路线，规划研学重点区域。同时，评估在研学中可能遇到的风险：如了解野外场地昆虫的危险性，知道哪些是可以捕捉、哪些是不能抓捕的昆虫。研学过程中注意行走奔跑的速度，避免被尖锐的树枝、灌木等刮伤；关注天气对自然的影响，特别是雨后或者台风天后的户外空间，在初次进入时注意泥地、草地、碎石地、荒地、林地等不同材质地面的行进。

此外，不断提升幼儿的风险阈值，在校园里可创设富有挑战的环境和机会，将幼儿推到"舒适区"的边缘，让他们通过攀爬、跳跃、挖坑、悬空等了解自己身体和情感的极限；多以"试一试""想一想""你可以"等肯定的词汇，减少"不要跑""不要爬""不要推"等否定词，用正面教授的方式提升幼儿的安全意识。

（2）实施阶段：支持自然博物教育实践

在研学活动实施阶段，成人（包含教师和家长）应当具备"儿童意识""博物意识"，充分考虑儿童的视角，带领幼儿走进大空间、多物种的园外自然场域，亲近动植物，贴近自然；安静倾听，给予充分时间支持幼儿对自然的一百种理解和创作，使其在博物生活中重新定位自己，理解自然秩序，感悟人生真谛。

一是善于倾听儿童，鼓励引导表征。倾听儿童是带着一种理解与共情的姿态，放下成人的固有思维，以平等的态度与儿童友好对话，真正走进儿童的内心世界，用情待人、用心交流。身处自然空间里的幼儿，是否能够不受外界干扰，更长时间地专注于自己的创作？在自然环境中是否更加有利于生发故事，获得更多经验呢？户外自然环境中的空间更为宽泛、潜藏着更多的诱惑，成人只有蹲下身来走近儿童，更加专注地倾听儿童，更加及时而敏锐地捕捉教育契机，才能更好地生发课程。比如，在研学过程中，几只死去的昆虫对成人来说也许是再平常不过了，但对于幼儿来说却如获至宝。他们对死去的昆虫关注点在哪？想用昆虫做什么？他们理解死亡的意义吗？对于这些问题，成人只有专注倾听不同幼儿的讲述，并利用多种方式收集资料，透过其稚嫩的话语分析其中隐藏的儿童心理。同时，我们鼓励引导幼儿将自己在自然中的发现与思考绘制下来。借由一张张简单的记录表征，幼儿的思维变得具象、生动、可视化，不仅提升了自身的观察力和总结能力，也提升了与他人合作、协商的能力。

二是给予充足时间，支持多样探究。大自然是一个天然的博物馆，里面蕴藏无穷无尽的天然材料。幼儿在自然里想玩什么游戏？想用各种各样的自然物做什么？自然里还隐藏哪些奥秘呢？在"森林寻宝"研学活动中，试想若成人反复催促幼儿"快一点""时间快到了"，大自然里的诸多潜藏在角落里的奥秘便不易发现。只有让幼儿在森林中有半天甚至一天的时间慢慢溜达，随意地从树下的一棵草转向石头缝隙的一只蚂蚁，允许幼儿时而奔跑穿梭于林间，时而蹲下来细致观察植物的构造，悠闲自在地找寻"宝藏"，才能从容不迫地在自己的时间里按照自身的步调去探索和发现，观察生命品类之盛、形态之美。

在"寻找昆虫"研学活动时，幼儿一开始奔波于各种植物之间，可是却鲜少发现昆虫的足迹。"昆虫在哪里呢？"对于幼儿的问题，成人可引导其耐心观察，提供铲子、放大镜、捕虫网、镊子、剪刀、塑料袋、瓶子等工具，鼓励幼儿在自然观察中发现问题、提出问题，并思考问题的解决办法。幼儿借助辅助工具挖开泥土，通过食物引诱昆虫，寻找潮湿黑暗的角落并蹲守等不同探究方法，将书本上的知识内化为自身的经验，总结出不同昆虫的生活喜好，进一步理解物种的多样化，生发园内自然博物课程。

此外，在研学时成人要与幼儿友好对话，言传身教自己对自然的尊重，提醒其不随意采摘植物，减少对原生态的破坏，控制从自然获取动植物的数量，注意收拾好随身携带的垃圾，不给自然增添负担。

（3）总结阶段：回归自然博物教育课程

博物学倡导人与自然和谐共生，行走在自然中参悟沧海桑田，感知人生风云变幻。

自然环境本身具有整体性、关联性和丰富性，在研学总结阶段，我们要发挥自然博物教育的整合功能，将自然博物教育研学活动"课程化"，回归自然博物课程主线，生发新的课程生长点，及时评估研学成效。

一是回归博物教育课程。研学活动回到园内后，我们将围绕本次研学所获开展系列活动，借助语言（口头语言和文字）、图像（图片或视频）、儿童作品以及发现的各种自然物等要素开展总结性谈话、美工活动、故事讲述、音乐表演。紧扣自然博物教育课程这一主线，开展"研学总结会"，引导幼儿交流自己的自然研学收获和想继续探究的问题，找寻下一次自然博物课程的探究点；开展自然博物美工活动，鼓励幼儿用泥塑、绘画、彩绘、雕刻等不同形式创造性地改造、装饰自然物，发现大自然不一样的美；开展故事讲述会，支持幼儿将自己对自然研学的体悟以故事播报的形式展现，提升语言表达能力和思维逻辑能力；开展发现自然之美音乐会，共同倾听大自然的声音，用肢体表现不同动植物的状态。

此外，研学途中每发现一样新奇的事物，幼儿都会发出惊叹之声。我们鼓励幼儿在研学后将自己中意的"自然宝藏"带回学园与同伴共同分享，有时候是一块石头，有时是一把秋叶，有时是一段雨声，用自然的恩赐来丰富小小自然博物馆。同时，将幼儿在研学时捡拾到的自然物创意制作的花草拼贴画、昆虫标本、创意木艺摆件、斑斓贝壳、石头彩绘等也变成博物藏品，让博物馆更具艺术感和归属感。

二是及时评估研学成效。每次自然博物教育研学活动之后，成人都应聚焦"幼儿博物经验有效学习"，围绕生物特性理解、自然规律法则、科学探究方法、幼儿情绪状态、幼儿行为表现等指标，参考儿童博物教育发展目标，由成人（教师和家长）采取访谈幼儿、量化表格、观察记录、幼儿作品分析等不同形式双向、科学评估研学成效。通过多主体、交互式的评价，既要参考幼儿在研学中的集体表现，也要注意分析其个人探究情况，教师能更准确地把握自然博物课程的发展脉络，看懂幼儿的学习，发现不同能力幼儿的个体差异和学习轨迹，以评促教、以评促学，更好地形成家园合力，客观准确调整今后自然博物课程，搭建有效支架学习。

"我们关注博物学，着眼的是文明的形态和大尺度上人类社会发展的走向。博物学的认知方式是自然的，而近现代科技的认知方式是不自然的。自然的认知是人法天、人向大自然学习。"[1] 幼儿在以"自然博物教育"为主题的研学活动中，通过博物之兴，发现自然之美，体验生活之趣，学会在自然场域里怡然自处，在自我反思、自我调节、自我定位中坚定信念，更加从容、自信地面对挑战与困难，找到自我与自然相关的完美平衡。

二、幼儿园博物教育课程评价

一个适宜有效的课程方案，应该在园本课程建设、教师成长和幼儿发展上具有促进的作用。因而，幼儿园博物教育课程的评价主要围绕园本课程建设的贡献度、促进教师专业成长和幼儿身心发展的价值三方面展开。

---

[1] 刘华杰. 博物学论纲 [J]. 广西民族大学学报（哲学社会科学版），2011（6）.

（一）从园本课程建设贡献度方面评价

幼儿园博物教育课程方案，是我园结合本园实际而确立的课程园本化的建设方案，也可以说是我园着力建设的适宜性课程。我们所追求的适宜性课程是基于本园实际、在园行政和教师课程领导力下有序而自然地生长起来的，具有本园特征的个性化课程。对园本课程建设的贡献度的评价，主要围绕两个维度展开，即课程方案建设的科学性和课程方案建设的成效性。

1. **课程方案建设科学性的评价**

将博物教育课程作为我园适宜性课程建设的方向，旨在跳出过去适宜性课程建设思路偏向于直接从学科领域教育课程的窠臼，即根据本园的实际情况，将本园在某一学科领域教育课程中已显或潜在的优势，确定为本园适宜性课程建设的方向，以领域教育来确认本园适宜性课程建设思路，易出现课程结构上的失衡现象。将适宜性课程建设方向确定为整合课程，而非某领域课程。幼儿园博物教育课程是一种整合性课程，博物教育内容是源于生活、源于问题，而非源于"学科知识"，而"生活"或"问题"本身就是以一种"整个的方式"而存在，基于"生活"或"问题"的学习与教育活动，本身就是一种整合性活动。

如中班自然类博物主题"萝卜嘎嘣脆"，期初种植活动中幼儿对萝卜感兴趣，于是萝卜"探秘之旅"悄然展开，首先是萝卜初印象：生活中的萝卜有哪些品种呢？你还知道萝卜的什么秘密呢？幼儿在问卷调查、交流访问中初识萝卜。其次是萝卜种植和养护：萝卜品种多样，我们要种哪种——投票决定；怎样才能让萝卜快快长大——浇水、除草、施肥……怎样记录萝卜生长过程——绘画、相片、视频。最后是收成和烹饪：萝卜成熟了，怎么拔呢？幼儿找来了铲子、手套、棍子等工具；一个人拔不动怎么办？幼儿两人或多人协作；帮萝卜洗洗澡、按按摩，干净的萝卜真漂亮；制作萝卜美食"萝卜糕""菜头酸""萝卜丝"等；关于萝卜的话题还在延续：萝卜雕刻、皮的拓印、根的培植……从探萝卜、种萝卜到拔萝卜、品萝卜的寻秘之旅，中班幼儿切身体验种植全过程，在发现问题、解决问题的过程中获得全面发展。

2. **课程方案建设成效性的评价**

我园在课程园本化建设进程中，多年来坚持以课题研究为抓手，以课题研究促课程建设，先后开展"生活化的幼儿园课程资源深度开发与利用研究""幼儿园课程视野下的'宝宝博物馆'建设研究"等系列性课题，在园本课程建设方面所取得的成绩，曾于2009年10月创建了全国首家幼儿园"宝宝博物馆"，明确将幼儿园"宝宝博物馆"界定为：一个深化儿童感官体验、拓展儿童生活世界、激发探究欲望、萌发博物意识、寓教于乐的教育场所；并于2016年成功出版了《幼儿园课程资源建设新思路——"宝宝博物馆"建设的理念与实践》一书。

应该说，我园在博物教育课程建设的成绩，尤其是在幼儿园里创设博物馆的理念与做法得到同行的肯定，曹慧弟主编的《博物·博雅·博爱——幼儿园博物教育课程的理论与实践》一书中的第8页指出："泉州市机关幼儿园于2009年创建的宝宝博物馆是我国幼儿园博物教育开展的起点"；在冯伟群等著的《跨越围墙的幼儿园课程——博物馆之旅》一书中的第31页，谈及幼儿园里的博物馆实践研究，在肯定我园首创的"宝宝博物馆"做法的同时，直接引用了我园所界定的"宝宝博物馆"的涵义。

（二）从促进教师专业成长方面评价

一个好的课程方案不仅能利于幼儿身心发展，也能利于教师专业成长；一个好的课程方案应该是能够让置于其中的师幼，体验到共同生活与成长的快乐。唯此，这样的课程方案的建设与发展才是可持续的，并在可持续发展中得到不断地总结与提升，不断走向成熟。对幼儿园博物教育课程中教师发展评价，可以从教师的课程意识与课程素养进行评价；而教师的课程意识与课程素养体现在教师的教育实践之中，体现在教师基于教育实践而形成的个体经验总结之中，如教师撰写的个人教育实践经验文章、课程故事（含游戏案例），所支持与开展的课题研究等。

我园在开展幼儿园博物教育课程实践研究中，教师的专业成长是显著的。在课程建设期间，我园教师在各级各类专业期刊发表22篇专业文章，主编或参编出版论著2部，申报省市级课题10项，省市级获奖6项，开设省市级专题讲座40余场，向省市级幼儿园同行开放教学活动观摩现场50余次。

（三）从幼儿身心发展的价值方面评价

幼儿是课程方案建设最直接的利益相关者，课程方案建设最终的落脚点便是幼儿身心发展。因而，能否促进幼儿身心健康全面发展，便是评量一个课程方案建设质量的极其重要的标准。而一个好的课程方案建设，必然也会带来相应的评价思路与评价方式的变革。我园在开展博物教育课程实践研究中，对幼儿发展评价工作从思路、方法做了如下探索：

1. 评价取向由目标取向走向过程取向

《纲要》中指出："幼儿的行为表现和发展变化具有很重要的评价意义，教师应视之为重要的评价信息和改进工作的依据。"这要求我们要更多地关注幼儿活动过程中的行为表现，将评价渗透于活动过程之中，扭转长时间以来"以目标为中心，判断实际活动的结果与预定目标相符合程度"的这种单维度的课程评价方式，而是应走向倡导关注过程的发展性评价理念。关注过程性的幼儿发展评价方式，更加突显幼儿在评价活动中的主体地位，更加重视幼儿在学习过程中的主动参与度；更加关注幼儿知识经验的自主建构过程，以及寻找问题、解决问题的能力；更加关注不同幼儿间不同的发展水平，立足于对幼儿个体纵向发展的评价。在博物教育课程活动中，我们一方面要关注幼儿通过活动获得的新知识、新经验，更要关注活动过程中幼儿的思维发展过程与感受。思维发展是一种可持续性的学习潜力，是评价幼儿学习自主性、创造性发展的重要依据。

在博物教育主题"足球咕噜噜"活动中，如果沿用过去的目标取向的评价思路，教师会将幼儿能否成功设计出"球门"以及"球门"的质量，视为该活动效果是否达成的重要依据；而在主张过程取向的评价理念下，教师则会将评价的目光关注在活动过程中幼儿的具体表现，比如幼儿主动参与程度、幼儿在活动中的感受与体会等。例如，在幼儿围绕怎样设计"球门"的活动过程中，他们展开了积极的猜想与验证。先是发散性讨论"球门"形成的各种可能性，接着，尝试利用活动室里的纸箱、篮子、铁罐、小推车、轮胎材料等材料为辅助，巧用不同的身体姿势变化组合，创建了属于他们自己的"球门"。在这个过程中，教师观察评价的重点是：幼儿是否积极主动参与讨论、尝试？合作的积极性如何？幼儿设计球门的创造性和拓展性思维如何？幼儿选择与运用材料（以物代物）的能力如何？幼儿在活动的过程中，产生了哪些分歧与困难，如何解决？等等。在过程取向评价理念下，教师更加关注幼儿的个体差异，达到因材施教、适时适机搭建学习支架，推动幼儿学习发展的目的。

2. 评价内容由知识技能走向核心素养

2014年教育部印发《关于全面深化课程改革落实立德树人根本任务的意见》中提出："组织研究提出各学段学生发展核心素养体系，明确学生应具备的适应终身发展和社会发展需要的必备品格和关键能力。"2016年9月，中国学生发展核心素养总体框架正式宣布。核心素养的提出，标志着课程改革从"知识本位"走向"核心素养"，即关注学生的自主发展、社会参与和文化素养。在突显核心素养的思想指导下，课程评价内容的确定，将从单纯以学科知识体系为依据的评价路径，转向以促进幼儿核心素养的形成依据的评价路径，转向于既关心当下效果，又关注具有长期效益的幼儿发展评价。

我园博物教育课程总目标为"培养具有'博物意识'的完整儿童"，并根据领域内容的不同性质细化为三个"博物教育领域子领域"，即"寻味民间文化、体验当下生活、关注周边自然"。在开展幼儿园博物教育中关于幼儿发展评价的具体内容中，我们既充分关注幼儿周边生活经验，又关注幼儿在博物活动过程中关键能力、品格、情感态度、文化感知的发展。

例如：博物教育主题"上新了，我的博物馆"，在以知识技能评价为核心的传统理念下，教师可能会把活动目标拟定为：能设计出美观、实用的儿童博物馆，或者是提出一些美术技能运用方面的目标。然后，再围绕这些知识技能目标的达成来评价幼儿的发展情况。而今，在核心素养理念的引领下，我们将该活动的发展目标拟定为：能围绕"设计博物馆"主题展开讨论，懂得倾听他人的意见；尝试用简单的符号记录讨论结果，并大胆介绍自己的设计图。显然，这样的目标拟定，更加凸显了对幼儿能力态度发展的核心地位的关注，即幼儿是否认真观察和欣赏博物馆；是否能大胆构思属于自己的"好玩的博物馆"；是否能在大胆表达自己意愿的同时，接纳同伴的意见，并达成小组共识；是否能合理规划自己的设计图、勇于分享等。调整后，目标与评价充分锁定幼儿的倾听习惯、表达表现、创新拓展、协作与接纳等方面能力的发展。

3. 评价方式由量化评价走向质化评价

评价方式可分为量化评价和质化评价，我们之前采用更多的是等级评价法等量化评价方式来评价幼儿发展情况。显然，这种将幼儿的发展指标赋予一定的等级，并通过打钩的方式进行评价，客观上是比较方便，且利于量化处理。但采用这种量化评价来评价幼儿发展，尺度过于单一，更容易忽略课程规划中一些不可测量的重要方面，从而影响课程评价的信度。而质化评价方式是一种基于自然情境的方式，它采用比较开放的方式来收集相关信息资料，然后基于生动而丰富的资料信息对幼儿的发展进行比较全面的评判。质化评价方式更利于对幼儿发展状况进行比较深入细致的描述和分析，更利于通过评价来有的放矢地促进幼儿的发展。因而，在博物教育活动中，我们主要采用学习故事、课程故事、教育随笔、博物表征、档案分析等质化评价方式对幼儿的发展情况进行评价。以下列举课程故事、成长档案袋、博物表征会三种质化评价方式的具体做法。

一是课程故事。课程故事以课程的发生发展为主要线索及内在关联，记录了幼儿自主学习、经验获得的发展情况。课程故事让教师在自然的教育情境中，观察幼儿的发展情况，从幼儿的一言一行中去洞察幼儿的兴趣、需求和最近发展区。课程故事中教师针对所记录的故事而做的"经验获得"分析，以及提出"进一步支持策略"，这就是基于日常课程活动中对幼儿学习与发展的评价。

如，课程故事《布的世界》中，故事由布匹市场里的偶遇——（布，我们的好朋友）布的调查——我的布绒玩具（布的分享会）——逛逛布市场（布的展览会）——巧制棉线（布从哪里来）——有趣的扎染、自制布娃娃、我的文化衫、百变麻花、小小裁缝出师（布有什么用）——隧道诞生记（布的游戏）等。在隧道诞生记的故事中，幼儿对布产生了特殊的情感，班级的废旧回收站里有一些幼儿从家里收集来的大小不同、形状各异的布，平时，幼儿会利用布制作一些手工作品，也会拿碎布进行游戏。这天，班级的一角围着几个幼儿，他们在玩布的游戏。涵涵和轩轩搬来了两张塑料桌，吉吉把两张塑料桌叠了起来，轩轩说："我们要把上面的桌子倒着放。"涵涵把一块白色的桌布轻轻地放在了上面，吉吉说："你们把手放开，看看布会不会掉下来。"大家听从吉吉的建议，尝试把手放开，只见布稳稳地挂在桌子的四个角上，吉吉掀起了布的一角，大声说道："大家快来看呀，这里有个隧道"……课程故事记录下幼儿的学习瞬间，于是，利用布匹搭建隧道的游戏便应运而生！在该课程故事中的每个小故事记录的都是幼儿在与布的互动、与同伴互动中所产生的"哇时刻"。"哇时刻"呈现了幼儿近期思维发展、兴趣取向等方面的过程性评价，它可以生成新的探索方向、推动新的经验生长点。

二是成长档案"我的博物日志"。主题式成长档案袋的创建与使用，是幼儿自我评价的一个重要途径。幼儿人手一个成长档案袋，它是一个能装进 A4 纸张大小的大相册，幼儿在博物主题开展的过程中，用贴、画、说等记录方式来自主表达自己的发现、兴趣和经验。它能让教师在日常生活中，寻找幼儿对近期博物主题所需要的各种信息、材料，了解他们的问题和感兴趣的事物，以及表达表现的不同方式。

例如：在博物教育主题"昆虫记"的成长档案袋中，有的幼儿画出简图标示出在草地、树洞、花丛、菜地等地方有昆虫；有的幼儿从网上查找不同的捕虫工具，并彩印剪贴在相册里；有的幼儿通过翻看图书等方式，了解昆虫的"家"是什么模样的，并用简笔画表达出不同形态的"家"；有的幼儿把自己对关于昆虫的几个疑惑："什么才是昆虫""哪些昆虫有翅膀""昆虫需要哪些食物"等，用简笔画表达出来，并在主题开展的过程中，以及与同伴、成人交流的过程中，慢慢寻求答案。档案袋的内容极具个性化，他们各自保管，定期分享。老师能从幼儿收集什么，有什么收集渠道以及记录方式等方面，来了解幼儿不同的学习行为、不同的认知特点和思维方式，看到幼儿阶段性的发展情况。

三是博物表征会。表征会是经过一阶段的主题探究活动之后，开展的一种以资源共享、交流互动为目的的混班活动。每个班的幼儿都设置了与本班主题相关的专属馆区参与分享体验。在博物表征分享会中，从活动资源的收集到布馆，从宣传介绍到体验游戏，乃至活动结束后的"我想说……"等环节，都是幼儿自主策划、共同参与的，它对幼儿能力发展的锻炼是多方面的。

因而，可以说这是一种对幼儿的发展做的一个比较综合考量的评价方式。

如在博物主题"踩街真热闹"表征会前期，幼儿通过平面简笔画规划了场地，布置了展板：各种姿态、表情的惠安女，拍胸舞、火鼎公婆等小型雕塑和龙、狮的提线木偶等图片；收集了与踩街活动相关的贡球、簪花围、惠安女服饰、轿子、烟斗、火盆、斗笠、扁担、花头巾、闽南打击乐器等各类物品，布置在活动场地；用低结构材料划分了化妆区、表演区等场所。幼儿以混班的形式，自主选择欣赏文化、分享藏品、倾听讲解、装扮表演、舞狮体验、踩街模拟、挑担体验等项目。可以说，博物表征会活动，是一个小小的主题仪式，也是一个见证幼儿阶段性成长的受到幼儿喜爱的方式。活动的开展能从不同的层面展示幼儿的心理、思维、意愿、想象、需要、情感表达等方面的发展情况。

综上所述，博物活动的幼儿发展评价应自然地伴随着整个博物教育过程进行，立足幼儿在博物活动中获得"观察、欣赏、操作、体验、分享"等经验的过程性发展，博物评价还需要与其他领域的评价相结合，才能构成完整的幼儿发展评价体系，幼儿园可以综合运用几种评价模式，让幼儿发展评价更趋合理有效。

第四章　幼儿园博物教育课程活动实例（上）

本书所呈现的博物教育课程实施实例的样式有两种，主题式记录与课程故事式记录。在本章所呈现的记录格式相对比较传统，由主题由来、主题目标、主题规划、主题实施过程与主题小结等几部分构成。而在第五章所呈现的记录样式，主要采用课程故事这一问题格式。在具体实施过程中，教师可以根据自己的习惯自由选择，即使是同一记录文体格式，不同教师所呈现的具体形式也不尽相同。

小班博物主题活动：糖果乐园

一、主题由来

幼儿的生活是幼儿园课程内容来源的重要途径。源自幼儿生活的活动内容，往往是幼儿在生活中可以感知体验的，也是他们所感兴趣的。糖果是幼儿生活世界中最常见的，对小班幼儿来讲糖果更是他们最喜欢的食品之一。甜甜的糖果对于幼儿有很大的吸引力，甜甜的味道、亮丽的包装、鲜艳的色彩都吸引着幼儿。春节期间，最不缺的就是糖果了，大多数幼儿在家也会趁过节品尝各种各样的甜果。于是，在春节过后的新的一学期伊始，我们便决定与小班幼儿开展一次关于糖果的"甜蜜之旅"。

二、主题目标

经过分析，教师认为幼儿对糖果话题可能产生的兴趣与关注点，应该是聚焦于对各种各样的糖果及其味道的品尝、糖果的制作与包装、对糖果包装纸的设计；同时认为有必要对幼儿开展与糖果话题相应的健康方面的教育，旨在让幼儿知道多吃糖果对牙齿有损害，了解一些保护牙齿的方法，养成良好的卫生习惯。结合幼儿兴趣与教育需要，就糖果话题而展开的主题活动的目标如下：

1. 了解生活中常见糖果的种类，认识其外形特征、图案、软硬、大小、颜色，能根据糖果的某一特征进行分类与排序，能够根据指令取出 5 颗糖果。

2. 了解和欣赏各种各样糖果的造型美、色彩美，尝试用粘贴、绘画等形式来表现玩具的造型；初步学会用低结构玩具搭建自己喜欢的摆台等；尝试运用艺术表现方式，参与绘画、做糖果，与家长一起制作不同样式的糖果。

3. 愿意与同伴表达自己所喜欢的糖果，愿意参与收集各种各样的糖果，养成较好的收拾整理习惯，能与同伴积极游戏，积极参与糖果的探索活动，感受糖果给生活带来的乐趣。

4. 能与同伴分享糖果，并体验分享的乐趣；能积极参与糖果博物馆的创设工作，萌发观察周围生活事物的兴趣，具有初步的博物意识，体验活动的乐趣。

三、主题资源

通过家园配合、幼儿园与社区互动等途径，收集主题活动所需要的各种糖果及图片，主题开展中需要的糖果主要有以下四大类：

1. 硬糖：是一种坚硬而脆的糖果，有透明的、半透明的和不透明的，也有拉制成丝光状的，比如棒棒糖、阿尔卑斯硬糖。

2. 软糖：是一种柔软和微存弹性的糖果，有透明的和半透明的，比如水果糖、QQ 糖、瑞士糖。

3. 奶糖：是一种结构比较疏松的半软性糖果，可分为胶质奶糖和砂型奶糖，比如大白兔奶糖、牛轧糖、旺仔奶糖。

4. 酥糖：是中华特色传统糕点之一，是春节应时糕点，有着悠久的历史，比如花生酥、核桃酥。

四、主题实施途径的设想

1. 集体活动

序号	领域	活动名称	活动目标
1	语言	谈话活动： 亲子寻糖大调查	1. 发现并收集生活中各种各样的糖果 2. 能安静地倾听他人讲述，共同分享有趣经历
2		讨论活动：我喜欢的糖果	1. 尝试与同伴分享自己喜欢的糖果，并说出原因 2. 能注意倾听别人的分享并给予回应
3		诗歌活动：甜甜的糖果	1. 理解诗歌内容，初步感受诗歌的意境美 2. 会结合画面，有节奏地学念诗歌内容
3	健康	蛀牙了，怎么办	1. 知道导致龋齿的原因，了解预防龋齿的方法 2. 懂得饭后要漱口、早晚要刷牙
		身心保健：我会刷牙	1. 初步了解牙齿的构造，知道保护牙齿的重要性 2. 懂得保护牙齿的方法，学会正确刷牙的方法
4	社会	家长助教：自制牛轧糖	1. 初步了解牛轧糖的制作方法，愿意参加制作活动 2. 学会用卷、拧的方式包装牛轧糖，体验自制牛轧糖的乐趣
5		自制体验：制作棉花糖	1. 尝试使用棉花糖工具自制棉花糖 2. 感知棉花糖的颜色、外形以及特性 3. 懂得排队等待，不争抢、不独霸棉花糖机
6		家长助教：自制冰糖葫芦	1. 知道制作冰糖葫芦的材料及步骤 2. 能使用竹签将水果串起来并裹上糖浆

续表

序号	领域	活动名称	活动目标
7	科学	科学活动：糖果分享会	1. 能发现并描述糖果的形状、颜色、大小、软硬等 2. 尝试发现问题并找出解决问题的办法 3. 能用多种感官去探索糖果的特征
8	科学	小实验：糖不见了	1. 对糖溶于水的现象感兴趣，愿意与同伴分享自己的发现 2. 初步了解让糖快速溶解的办法，体验参与科学实验的乐趣
9	科学	数学活动：糖果排排队	能按糖果的形状、颜色或大小的差异进行4以内的排序
10	科学	数学活动：糖果大派送	1. 能根据糖果订单取出相应数量的糖果，手口一致地点数5以内的糖果，按数取物 2. 乐意扮演快递员派送糖果，体验活动的乐趣
11	科学	小实验：彩虹糖	1. 初步感知彩虹糖在水中溶解的现象 2. 感受色彩变化所带来的惊喜
12	艺术	手工活动：我的糖果罐	1. 欣赏各种各样的糖果罐，感受其图案、造型、颜色的美 2. 尝试运用简单图形和线条表现糖果的外形
13	艺术	欣赏活动：漂亮的糖果纸	1. 感受欣赏糖果纸的图案、颜色、材质等的不同 2. 尝试用简单的线条和色彩设计自己喜欢的糖果纸
14	艺术	手工活动：做糖果	1. 能自主选择报纸、毛绒球、彩泥等材料制作糖果 2. 学习用搓长、卷等方式制作手工棒棒糖
15	艺术	韵律活动：跳跳糖	1. 初步感受韵律中所表现的跳跳糖的特点 2. 尝试随乐做动作模拟跳跳糖在嘴里的动态
16	艺术	手工活动：包装糖果	1. 尝试将糖果套进袋子里，用扎丝拧紧开口 2. 体验游戏与成功的快乐

2. 区域活动与环境创设

序号	小组名称	材料与环境创设	活动预期效果
1	甜品艺术馆	毛绒球、彩泥、泡沫球、玉米粒、报纸、大珍珠等物品，糖果纸、小木棍、马克笔、各色彩纸、白纸、各色油画棒、白乳胶	1. 学会用拧、捆、绕、扭、夹、套等方法包装糖果 2. 能自制多样的甜品造型 3. 能用撕纸、粘贴、添画的方法表现出各种各样的糖果
2	糖果故事汇	投放《神奇糖果店》《小恐龙的魔法糖果》《鳄鱼的糖果牙齿》《小熊拔牙》《汤圆和饺子》等绘本故事，各种糖果的图片，摸箱	1. 能向同伴介绍自己喜欢的糖果，并说出原因 2. 能简单表达自己所看到的画面内容 3. 能遵守基本的阅读常规，养成爱护图书的好习惯 4. 根据自己摸出来的卡片进行简单的词语描述
3	糖果聪明屋	彩带、糖果等装饰材料、各种糖果、货架、各种瓶瓶罐罐、盒子、袋子、糖果订单、丰巢柜子、托盘、动物（主要特征部位或头饰标记）	1. 能用排序的方法装饰糖果店，懂得分装瓶罐 2. 能将糖果按颜色、种类、软硬等进行分类 3. 能根据糖果的颜色、形状、大小、软硬等特点进行简单的分类 4. 根据糖果订单将相应的糖果放入对应柜子
4	糖果拼搭屋	废旧的纸箱、易拉罐、纸杯等低结构材料；花片、积木等各种积塑	1. 会使用各种不同的材料进行拼搭糖果展架 2. 学习初步的颜色搭配

续表

序号	小组名称	材料与环境创设	活动预期效果
5	糖果体验馆	各种颜色的砂糖、棉花糖机、操作步骤、糖果模具、糖浆、糖果纸、白砂糖、杯子、搅拌棒、各种各样的糖果	1. 能根据操作步骤制作棉花糖 2. 利用模具制作糖果并包装糖果 3. 探索让糖快速溶于水的办法 4. 利用筷子将麦芽糖拉白、变硬 5. 自主观察各种不同糖果的特征并品尝

3. 馆区创设设想

序号	展区（柜）名称	展示的主要材料与环境创设	家长资源
1	我知道的糖果	幼儿与老师收集各种各样的糖果的图片和实物	与幼儿共同寻找、收集各种各样的糖果，初步了解糖果的特点
2	糖果工具屋	幼儿与爸爸妈妈收集各种制作糖果的工具，如：棉花糖机、糖果纸、硅油纸、案板等	与幼儿协商，共同准备制作糖果所需的材料和工具
3	牛轧糖制作区	制作牛轧糖、冰糖葫芦的流程图片展览	把与幼儿制作牛轧糖、冰糖葫芦的步骤图和活动过程记录下来
4	我们的甜品店	幼儿利用彩泥、纸杯、玉米粒等材料制作的各种甜品	与幼儿共同收集各种废旧材料，如报纸等
5	糖果店	创设糖果店，幼儿根据大小、花纹、颜色等分类方法整理糖果货架	引导幼儿观察糖果的外形特征
6	糖果梦想秀	大舞台、跳跳糖等音乐	与幼儿感知跳跳糖等糖果的不同特点

五、主题实施网络图

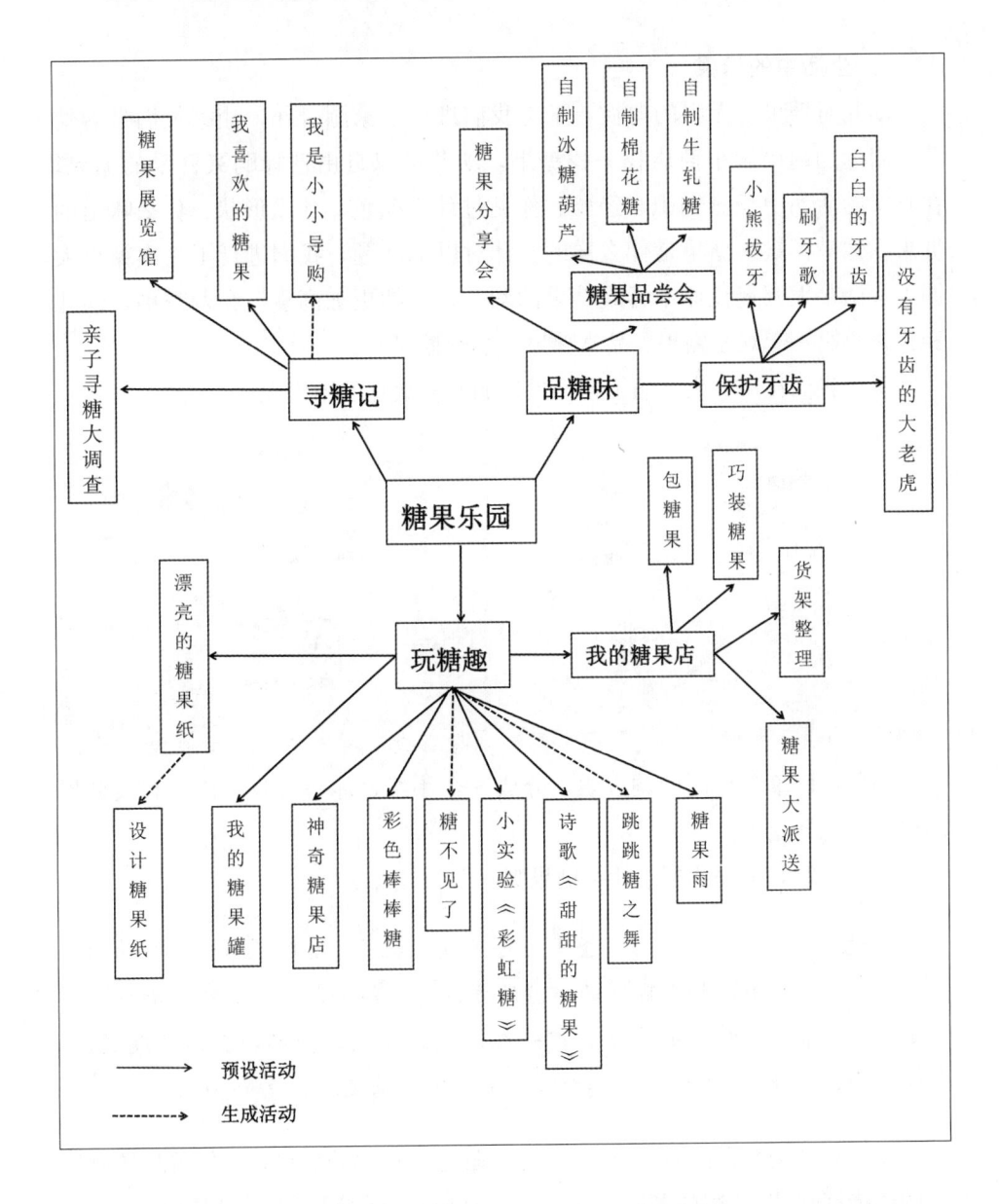

中心主题：**糖果乐园**

寻糖记
- 糖果展览馆
- 我喜欢的糖果
- 我是小小导购
- 亲子寻糖大调查

品糖味
- 糖果分享会
- 糖果品尝会
  - 自制冰糖葫芦
  - 自制棉花糖
  - 自制牛轧糖

保护牙齿
- 小熊拔牙
- 刷牙歌
- 白白的牙齿
- 没有牙齿的大老虎

我的糖果店
- 包糖果
- 巧装糖果
- 货架整理
- 糖果大派送

玩糖趣
- 漂亮的糖果纸
- 设计糖果纸
- 我的糖果罐
- 神奇糖果店
- 彩色棒棒糖
- 糖不见了
- 小实验《彩虹糖》
- 诗歌《甜甜的糖果》
- 跳跳糖之舞
- 糖果雨

图例：
——→ 预设活动
---→ 生成活动

六、主题活动实施实录

1. 生活中的糖果

幼儿对糖果有无限的向往，于是我们进行了家园合作，让家长们带着幼儿去附近的超市、小商店找一找糖果，幼儿可以自由选择购买喜爱的糖果，在真实的活动中积累知识和经验。你见过什么颜色、什么形状、什么味道的糖果？你最喜欢的糖果是什么样的？针对以上问题，我们进行了一次糖果大调查。糖果大调查让原本喜欢糖果的幼儿，兴趣更加高涨。在调查中，幼儿和爸爸妈妈一起观察糖果、品尝糖果、绘画糖果。

看，我们在调查表上画了自己见过的和喜欢吃的糖果呢！

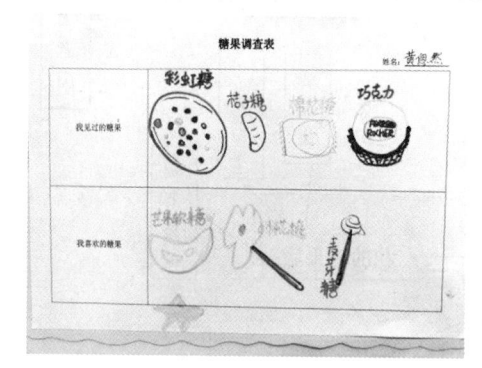

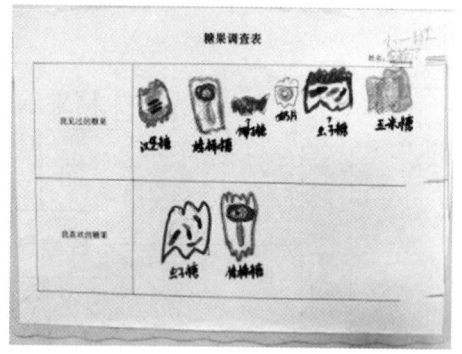

小朋友们拿着自己的调查表，分成 6 个小组，你一言我一语，有关糖果的讨论就此开始了。

师：你们和爸妈找到了什么糖果呢？

> 通过家园互动，幼儿与爸妈一起寻找、观察，发现了各种各样的糖果。看一看，有的糖果圆圆的，有的方方的；闻一闻，有的糖果有草莓的香味，有的有牛奶的香味；捏一捏，有的糖果软软的，有的硬硬的；尝一尝，有的糖果甜甜的，有的酸酸的，有的糖果还会跳舞……

悦溪立马指着自己的调查表："哇！看这个粉色的糖果，真好看！还有很多的棒棒糖呢。"旁边的若昕凑了上去，拿出自己的调查表，自豪地说："看这个，我和妈妈找到了很多种颜色，有红色、黄色、绿色……"偲然一脸羡慕地附和:"这么多啊,妈妈也带我找了很多。你看我的棒棒糖,有很多种颜色。"雨桐接过话,迫不及待地拿起自己的调查表,与同学分享:"我有糖果罐呢,里面有很多很多糖果,我吃过,很好吃。"辰烨随即拿起调查表一边展示一边说:"我跟妈妈去超市看糖果,很多形状,圆形的、正方形、长方形的,还有雪糕的糖果。"怪淞突然想起来什么,大声汇报:"老师,有的糖果软软的,有的硬硬的。"小朋友们讨论热烈,都想把自己见过的糖果和其他人分享。

随之,我又引导小朋友们继续讨论。

师:那你们喜欢吃什么糖果呢?

> 教师接着幼儿的话题,对糖果外形感知后,又通过味觉再一次将幼儿对糖果的感知提上一个层面。将喜欢的糖果用自己的语言表述出来,了解糖果的不同口味。

雨桐:我喜欢吃棒棒糖。

昱丹:我最喜欢吃棉花糖了。

悦溪:我喜欢水果味的糖果。

辰烨:我喜欢吃巧克力味的。

师:哇,你们喜欢吃的糖果都不一样,你们还喜欢什么味道的糖果呢?

子玥:我喜欢吃甜甜的,酸酸的不好吃。

若尔:我喜欢草莓味的糖果。

怪淞:我喜欢吃彩虹色的棒棒糖,甜甜的。

逸航眯着眼睛,笑着说:我吃过跳跳糖。

在幼儿的调查表上有好多美味又漂亮的糖果，有彩虹色的棒棒糖，软软糯糯的QQ糖，五彩缤纷的巧克力豆……借此机会幼儿认识了各种各样的糖果，还知道糖果有不同的名称，如牛奶糖、棒棒糖、QQ糖、棉花糖、彩虹糖。了解了糖果的不同颜色、口味以及不同形状后，幼儿决定将家里的糖果带来幼儿园与同伴一起分享。

2. 糖果分享会

教师将幼儿收集来糖果布置在活动室内，创设出糖果博览会的情境，立马吸引了幼儿的兴趣，于是引导幼儿自由观察糖果并和同伴交流。

淞淞：我发现了一块动物形状的糖果，它是一块软软的糖，上面有绿色和白色。

> 创设糖果博览会情景，引发幼儿兴趣。幼儿在看一看、摸一摸、说一说的活动中愿意将自己的发现表述出来，可见，糖果是幼儿熟悉的、感兴趣的。通过交流分享幼儿知道了糖果种类、颜色、形状的丰富多样。

丹丹：我找到了两块一样的糖果。

师：它们是什么形状和颜色的呢？

丹丹：是黄色的，正方形的。

甯甯：看！这是棒棒糖，它是圆圆的，还有一根小棍子。

悦悦：我找到一包QQ糖，捏起来是软软的。

师：那你觉得它是什么颜色的？

悦悦：我觉得应该是紫色的。

师：小朋友们都能通过用眼睛看、用手摸，发现原来糖果长得都不一样，

有不同的形状、颜色，软硬也不一样，但是它们外面都有一层漂亮的糖果纸，悦悦就是通过糖果纸知道了里面糖果的颜色和味道。你们觉得除了通过看外面的糖果纸，还有什么办法可以知道糖果的味道呢？

> 幼儿对于糖果纸产生了兴趣，也知道一些关于糖果纸的作用，我们顺应幼儿的兴趣点，从"糖果纸"入手开展相应的活动，让幼儿初步了解糖果纸的作用，以及欣赏不同质地、图案的糖果纸的艺术美。

鑫鑫：还可以用鼻子去闻一闻。

淞淞：可是外面有糖果纸，闻不到里面的味道。

鑫鑫：那可以把糖果纸撕掉。

淞淞：不行不行，撕掉的话糖果就会脏掉。

玥玥：对啊，撕掉糖果纸，糖果就只能吃掉了。

然然：可是没撕掉的话就没办法闻到糖果的味道了。

……

幼儿针对糖果纸的问题又展开了激烈的讨论，有的觉得糖果纸可以撕掉，有的觉得不能撕掉，那么，糖果纸还有什么教育价值呢？

3. 漂亮的糖果纸

通过上次活动，教师发现幼儿对糖果纸很感兴趣，于是便让幼儿回家与家长一起搜寻查找有关糖果纸作用的资料并收集各种漂亮的糖果纸带来幼儿园分享交流。

桐桐：我回家和爸爸一起查找资料，爸爸说包上糖果纸糖果才比较不会融化。

若若：妈妈告诉我，糖果纸可以防止糖果脏掉，也不会让细菌跑进去。

然然：包上糖果纸，糖果才不会变形。

……

> 充分利用家长资源，让幼儿与家长共同收集有关糖果纸作用的相关资料。通过幼儿之间相互的分享交流，幼儿知道糖果纸具有保鲜、防止变形、隔绝细菌、延长保质期的作用。

师：大家回家查到了这么多有关糖果纸的作用的资料，原来糖果纸有保鲜的作用，可以让糖果不容易融化；糖果纸可以防止糖果变形，起到保护糖果形状的作用；糖果纸还是糖果的保护伞，可以防止细菌跑进去；糖果纸还可以延长糖果的保质期，让糖果不会容易坏掉。糖果纸的本领真大！你们从家里搜集来很多糖果纸，请你们去看一看、摸一摸这些糖果纸，和旁边的小伙伴说说你发现了什么。

> 幼儿能通过触觉和视觉感知糖果纸的不同，发现了糖果纸的材质、颜色、形状、图案的不同。

瑞瑞：我带了两张糖果纸来，一张摸起来是滑滑的，一张摸起来是粗粗的。

墨墨：糖果纸有好多颜色，亮闪闪的，太漂亮了。

淞淞：我发现灵灵的糖果纸是圆形的，我的是正方形的。

杨杨：糖果纸上面的图案都不一样。

……

幼儿你一言我一语地纷纷介绍起自己带来的糖果纸。

师：小朋友发现了糖果纸的花纹图案不一样；颜色不一样；材质也不同，

有的摸起来是滑滑的，有的摸起来是粗粗的；糖果纸的形状也不一样。刚才我听到墨墨说她觉得糖果纸好漂亮啊，我们请她来说一说为什么觉得糖果纸很漂亮呢？

墨墨：因为糖果纸有很多颜色。

师：是的，糖果纸有非常多的颜色，的确很漂亮。

你们再看看糖果纸，它除了颜色很漂亮，还有哪些地方很美呢？

悦悦：上面的图案很整齐。我也好想自己来画一张糖果纸啊。

昕昕：我也是。

> 幼儿能从颜色、图案排序感受欣赏各种糖果纸不同的美。教师发现幼儿想自己设计一张漂亮的糖果纸，下次活动将顺应幼儿的兴趣开展相应的活动。

大家听到这个建议纷纷附和，表示"想自己画一张糖果纸"。

师：今天时间不太够了，我们下次每个人来设计一张糖果纸吧！

幼儿听到这个提议显示出了很大的兴趣，纷纷表示自己要设计一张最漂亮的糖果纸。

4. 设计糖果纸

上次活动，幼儿认识了各种各样的糖果纸，知道糖果纸有长方形的、五颜六色的、有小动物的图案的、有小圆点的图案的、有线条的图案等，糖纸上两边的图案都是一样的，就是"对称"，萌生出想自己设计一张不一样的糖果纸。

> 由于幼儿是第一次接触这类主题活动，动手能力又不强，虽然糖果纸设计得很好，但是在做的时候并不像预设的那样好，需要老师的提醒与帮助，才勉强做好。这说明幼儿的生活经验不够丰富，观察得不够全面。

师：如果让你来设计一张糖果纸，你想设计一张有什么图案的糖果纸呢？要用什么样图形来装饰呢？

丹丹：我想做一张两边都是小草，中间有一朵大红花图案的糖果纸。

偲偲：我想做一张两边都是曲线，中间有小圆点图案的糖果纸。

微微：我想做一张两边都是直线，中间有蝴蝶图案的糖果纸。

师：今天老师给你们准备了各种装饰糖果纸的图形，请你选择自己喜欢的图形装饰一张漂亮的糖果纸吧！

> 设计糖果纸的活动运用了欣赏、参观为主的方法。幼儿可以通过观察了解自己的不足和他人的优点。通过欣赏、学习、对比交流，幼儿提高初步的审美能力，在技能上得到发展，同时口语表达能力也得到了发展。

幼儿自由设计，教师巡视并提醒幼儿在装饰时注意糖果纸两边的图案是要一样的，鼓励幼儿大胆尝试用各种图形来粘贴装饰糖果纸。

师：我们一起来看看自己的糖果纸，再看看好朋友的糖果纸吧！

鑫鑫：锦锦的糖果纸画得很漂亮，上面有小圆点。

达达：恩恩画的颜色好漂亮。

若若：悦悦的糖果纸上还有小兔子。

幼儿纷纷与同伴交流分享起自己的糖果纸，有的观察交流图案、有的交流颜色、有的交流形状。但是设计了这么多的糖果纸，我们要用这些糖果纸做什么呢？

玥玥：把漂亮的挑起来，贴在墙上。

师：这个办法很好哦，可以让其他小朋友欣赏漂亮的糖果纸。

桐桐：可以用来包糖果呀！

师：对，把我们设计的糖果纸放到糖果艺术馆包装糖果，用自己设计的糖果纸包出来的肯定是最特别的糖果。

淞淞：那我去糖果艺术馆找个篮子装糖果纸。

师：找个篮子专门装我们自己设计的糖果纸，以后大家设计完的糖果纸都可以放到里面，我们用来包装糖果。

5. 投票糖果

经过这阶段主题活动的开展，幼儿对糖果有了初步的了解，知道糖果有丰富的种类，有不同的颜色、形状、口味等等。幼儿萌生出了亲自动手做糖果的想法，那我们要做什么糖果呢？

澄澄：我想做棉花糖。

恩恩：我想做QQ糖。

昕昕：也可以做棒棒糖。

冕冕：我想做牛轧糖，我妈妈做过很好吃。

> 这就是幼儿兴趣所在，当他们对糖果有了进一步了解之后也想自己动手尝试制作糖果，于是教师根据幼儿的兴趣设计投票表，组织幼儿进行投票，最终确认制作牛轧糖。

幼儿各抒己见，都有各自想做的糖果，没有办法确定出来到底要制作什么糖果，于是教师便提议：投票决定要制作什么糖果，幼儿觉得这是个好办法。于是教师收集幼儿想制作的糖果并设计投票表，幼儿利用小红花进行投票，得出结果：牛轧糖12票、棉花糖7票、QQ糖5票、棒棒糖7票、彩虹糖3票，最终牛轧糖票数最高获胜。

确定要做什么糖果之后，有幼儿抛出疑问：牛轧糖要怎么做呢？教师引导幼儿回家与家长共同查找制作牛轧糖的步骤和所需要的材料。

6. 牛轧糖怎么做

上次活动给幼儿布置了查找制作牛轧糖的步骤和所需要的材料的小任务，幼儿将他们搜集来的资料与同伴交流分享。

> 幼儿通过回家与家长共同搜查资料，对制作牛轧糖有了零碎的经验，教师通过一个视频帮助幼儿整理零碎的经验，清晰地了解到制作牛轧糖所需的材料。

冕冕：制作牛轧糖要用到棉花糖。

甯甯：还需要奶粉，有了奶粉闻起来才会有牛奶的味道。

楠楠：还要用到很多好吃的坚果。

……

幼儿能将自己与家长共同收集的资料进行分享，教师下载了制作牛轧糖的视频播放给幼儿观看，帮助幼儿梳理前期经验。

师：我有一个制作牛轧糖的视频，请你们认真观看，制作牛轧糖到底都需要什么材料呢？

观看完视频，幼儿发现，制作牛轧糖需要奶粉、黄油、棉花糖、各种果干、坚果以及锅、铲子、硅油纸。

> 幼儿遇到问题时能马上想到解决的办法，可见他们已经拥有了初步解决问题的能力。

但是幼儿也发现了新的问题：制作牛轧糖太难了，小朋友自己没办法完成。这时细心的幼儿记得郑冕的妈妈做过，可以请她来带领小朋友一起制作牛轧糖，于是幼儿便让郑冕回家请妈妈帮忙，教师也协助联系家长。最终大家成功邀请了郑冕妈妈和微然妈妈来幼儿园带领幼儿制作牛轧糖。

7. 自制牛轧糖

今天小一班的教室里热闹非凡，幼儿个个洋溢着灿烂的笑容，原来，今天是小一班的"家长助教"活动——制作牛轧糖。一大早微然妈妈和郑冕妈妈就来到班级忙碌着，准备制作前的工作。

师：今天我们要做牛轧糖啦，你们知道做牛轧糖需要哪些材料吗？让我们竖起小耳朵来听微然妈妈讲一讲吧！

微然妈妈：小朋友们，做牛轧糖要用到的材料有棉花糖、奶粉、坚果和黄油。最主要的材料是软软的棉花糖哦。

悦溪：我吃过棉花糖，这个做出来肯定很好吃。

若昕：我最喜欢吃棉花糖了，棉花糖可好吃了。

师：谁吃过牛轧糖呢？它是什么味道的呢？

子玥：好吃的牛轧糖，有牛奶的味道。

> 通过观看牛轧糖的制作过程，幼儿用自己的语言表达对牛轧糖的认识。

怿淞：牛轧糖是怎么做的呀？

马上要开始了，我们也来学一学，微然妈妈首先切了一块黄油下锅，好像不够，又切了一小块。

"滋滋滋"，黄油下锅啦。

小朋友：黄油呢，怎么不见了？

听到小朋友的疑问，微然妈妈回应说：锅里的温度很高，黄油放在锅里就会慢慢熔化。

逸航：那加了黄油，会不会变成黄色？

怿淞：哇，有好香好香的味道。

郑冕：好想吃呀！

正当小朋友讨论之时，黄油熔化了，微然妈妈紧接着放进一大包的棉花糖，用铲子不断地翻炒。幼儿等待着，期盼着，一双双忽闪忽闪的大眼睛直勾勾地盯着锅里的棉花糖，可兴奋了，甜甜软软的棉花糖，搅拌呀搅拌。微然妈妈还请一些小朋友加入进来，小朋友更兴奋了，小小的手腕有大大的力气，小朋友两两合作，一个小朋友手扶着锅的手柄，一个小朋友提起锅铲，有模有样地学着微然妈妈的样子翻炒。

微然妈妈：你们看，棉花糖放进锅里煮一煮，它也跟着慢慢熔化了。

晋扬：棉花糖放进锅里，它也变成黄黄的了。

鑫远：老师，老师，我的口水都流下来了。

苏瑞：我也是，我也是。

邵达：快好了吗？

待棉花糖熔化得差不多时，郑冕妈妈加入奶粉，搅拌均匀，最后加入适量的坚果，出锅冷却。可爱的幼儿兴奋热烈地讨论着，等待着微然妈妈和郑冕妈妈的巧手变出香香的牛轧糖……美味的牛轧糖终于出锅了，幼儿闻着弥漫的香气，早已流下了口水。微然妈妈还请几个幼儿帮忙压平牛轧糖，他们感受着牛轧糖的温度，柔软黏糊，特别兴奋。

幼儿耐心地等待牛轧糖冷却、切块。终于轮到他们上场啦，他们洗干净小手，挑选自己喜欢的糖纸，认真观察包糖果步骤，细心地、慢慢地卷啊卷，拧啊拧，一点儿也不马虎，用自己的小手小心翼翼地给每一颗糖穿上漂亮的衣服。

接下来小朋友们开始品尝自己包的牛轧糖，哇～甜到心里啦，他们还能互相帮忙拆开糖果纸，开心地分享彼此的成果。甜甜的糖果，放在美美的糖纸上，虽然忍不住咽口水，可是宝贝们都很懂事，都不忍吃光，想带回家与家人一起分享。

怿淞：我想带回家送给妈妈吃。

苏瑞：老师，我也想和妈妈分享。

逸航：我想带回去给哥哥吃。

小小的人，却都有一颗感恩的心。他们通过赠送牛轧糖这个小小的举动，让家人和朋友感受到满满的爱！这样，一颗爱的种子已悄悄地在幼儿的心里发芽！

> 这次的家长助教活动锻炼了幼儿的动手操作能力，幼儿通过观摩制作过程、自己包装牛轧糖、品尝香甜的牛轧糖，感受到了劳动带来的快乐。这次"甜蜜之旅"，给每个幼儿留下了甜蜜蜜的回忆。

123

感恩微然妈妈和郑冕妈妈的爱心付出，让幼儿度过了一个愉快而难忘的上午，希望有更多的爸爸妈妈参与到我们的助教活动中来，带给幼儿更多不一样的体验！

8. 自制棉花糖

经过上次的自制牛轧糖活动，幼儿对糖果更加喜爱。有幼儿提议：要是能做棉花糖就好了，于是引起了部分幼儿的讨论。

若尔：我最喜欢吃棉花糖，软软的、甜甜的。

子玥：对了，棉花糖是不是大大的呢？

师：你们见过的棉花糖都是大大的吗？

悦溪：妈妈给我买过，大大的，还有一根长长的木棍。

> 《纲要》指出，教师要善于发现幼儿感兴趣的事物，把握时机，积极引导。要尽量创造条件让幼儿实际参加探究活动，使他们感受科学探究的过程和方法，所以一场棉花糖之旅即将开始。

棉花糖的话题引起了幼儿的极大兴趣。

师：那你们都吃过什么样的棉花糖呢？

翊锦：我吃过小兔子的棉花糖，还有两个眼睛呢。

鑫远：棉花糖还有很多的形状。

师：那你们吃到的棉花糖是什么形状的呀？

若尔：我吃的棉花糖，圆圆的，大大的。

怪淞：我以前吃过的棉花糖是西瓜形状的。

鑫远：我吃的是笑脸形状的。

师：那你们吃过什么颜色的棉花糖呢？

辰晔：棉花糖我见过，是用糖做的，是白色的。

晨昕：我见过粉色、绿色的，有很多颜色。

师：吃到嘴里是什么味道的呀？

子玥：牛奶加蓝莓的味道。

郑冕：草莓味的，甜甜的。

那制作棉花糖需要什么材料呢？需要有棉花糖机、白砂糖、彩砂糖、竹签、糖勺、碗……教师逐一进行介绍，材料都准备到位，幼儿迫不及待地制作起来。打开机器，飞快转动的时候，大家一起等待着，期待着。

汐彤：咦，怎么还没有出来呀？

雨桐：我们等一下看看吧！

不一会儿，香香的甜味出来了，机器中飞出一条白白的丝线一样的糖线。幼儿拿着竹签，在老师的帮助下，小心翼翼地卷啊卷啊卷啊，看似简单，还挺费力，有的卷不起来，有的卷起来又掉下去，怎么都裹不成大圈，三番五次尝试之后，慢慢上手啦，棉花糖做成功了！越来越多的小朋友上来尝试，不断卷呀卷，绕呀绕。棉花机"吱吱吱"转动着，一个又一个好吃又好玩的棉花糖制作成啦。一个个棉花糖就像一朵朵小云彩。

幼儿轻轻地咬一口自己做的棉花糖，放在舌头上，抿一抿，棉花糖越变越小，在幼儿嘴巴里慢慢融化。幼儿个个脸上露出开心的笑容，你一言我一语。

> 幼儿的学习是以直接经验为基础，创设丰富的教育环境，最大限度地支持和满足幼儿通过直接感知、实际操作和亲身体验获取经验的需要，让幼儿一起发现并分享周围新奇、有趣的事物。在活动中，幼儿知道了棉花糖是因为加热，糖熔化变成了糖丝，也知道了制作棉花糖并不容易，由于机器快速地运转，幼儿并不能把棉花糖做得很大，也很难做出各种形状。

怪淞：老师，棉花糖真甜呀。

晋杨：棉花糖像一朵白云。

微然：我分了一大块给泽楠吃。

幼儿快乐地分享着。一团团棉花糖，就像一朵朵小云彩，带领幼儿探索奇妙的世界，体验了一把"民间手艺"的绝活，留下美好而难忘的童年回忆。

9. 彩虹糖的秘密

这一天，达达小朋友从家里带来了一罐彩虹糖分享给大家，每个小朋友都选择了自己喜欢颜色的彩虹糖，吃完后，他们就惊奇地发现舌头的颜色变了。带着幼儿的疑问和强烈的好奇心，我们一起探索了彩虹糖的秘密。每个幼儿都从家里带来了一罐彩虹糖，教师引导其观察彩虹糖的颜色、味道等特点。

师：你吃的彩虹糖是什么颜色的？什么味道的？

沐沐：红色的，草莓味的。

桐桐：我的是黄色的，柠檬味的。

……

师：彩虹糖有这么多的颜色，今天老师要给你们变个小魔术，你们看看彩虹糖发生了什么变化。

教师操作，将一颗彩虹糖放到水中，经过摇晃，颜色溶解到水里，彩虹糖变成白色了。

师追问：彩虹糖的颜色去哪里了？为什么呢？请小朋友也一起来做一下实验吧！每人只能拿一杯水和一颗彩虹糖，先看看你拿的彩虹糖是什么颜色，再把彩虹糖放在水杯里，用小勺子轻轻地搅一搅。

幼儿操作，教师了解幼儿的发现，并引导幼儿交流分享。

> 让幼儿动手尝试，通过一个溶解的小实验，近距离地观察彩虹糖的颜色在水中溶解的现象。

师：你的彩虹糖是什么颜色的？

辰辰：绿色的。

师：轻轻地搅一搅，看看水有什么变化。

辰辰：水也变绿了。

师：再把彩虹糖舀上来看看，它变成了什么颜色？

辰辰：变成白色了。

师：有谁的发现是和他一样的？慢慢举起来给大家看看。原来彩虹糖上的颜色溶解到水里去了。如果把好多彩虹糖都放在一杯水中，你们猜会变出什么？

鑫鑫：会变成七彩颜色。

瑞瑞：应该是会五颜六色的。

师：那我们一起来看看，把好多彩虹糖放在一个白纸盘里，再往里面加水，会出现什么神奇的现象呢？

> 教师操作彩虹糖实验，让幼儿感受颜色视觉冲击，进一步呈现溶解现象。幼儿能根据自己的猜想大胆表达出自己的想法，甚至有的幼儿能说出"七彩颜色""五颜六色"等词语，可见幼儿对词汇有了一定的积累，并且能很好地运用自己的知识。

教师操作彩虹糖实验。

师：哇！现在彩虹糖变成了什么？看起来像什么？

汐汐：哇，像彩虹一样。

钰钰：像一个七彩颜色的风扇。

达达：还像一个车轮。

……

师：彩虹糖真神奇，竟然能把水变成像彩虹一样的颜色，糖果虽然好

吃，但一次不能吃太多。糖吃多容易长蛀牙，还会使身体发胖，运动起来很不方便。所以，我们要少吃糖，而且吃完糖后一定要漱口。

10. 有趣的跳跳糖

幼儿对"跳跳糖"产生了浓厚的兴趣，有幼儿追着老师问关于跳跳糖的问题。

> "跳跳糖"成为幼儿之间共同讨论的话题。在品尝实践之后，他们玩起了"跳跳糖"游戏，用自己的身体来表现跳跳糖带来的快乐，锻炼了跳跃能力和身体协调能力。

雨桐：老师，跳跳糖是什么样子的呀？

昱丹：我没有吃过，它是什么味道呀？

宸宸：我吃过，它吃在嘴巴里会响。

温桓：吃了它会想要一直跳跳吗？

幼儿追着问老师关于跳跳糖的问题。老师基于幼儿的兴趣与发现，支持其亲身体验。小朋友们一起品尝了跳跳糖，尝到了跳跳糖奇妙的味道，开心地和身边的小伙伴一起分享。

> 跳跳游戏不仅锻炼了他们的腿部肌肉和身体控制力，还发展了他们的身体协调性，提高了反应能力，初步感受到了与同伴进行比赛的乐趣。

师：品尝后，你们有什么感受呀？

幼儿特别兴奋，围在一起，七嘴八舌地讨论着。

怿淞：就像皮球在嘴巴里跳跳跳。

鑫远：这个糖会响呢，感觉好神奇呀。

以澄：好好吃呀，我这个是酸酸甜甜的味道。

若昕：真的，在我的嘴巴里动呀。

师：你们觉得跳跳糖在嘴巴里是怎么跳的呢？

> 有些幼儿初次接触跳跳糖，对这个让人有奇妙感受的糖果产生了很大的兴趣。我们抓住幼儿的兴趣点，与幼儿一起探索、体验，引导他们大胆地表达，勇敢地表现，关于跳跳糖，幼儿或许还会有更多的收获。

雨桐结巴地说：呃，一蹦一蹦的。

怪淞咧着嘴笑：像鞭炮一样。

幼儿想到了形式多样的跳，跃跃欲试，幼儿来到操场进行各种尝试，有兔子跳跳糖、老虎跳跳糖、袋鼠跳跳糖、青蛙跳跳糖……

在操场上，幼儿还用小棒搭了很多的格子，玩着跳格子跳跳糖游戏；还有很多大大的布口袋，袋鼠跳跳糖游戏也很受欢迎；圆圆的呼啦圈就像是小荷叶，幼儿还能像小青蛙一样玩青蛙跳跳糖游戏，还跳过整条小河呢！

11. 糖果店计划

温桓：《神奇的糖果店》这本书可真好看！

垚樾：老师，我想做绿色的糖果！

> 幼儿的话语最能体现幼儿的喜好，幼儿在日常的聊天中萌生出"想开一家糖果店"的意愿，于是教师顺应他们的兴趣，引导他们展开讨论，最终确定糖果店开在哪里，并组织幼儿筹划糖果店。

悦溪：我想做白色的糖果！

师：嗯，我也想有一颗红色的糖果。

子玥：我想每天都能吃到糖，如果我们班里也有糖果店就好了。

师：老师也喜欢吃糖，也想有个糖果店呢。

若尔：对啊对啊，可以有糖果店吗？

若昕：昨天我爸爸带我去了一家糖果店，里面有好多好多的糖果。

师：太棒了，这样的糖果店我也很想有。

逸航：我也去过糖果店，奶奶还给我买了跳跳糖。

129

云灵：我长大了也想开一家糖果店。

怪淞：那我们就开一个糖果店吧！

关于糖果店的话题幼儿聊得不亦乐乎，并且萌发出了开一家糖果店的想法，教师顺从幼儿的兴趣，引发新的话题讨论。就这样，我们开始准备筹划一个属于小一班的"神奇的糖果店"。

> 当我们站在儿童的角度思考课程，站在儿童的角度设计课程，站在儿童的角度完成课程时，所谓的课程进度似乎被打乱了，课堂上的学习节奏也慢了下来，可幼儿却有了更多自由思考、自由表达的机会。

师：刚才我听到很多小朋友在说他们想开一家糖果店，那要开在什么地方呢？我们带着疑问一起在教室里寻找开糖果店的地方。

悦溪：糖果店可以开在甜品店边上。

怪淞：可是地方太挤了。

师：嗯，那太挤了，我们是不是要找一个比较宽松的位置呢？

若尔：可以把糖果放在超市里吗？

子玥：超市也太小了，糖果太多放不下。

昱丹：是啊，我上次看见糖果店很大很大。

师：那我们看下教室里的哪个位置最大呢？

雨桐：我觉得可以开在我们的糖果博览会。

师：这个提议很不错，但是糖果博览会的位置也还是有点小，你们觉得班级还有哪个位置比较适合呢？

怪淞：糖果聪明屋的位置可以啊。

悦溪：对，那边还有个大门呢。

老师和幼儿一起商量后，决定将糖果铺子就开在娃娃家旁边，这样买东西比较方便。其余幼儿纷纷附和，觉得糖果聪明屋的位置非常适合开一家糖果店。于是，我们将糖果店的位置选在了娃娃家旁边。

糖果有各种各样的，那糖果店卖些什么糖呢？幼儿选择了他们最喜欢的糖果，投票过后，决定糖果铺子要卖棒棒糖、棉花糖、彩虹糖、奶糖和巧克力糖。

糖果店筹备中……

在幼儿紧锣密鼓的准备后，糖果店里的糖果越来越多了。教师带领幼儿把甜品店里包装的糖果、制作的棒棒糖、幼儿与家长共同制作的糖果投放到糖果屋。

在这里我们可以创造各种各样自己喜欢的糖果。糖果的味道可真美味啊！幼儿一致赞同，并展开了热烈的讨论……

12. 整理糖果货架

糖果店里的糖果种类和数量越来越丰富了，幼儿也非常喜欢糖果店的游戏，但是也迎来了新的问题：糖果屋货架上的糖果杂乱无章，要怎么整理呢？

> 出现了新的问题，教师的提问可以有效引导幼儿根据生活经验学习整理物品的方法。

师：我们的糖果货架要怎么分类整理才会更像真正的糖果店呢？

教师上网查找了一些糖果店货架的图片供幼儿参考，幼儿认为可以像糖果店一样，按糖果的种类进行分类整理（水果糖放一起、棒棒糖放一起、彩虹糖放一起……），也可以按糖果的颜色进行分类，还有的幼儿提议可以按糖果的大小进行分类。

为了让幼儿能将糖果进行大致的分类，在观察糖果的形状、颜色、名称、材质等特征之后，教师与幼儿探讨：我们的糖果这么多，货架上需要做一些什么样的标记才能方便我们整理糖果货架呢？

> 幼儿能根据自己的已有经验想出分类整理糖果的办法，而且还讨论了标识的制作，在这个过程中，幼儿能在尝试整理糖果的过程中获得按颜色、大小、种类等进行分类的经验，协商交往能力得到了很好的锻炼。

瑞瑞：可以直接粘一颗糖果到盘子里，这样大家就知道怎么整理了。

航航：可是这样糖果很容易坏掉，我们可以直接把糖果纸贴在盘子上。

玥玥：糖果有很多不一样的糖果纸。

熙熙：我们班里有很多不同颜色的贴贴纸，用它们来试试吧。

桓桓：这是个好办法。

宁宁：那也可以用一个大圆圈代表大糖果，小圆圈代表小糖果啊。

……

教师根据幼儿的想法，将标识物化成幼儿看得懂的语言，并将标识贴在对应的糖果盘内，让幼儿能清晰地知道糖果货架应该如何整理。

13. 神奇糖果店开张啦

在老师和幼儿的一番努力后，糖果店终于开张了，幼儿迫不及待地去糖果店里挑选自己喜欢的糖果。穿上工作服，幼儿像模像样地玩起来。

> 《指南》指出：鼓励幼儿在生活中感知事物数、量之间的关系。活动中幼儿从包装糖果中感知到点数物品的作用，通过袋子上的数字和颜色来拿取所需的糖果，在游戏中感受数学的有趣。

售货员若昕礼貌地问：请问你要什么糖果呢？

客人云灵轻声问：哪种糖果比较好吃呢？

若昕：我觉得红色的糖果甜甜的，好吃。

云灵：那我要买红色的。

若昕又耐心地询问：你要用什么袋子装呢？

云灵听完，拿起一个标有红色圆圈圈，上面画有数字1的袋子递给了若昕，嘴巴嘀咕着：用这个，我要1个红色的糖果。

若昕看了看袋子，似乎也明白了什么，装完糖果，递给云灵，云灵买完糖果开心地离开了。

第二天，几个小朋友又来到了糖果店，鑫远就抢先端着盒子主动走到我跟前推销起来。

鑫远：老师，你吃糖果吗？这是我们自己包的糖果，可好吃了！

师：嗯，一看就很好吃，是什么味道的？

昱丹：有苹果口味、草莓口味……

还没等他把话说完，鑫远就抢话道："还有巧克力味、柠檬味、小酸酸味。老师，你吃哪一颗？"我挑了一块用金黄色糖纸包得很整齐的糖果拿在手上说："就这块吧，多少钱？"鑫远说："五块钱。"我赶紧把糖果放下说："哦，太贵了，我不要了。"

鑫远一看马上说道："不对，不对，是一块钱。老师，这糖果可甜了。"于是，我把糖果拿起来，打开糖纸假装把糖块放到嘴边，可鑫远却笑嘻嘻地说："老师，你可别真吃啊，这是用泡沫做的，你假装吃就行。"我点点头，微笑着"吃"起了糖。

这时，一直站在旁边的昱丹对鑫远说："这是我包的糖果，让我卖一会儿吧！"鑫远用身体挡了一下，并将糖果盒藏在身后。昱丹再次伸手拿，他再往后藏一藏，就这样来回争执了三次。昱丹很委屈地看着我说："老师，这是我包的糖果，鑫远不给我了。"我看向鑫远，只见鑫远把头扭向一边不辩解，但也不妥协，游戏进行到这里陷入了僵局。

我看着他们两个问道："我知道你们两个都很想去卖糖果，你们有什么好办法让两个人都高兴吗？"

昱丹有点生气，把头转向一边，这时鑫远想了想，转过身看着昱丹说："昱丹，我们一起卖吧！"听到鑫远的提议，昱丹很开心地答应了。于是昱丹和鑫远开始在教室里大声叫卖，想吸引多一些顾客过来，两人叫卖得起劲，玩得不亦乐乎。

14. 我是小小售货员

班级的糖果店已经开张了，非常受欢迎，许多幼儿会在区域活动时间到糖果屋整理糖果货架、分类糖果、配送糖果订单。在一次区域游戏中，教师听到幼儿的对话。

偲偲：每次都是分类糖果，我觉得不好玩。

达达：那你可以去送糖果啊。

> 在幼儿游戏的过程中，教师要善于观察幼儿的游戏情况，及时发现问题，并将问题记录下来，引导幼儿想办法解决问题。

偲偲：可是送糖果也有点无聊。

达达：还可以分类糖果。

偲偲：糖果都分好了。

在区域游戏结束后，教师将自己的发现分享给幼儿，引导幼儿探讨：怎么让糖果店的游戏变得有趣起来。

师：刚才我听到有些小朋友说糖果店的游戏太无聊，请大家想一想，有什么办法能让我们糖果店的游戏变得有趣起来呢？

垚垚：多做一些糖果。

玥玥：可以有人来买糖果。

宁宁：对，就像超市一样。

师：那超市卖东西需要什么人？

悦悦：我们玩角色游戏，有超市售货员。

其他幼儿：对。

> 在平常的角色游戏中，幼儿已经积累了丰富的游戏经验，当教师抛出问题之后，马上就有幼儿联想到了超市的游戏玩法，并将糖果店设置成一个情景区域，让幼儿装扮成小小售货员，在售卖糖果的过程中锻炼口语表达、数学知识、人际交往等能力。

师：如果糖果店也有了售货员，要怎么推销糖果呢？

鑫鑫：可以跟他说糖果的味道。

淞淞：还有糖果的颜色。

若若：跟他说糖果很甜很好吃。

玥玥：还可以打折卖给他。

师：你们都想出了很多好办法，可以跟顾客介绍糖果的味道，比如说有草莓味的、西瓜味的……也可以介绍糖果的种类，有奶糖、QQ糖、水果糖……还可以用打折的方法吸引顾客，让顾客到我们的糖果店里买糖果。以后

135

我们玩糖果店游戏的时候可以用上这些好办法，相信你们能成为一名很棒的小小售货员。

15. 保护牙齿大行动

一次午餐后，小朋友们在盥洗室漱口，一个小朋友突然发现牙齿上有黑黑的东西，于是引来了好几个幼儿的关注，大家七嘴八舌地讨论了起来。

> 牙齿对我们至关重要，我们会提醒幼儿保护牙齿，但是幼儿在行动上却不是那么主动。然而这次"黑黑"的出现正是幼儿亲身体验并观察到的，更能激发幼儿探究的兴趣，于是教师抓住教育契机，利用有趣的动画，让幼儿在活动中了解了蛀牙形成的原因，增强保护牙齿的意识。

悦溪：牙齿上黑黑的东西是什么呢？

师：对啊，黑黑是什么？

汐彤："黑黑"是脏东西。

雨桐：妈妈给我说过，那个是蛀虫。

逸航：蛀虫是什么呢？难道我的牙齿上长虫了吗？

"黑黑"到底是什么呢？小朋友们带着问题一起走进了探索活动"蛀牙是怎么形成的"。

通过图片观察和教学视频，小朋友们发现：原来，我们吃的甜食，长时间附着在牙齿上就会形成"酸"，而这种"酸"就会慢慢侵蚀我们的牙齿，最后就形成了"黑黑"，而且还很疼的哟！

小朋友们好奇地张大嘴巴，互相观察同伴们的牙齿，看大家的牙齿上有没有黑黑的东西！

黑黑的东西原来是蛀牙，不仅我们的牙齿会有黑黑的，就连森林中最厉害的大老虎，它的牙齿也会变成黑黑的了，它的牙齿怎么了呢？让我们一起来看看吧！

原来呀，因为大老虎吃太多的糖还不刷牙，牙齿全部长蛀虫了，疼得它嗷嗷叫，最后请求狐狸拔光了它的牙，那我们可以怎样保护我们的牙齿呢？

> 通过家长资源，合力让幼儿养成爱刷牙的良好习惯，在幼儿园里，以游戏化的形式将刷牙儿歌融入幼儿的生活环节。

雨桐：我知道，要刷牙！

子玥：不可以吃太多糖。

若尔：妈妈说要多吃蔬菜。

师：是的，吃太多糖是容易伤害牙齿的，吃了东西，勤刷牙可以把牙齿上的脏东西清洗掉，这样牙齿就能更加健康了。

那到底怎么样刷牙呢？快快拿起你们的小牙刷我们一起来刷一刷吧！

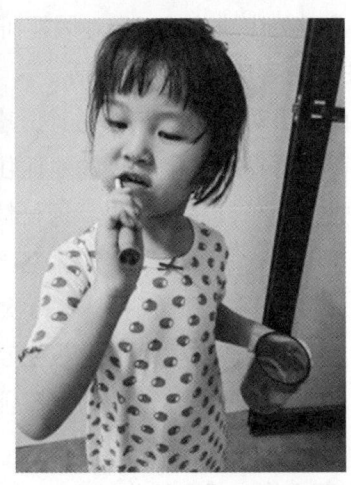

小朋友们不要忘了哟，每次饭后要记得用小杯子去漱口哟！"咕嘟咕嘟"，藏在牙齿上的小饭粒和小菜粒都跑出来啦！

我们要想保护好牙齿就得勤刷牙，少吃甜食，还有一点也非常重要哟！我们需要吃各种不同的蔬菜，保持营养均衡，这样才能让我们的牙齿更加强壮哦！

七、主题小结

本主题活动尽管是在小班下学期开展，但小班幼儿的兴趣又相对比较不稳定、比较多变。要让小班幼儿能够对所讨论的话题保持较持久的兴趣，既需要教师所选取的话题能贴近幼儿的生活、契合他们的兴趣；又要在活动推进过程中及时关注幼儿的兴趣，因趣而导，有序推进。

1. 主题内容应契合幼儿生活

甜甜的糖果对小班幼儿特别有诱惑力，它既贴近小班幼儿的生活，也符合其兴趣。本博物主题比较巧妙地抓住小班幼儿生活世界的兴趣点，师幼共同沿着"收集糖果、品尝糖果、探秘糖果"这样一条主线有序地展开。在博物主题活动中，我们可以看到幼儿基于自己的兴趣而生发的系列活动，他们在猜想——实践——反思调整——再次实践的过程中进一步提升对糖果的了解，并在活动中锻炼与发展了积极主动、自主探究、细心观察和大胆尝试等良好的学习品质，同时，幼儿的观察能力、表达能力、感知能力、社会交往能力都有了不同程度的锻炼。

2. 主题实施应契合幼儿兴趣

主题活动要得以顺利开展，那么，在主题实施过程中就得倾听幼儿的心声，关注幼儿的兴趣，顺趣而行、因趣而导。幼儿从爱吃糖果的想法变成行动，在与糖果的亲密接触中，调动自己的多种感官体验，通过找一找、看一看、说一说等感知糖果的不同特征，发现糖果的各种特点，知道糖果有不同的颜色、不同的形状、不同的口味。从亲子制糖、分享甜蜜等一些活动与糖果的亲密接触中，幼儿感知到了糖果的多种形态，体会到了分享的快乐，对"甜蜜"的认识不只是吃过糖果，更理解到原来人与人之间的情感也是甜蜜而美好的。在与糖果的不断探索中，幼儿发现了糖果的秘密，也让幼儿懂得保护牙齿的重要性。

一个学期的糖果主题学习与分享，幼儿累积了大量的经验，变得更加自信、更愿意表达与倾听；幼儿的糖果故事还在继续，相信假期里，面对家里的糖果，他们会有更多不同的体验。

（本案例由泉州市温陵实验幼儿园王小燕、黄伟杉老师提供）

中班博物主题活动：邂逅惠安女

一、主题由来

泉州，毗邻蔚蓝大海，人们的生活、学习、工作无不受到海洋文化的影响。于平民百姓而言，渔民生活及其习俗文化便是海洋文化最为直接的体现；而以一身别致靓丽的服饰而闻名遐迩的惠安女，不仅是闽南文化中一道独特的民俗景观，更是泉州海洋文化中一张亮丽的名片。同时，作为惠安女聚居地的崇武古城，也是盛名在外著名的旅游地。据了解，班上也有不少幼儿跟家长去过崇武游玩，幼儿私下相互讨论交流着他们的好奇：为什么惠安女会有与我们本地人不一样的服饰装扮？有了这个了解之后，在文化类的博物主题活动时，我们拟开展"邂逅惠安女"主题活动。旨在通过主题活动的开展，让幼儿了解渔家生活，感受民俗、体验家乡文化。

二、主题目标

有目的地引导幼儿了解当地人文风俗，培养幼儿对当地文化的亲近感和认同感，萌发幼儿爱家乡、爱祖国的情感，这是博物教育的重要使命之一。基于此，本学期在规划博物教育主题活动时，我们确定了"邂逅惠安女"这个主题，旨在通过该主题活动的开展，达到如下活动目标：

1. 了解惠安女服饰的特点和惠安女的生活习俗，初步感受惠安女服饰与生活劳作之间的关系。

2. 能与同伴友好协商，能尝试将惠安女生活习俗的经验反映在游戏之中，并学会运用分享、互动、合作等方式进行交往。

3. 能从色彩、线条、图案等角度来欣赏与感受惠安女服饰的艺术美，乐意参与惠安女服饰的设计与制作活动；加深对丰富多彩的闽南文化的了解，萌发热爱家乡文化的之情。

4. 能大胆地尝试时装走秀表演，运用肢体语言表现惠安女服饰，并在不同乐器的伴奏中体验参与时装秀表演活动的乐趣。

三、主题资源

通过家园共同配合，收集主题活动所需要的材料。主要有以下四大类：

1. 惠安女服饰：大锯衫、阔腿裤、斗笠、头巾、腰带、头花、蒲扇、马甲等。
2. 惠安女生活物品：鱼篓、扁担、搪瓷盆、塑料盆、渔网、梳篦、花镜、水晶鞋、装饰花等惠安女劳动工具和生活用品。
3. 贝壳：扇贝、海螺、生蚝、花蛤等各类海洋贝壳。
4. 图册：《惠女风情册》《惠女图册》《惠安生活》等图册。

四、主题实施途径的设想

1. 集体活动

领域	活动名称	活动目标
健康	体育游戏：我们来捕鱼	1. 能根据指令进行同伴追逐游戏 2. 体验同伴互动游戏带来的乐趣
语言	谈话：勤劳的惠安女	1. 了解惠安女勤劳、不怕吃苦的精神 2. 萌发对惠安女的崇敬之情
语言	谈话：惠安女的故事	1. 能按一定顺序观察照片内容 2. 根据照片内容进行表述交流
社会	调查分享：我知道的惠安女	1. 了解惠安女居住的地方 2. 初步了解惠安女独特的服饰特征
社会	劳动体验：勤劳的惠安女	1. 进一步了解惠安女勤劳、不怕苦不怕累的精神 2. 联系生活，在实践操作中体验劳动的快乐
科学	探索体验：惠安女照片立起来	1. 初步感受平面与立体之间的关系 2. 能大胆运用不同材料尝试让平面的照片"立"起来
科学	建构：展示架	1. 了解物体的上、下、前、后、左、右等方位 2. 能较为清楚地表达方位词，并大胆进行搭建

续表

领域	活动名称	活动目标
艺术	服饰欣赏：惠安女美	1. 初步了解惠安女服饰的风格和特征 2. 感受惠安女服饰的独特美感
	韵律活动：撒网捕鱼	1. 大胆想象音乐所表达的意境，随乐表现撒网捕鱼的动作 2. 能随乐进行同伴互动，表现音乐情境
	手工操作：编织渔网	1. 了解线条交叉呈现出的网状效果 2. 能大胆选择材料进行编织，并能关注到线之间的疏密关系
	时装表演：惠安女	1. 激发参与时装表演的兴趣 2. 能大胆在集体前表演，感受时装秀的喜悦

2. 区域活动

区域	区域内容、材料	区域功能与指导要点
惠安女服饰坊	1. 摸一摸：大锯衫、阔腿裤、斗笠、头巾、腰带等惠安女服饰 2. 赏一赏：惠安女服装图册	1. 引导幼儿观察、欣赏图片，了解惠安女服饰特征 2. 鼓励幼儿自主表达对惠安女服饰的观察和发现
惠安女生活坊	1. 认一认：各种贝壳、海螺等海洋贝类 2. 用一用：鱼篓、扁担、梳篦、搪瓷盆等惠安女劳动工具和生活用品	1. 引导幼儿观察了解各种贝类的特征 2. 鼓励幼儿自主选择各种材料进行交往游戏，体验惠安女生活
惠安女巧巧手	1. 巧手制作：斗笠、头巾、腰带、鱼篓等半成品、颜料、彩泥、装饰配件等 2. 彩绘装饰：瓦楞纸（红）、卡纸、彩泥、神奇玉米粒、泡泡纸、粗吸管、蛋托、纸盘、纸杯、彩纸、网纸等 3. 写生：惠安女石雕、漆篮等实物	1. 引导幼儿运用多种材料创作惠安女相关作品 2. 鼓励幼儿自选材料进行彩绘装饰 3. 指导幼儿观察石雕及漆篮的外形特征，并根据观察尝试写生

续表

区域	区域内容、材料	区域功能与指导要点
惠安女来起厝	1. 拼插鱼篓、头花：花片 2. 搭建古厝：图片（蚵壳厝、崇武古城等）、贝壳、屋顶硬纸板、薯片盒、肥皂盒、纸轴、报纸等	1. 引导幼儿观察鱼篓、头花，利用花片进行拼插 2. 引导幼儿尝试搭建，体验搭建古厝等建筑的乐趣
惠安女风情秀	1. 秀一秀：斗笠、头巾、腰带、鱼篓等惠安女服饰 2. 演一演：头花、蒲扇、马甲、大锯衫、阔腿裤等 3. 奏一奏：鹅卵石、响盏、铃鼓、小叫、双响筒等乐器	1. 指导幼儿穿戴惠安女服饰 2. 鼓励幼儿跟着音乐节奏进行服饰展示表演 3. 引导幼儿利用提供的乐器打节拍伴奏表演
惠安女故事屋	1. 看一看：《惠女风情册》《惠女图册》《惠安生活》等图册 2. 说一说：话筒、惠安风景图纸、海边背景图等 3. 讲一讲：惠安采风记录	1. 引导幼儿阅读图册，了解惠安女的服饰特征及生活习俗 2. 引导幼儿根据图册及背景演示谈谈说说惠安女的故事 3. 鼓励幼儿根据已有经验自主表达惠安采风趣事

3. 馆区建设

馆区内容	展示的主要材料与环境创设	家长资源
惠安女服饰墙	黄斗笠、花头巾、大锯衫、阔腿裤、银腰带等惠安女的服饰实物及照片。	与幼儿共同收集、欣赏惠安女服饰，了解惠安女服饰的特点。
惠安女生活区	搪瓷盆、塑料盆、渔网、梳篦、花镜、水晶鞋、装饰花等材料。	组织幼儿到惠安"采风"，了解惠安女风俗，共同丰富惠安女生活物。

续表

馆区内容	展示的主要材料与环境创设	家长资源
惠安女雕艺区	各种惠安女造型石雕。	带幼儿参观惠安工艺馆，了解惠安石雕工艺。
贝壳材料区	扇贝、海螺、生蚝、花蛤等各类海洋贝类实物。	与幼儿共同收集各种贝类。
主题墙	主题开展的活动照片、幼儿绘画作品等。	

五、主题实施网络图

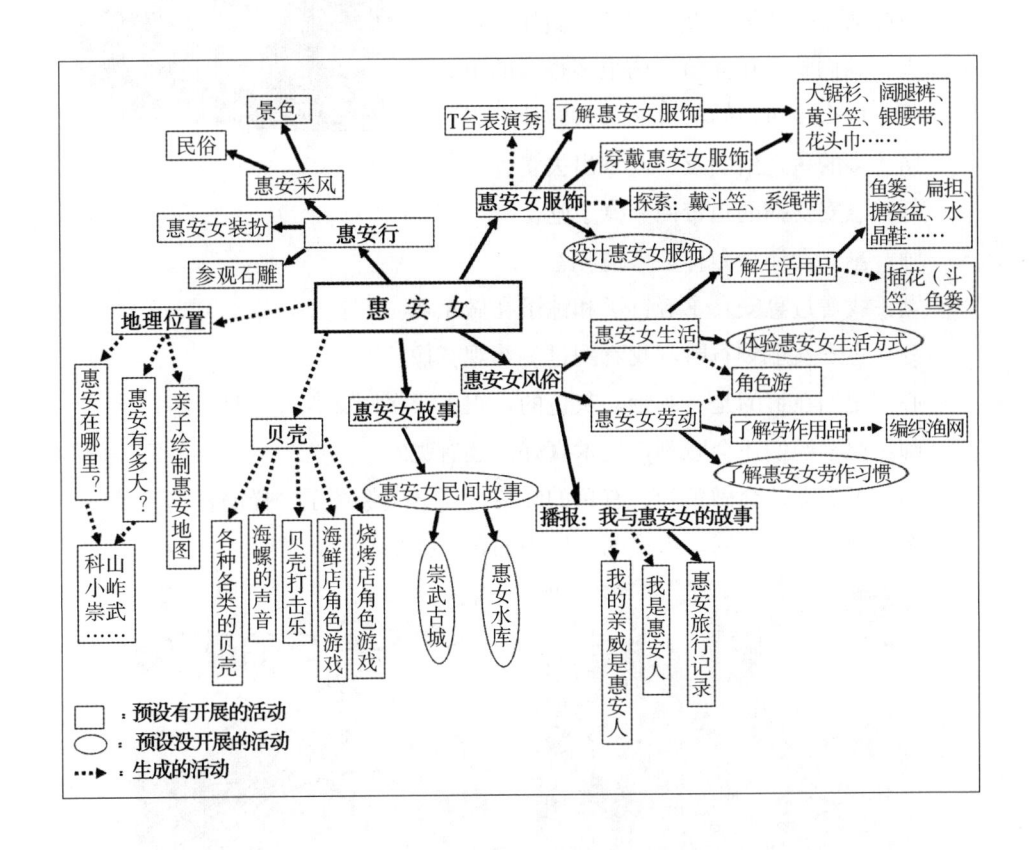

惠安女主题网络图，主要分支包括：

- 惠安行：景色、民俗、惠安采风、惠安女装扮、参观石雕
- 地理位置：惠安在哪里？（科山、小岞、崇武……）、惠安有多大？、亲子绘制惠安地图
- 贝壳：各种各样的贝壳、海螺的声音、贝壳打击乐、海鲜店角色游戏、烧烤店角色游戏
- 惠安女故事：惠安女民间故事（崇武古城、惠女水库）
- 惠安女风俗：播报：我与惠安女的故事（我的亲戚是惠安人、我是惠安人、惠安旅行记录）
- 惠安女服饰：T台表演秀、了解惠安女服饰（大锯衫、阔腿裤、黄斗笠、银腰带、花头巾）、穿戴惠安女服饰、探索：戴斗笠、系绳带、设计惠安女服饰
- 惠安女生活：了解生活用品（鱼篓、扁担、搪瓷盆、水晶鞋……）、插花（斗笠、鱼篓）、体验惠安女生活方式、角色游
- 惠安女劳动：了解劳作用品、编织渔网、了解惠安劳作习惯

图例：
- □：预设有开展的活动
- ○：预设没开展的活动
- ⇢：生成的活动

六、主题活动实施实录

1. "惠安女"初印象

幼儿在家长的陪同下来到惠安,实地了解惠安女生活、体验惠安女服饰、参观惠安石雕。在实景采风参观欣赏过后,大家对惠安女有了初步的了解,也将自己的观察发现记录了下来。一天上午入园时,小烜和小凯来到了主题墙下翻阅着小朋友们的"采风"记录,于是在晨间谈话中,我们聊起了惠安女的闲暇生活……

教师话题①:惠安女平常都在做什么?

萱:她们整天在捕鱼、捕很多很多的鱼。

师:这么多鱼,她们可能拿去做什么呢?

诺:多的鱼送给朋友,或拿出去卖。

舒:惠安女捕的鱼带回家煮了吃。

师:惠安女还会做什么事情呢?

颖:我看过惠安女拿着钉子和锤子在做东西。

令:惠安女雕刻石雕,我看到过一尊观音像。

心:她们在钉的是一幅画,灰色的,很多很多图案,好像是影雕。

师:原来她们还会雕刻,技术真好。还有呢?

烜:惠安女还会做鱼卷,有鱼的味道,还会做像饺子一样的食物。

奕:她们还会织网,织渔网,用来捕鱼、捕虾。

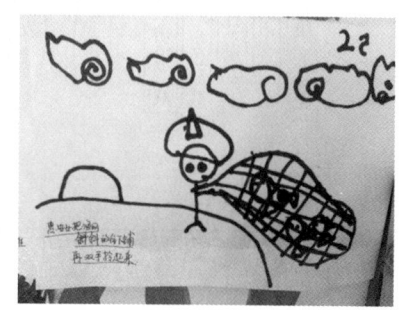

平：惠安女搬石头，很大的石头，盖房子。

令：我知道，是水库，妈妈跟我说过。

烜：用石头造的惠女水库，还有造大桥。

……

教师话题②：生活中，勤劳的惠安女还会做什么呢？

幼1：她们会种花。

幼2：她们有空的时候会读书。

幼3：还会养宠物。

师：惠安女真会生活呀，还有吗？

幼4：惠安女休息时会出去散散步。

幼5：有时也会去旅游，去海边玩。

幼6：她们会坐在椅子上一起聊天。

幼7：还有去吃东西，吃好吃的东西。

幼8：会去拍照。

幼9：她们还会去买东西，购物。

师：勤劳的惠安女爱劳动，也很爱生活。

……

> 在"采风"之后，幼儿对惠安女有更多的认识，在交谈中积极踊跃，想说、敢说、喜欢说，很愿意主动表达和分享自己的内心想法，同时联系自己的日常生活经验，说出惠安女生活中的各种可能，向大家表述清楚自己的见闻见解，对惠安女的海边劳作、影雕石雕、挑石起厝等特点都有一定的了解，也能在惠安女的勤劳中发现她们敢闯、坚韧的良好品质，感受到她们对生活的热爱和热情。

教师话题③：这么勇敢、勤劳又能干的惠安女，我们可得好好向她们学习哦！

幼1：要自己的事情自己做，别人的事情帮忙做。

师：在家里可以做什么呢？

幼2：在家里，我会扫地、洗碗，会做很多很多事。

师：幼儿园里呢？

幼3：值日生也要向惠安女那样勤快、认真。

幼4：我们挂毛巾、折毛巾都是整整齐齐的。

幼5：擦桌子要整个面都擦到，不能随便，是从这个角到那个角都要擦到，这才干净。

2. 我了解的惠安女

经过一段时间的了解，幼儿对惠安女风情已有一定经验，对惠安女的生活、服饰等热情仍然高涨，看到照片时，他们不由自主地谈论开来。

教师话题①：你最喜欢惠安女的什么呢？

小文：我最喜欢惠安女捕鱼的渔网。

小骁：你是想吃鱼吧，渔网可以捕到很多很多的鱼。

师：为什么喜欢惠安女捕鱼呢？

小颖：她们捕鱼的动作很美，服饰也很美，我都很喜欢。

小烜：对，惠安女穿的衣服是一样的又是不一样的。

小平：服装的款式是一样的，但是花纹图案是不一样的。

师：是嘛，你观察得可真仔细。喜欢她们的哪一种服饰呢？

小仪：我很喜欢她们的腰带。

> 在活动中幼儿畅所欲言，能主动表达自己的生活经验和自己的观点，并能根据同伴的话题进行及时的回应，既有认同，又有不认同，还能将自己所持的观点进行原因说明。

幼儿纷纷举手，"我也喜欢，我也喜欢"。

小镒：还有她们的斗笠，斗笠上面有花，很美。

师：是的，惠安女的手很巧，还自己编斗笠。

小宸：都是用竹枝编出来的。

萍萍：惠安女的服装美、人也美，穿什么都好看。

师小结：喜欢惠安女生产劳动时的样子，勤劳的美；惠安女还喜欢把自己打扮得美美的。

教师话题②：关于惠安女，你还想了解什么呢？

小烜：我想知道惠安女有没有跳火群。

平平：有，我小时候有见过，我妈妈是惠安的。

小烜：可是我妈妈也是惠安的，为什么我妈妈没见过。

平平和小烜争论了好一会儿。

在嘈杂的声音中，程镒、睿颖争抢着说：是两个不同的地方吧？

> 在回忆中，大家唤起了对惠安女的服饰经验、生活经验，还了解到惠安分为许多不同的区域。幼儿在经验梳理过程中有自己的思考，有判断性的辨识能力，谈论中随即引出新的话题：后田是惠安、聚龙小镇是惠安、科山也是惠安？惠安到底是什么样的呢？惠安有多大呢？

师：如果是同一个地方，为什么会有不同的习俗呢？还是两个地方呢？

小颖：有的地方有跳火群，有的地方没有跳火群。

幼儿争论不休。

师：惠安到底有多大？（问了班上惠安的小朋友）

小平：我们住在科山。

萍萍：我们是聚龙小镇。

小烜：我们是后田。

师：原来惠安里还有这么多地方，我好像还知道一个崇武古城，还有净峰。我们一起回家查一查资料吧。

> 经验唤醒中，幼儿更容易从自己平时的生活经验去产生联想和经验迁移，因此顺应幼儿的话题，我们以"任务"的方式，请幼儿自觉回家收集资料了解"惠安"。

3. 惠安有多大

带着任务回家，宝贝们大多开始自觉地做"作业"了，这两天他们陆续带来了惠安地图、地球仪，来了解惠安女的家乡。今天很惊喜地听到小烜带着思考说："以前的惠安和现在的惠安是不一样的，惠安一直在变化，在变小，那是什么样的地图呢？"于是，他拿出了好几张惠安地图兴致勃勃地向我们讲解。之后，小玥和小颖也拿出亲子手绘地图，向大家展示了熟悉的"后田、崇武、科山"等处在惠安的具体位置。

> 在幼儿经验的基础上，放大的"惠安地图"以及惠安女的分布地图更能激起他们的兴趣，利于他们深入探究，基本能看懂地图每个位置的相对方位。大部分幼儿有意识地主动完成任务，在家长的帮助下通过多种渠道获得信息素材：上网搜集资料、图书馆寻找历史资料、文创园区发现资料……对于信息搜集的方式能有一定的经验积累，同时在收集过程中了解到更多关于"惠安"的常识。

4. 惠安地图放哪里？

收集到多张"惠安地图"后，我们发出了疑问："这几张地图放哪里呢？"话题一开，小朋友们七嘴八舌讨论开了。

小岳指着柜子说：放在跟地球仪一起的地方。

小萱接着泓岳的话：还是贴在地球仪旁边的墙壁上吧。

有小朋友疑惑地问：为什么要贴在墙壁上？

小岳说：可以用眼睛看，来观察地图。

小宸：这样不容易卷起来，也不会被小朋友弄破。

小诺和小铭有另外的想法，说：把它们放在地球仪下面压着。

师：为什么呢？

小铭站起来抢着说：贴着不方便拿，拿下来的时候会弄破，还是压着放好拿。

小颖接着说：可是贴在墙上，地图上的细节就看不清楚了。

小镒说：那就凑近一点看呗。

小诺听了大家的讨论，说：这样压着放，拿起来看会更方便。

小颖想了想：那如果挂着，再放到柜子上呢？

于是，我们都想听听小颖的理由。

小颖很详细地向大家表达了自己的想法：因为柜子比较矮，我们容易看到，而且挂着随时可以拿下来，看完了再挂上去，不会占用位置。

> 活动中，幼儿各抒己见，有主见、有质疑、有分析、有见解，对自己提出的想法能明确地表述清楚"要怎么做""为什么这么做"，而对于不同想法也有反驳的勇气，"为什么不同意"。在思维逻辑梳理上同伴相互学习、相互影响、相互促进。在布置展示规划中，能从"便捷""材料完整性"等方面进行考虑，逐渐建立科学性、合理性的逻辑思考。

5. 给照片加个底板

在收集"地图"的过程中，幼儿也带来了很多惠安女劳动、惠安女生活的照片，这些照片一直叠放在柜子上，这天小朋友们一起思考：我们要怎么展示这些照片呢？

为了改善照片"软趴趴"的特点，我们在博物区里提供了小块方形的硬纸板、透明胶、双面胶、剪刀等材料，于是我们展开了"贴照片"的讨论。

师：照片要怎么贴到纸板上比较牢固呢？

幼儿1：照片的两个角贴在纸板上就可以了。

幼儿2：不行，这样不方便，还是贴四个角比较好。

师：为什么要贴四个角，不贴两个角呢？

幼儿3：如果另外两个角没有粘的话，就会掉下来，照片会翘起来。

幼儿4：硬纸板的后面也可以贴照片，这样后面的人也可以看到。

听取了小朋友们的建议，幼儿人手分发一份材料进行粘贴。

师：我们每个人都有一份材料，一张硬纸板、两张照片、四段胶纸，是吗？

幼儿5：不是八段胶纸吗？

师：为什么是八段呢？

好几个幼儿一起说：因为有两张照片，四加四等于八，所以需要八段胶纸。

接着，小朋友们动手给照片加个底板，将照片牢牢地贴在硬纸板上。

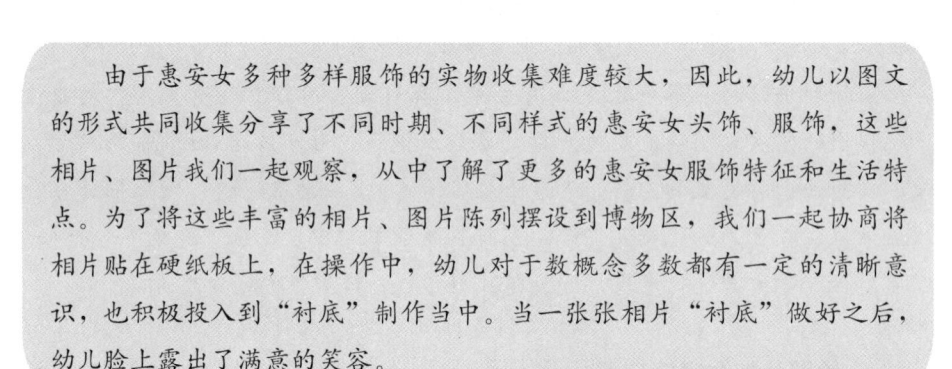

> 由于惠安女多种多样服饰的实物收集难度较大，因此，幼儿以图文的形式共同收集分享了不同时期、不同样式的惠安女头饰、服饰，这些相片、图片我们一起观察，从中了解了更多的惠安女服饰特征和生活特点。为了将这些丰富的相片、图片陈列摆设到博物区，我们一起协商将相片贴在硬纸板上，在操作中，幼儿对于数概念多数都有一定的清晰意识，也积极投入到"衬底"制作当中。当一张张相片"衬底"做好之后，幼儿脸上露出了满意的笑容。

6. 怎样让照片更稳地立起来呢？

惠安女照片分类整理了之后，小朋友们又提出了新的疑问：把这些照片放哪里呢？

小宸：用夹子夹住就可以立起来了，在博物馆看过。

于是，在区域里几个小朋友开始

尝试用凤尾夹固定住照片两端，然后摆放在柜子上。

放在柜子上的照片经常整片整片地倒，掉在地上，小朋友们又发出了疑惑：为什么照片用夹子夹住后，放柜子上会倒呢？

> 在操作中，幼儿总会一步步地验证、一次次地思考。当第一次让照片"立"起来，他们十分自信地将已有经验再现出来，并很满意地将照片摆设在展示柜上。但当照片一次次地倒下的时候，幼儿"犯难"了，在讨论中，幼儿知道了要有一定重量才能让照片稳固地立起来。在活动中，幼儿也能有意识地选择生活中便于收集取放的材料。

小颖：因为夹子的面积比较小，所以容易倒。

小镒：是因为有风，有风吹了，它就很容易倒。

小骁：是照片比较轻吧，风吹了会飘起来。

师：那该怎么办呢？

小诺：可以用重一点的东西粘在后面，这样子就不会倒了。

小岳：然后把夹子夹在旁边，用大夹子夹在惠安女服饰的照片旁边，就不会倒了。

萍萍：可以做些底座，然后在把照片粘在上面。

师：我们有什么材料是重一点又有很多，能用来帮助照片立起来的呢？

小璇：用海蛎壳、海螺壳那些，因为惠安女就是渔民，是她们把这些东西弄上岸的，我们班也有很多。

小诺：贝壳上有很多很美的花纹。

于是，小朋友们就纷纷找来自己最"满意"的贝壳来支撑起照片，有的幼儿将照片左右各放一个海蛎壳夹着，有的幼儿让贝壳在照片的一前一后相互靠着，有的幼儿把照片立靠在海蛎壳的"窝"里……大家各尽自己的办法，最后老师再用胶枪帮助小朋友们将贝壳"胶"在照片上，使照片

稳稳地"立"起来。

> 幼儿的想法总能不经意间地给出"惊喜"。当提到"展示架"时，幼儿并不理解这是什么东西，因此，我们一起从网上搜集各种各样展示架的样式让幼儿观察。

7. 动手搭建：设计展示架

场景一：场地的选择

问题：我们柜子上这些惠安女的照片太多了，眼花缭乱，一点都不好看，还经常倒下来，真的很不方便。

幼儿1：再找个场地吧。

幼儿2：可以分开放，不要都放一起。

师：放哪里更好呢？

幼儿3：可以放巧手坊，或者表演区。

幼儿4：还是博物区比较好，把惠安女的东西都放在一起。

场景二：展示架的创设

经过幼儿的投票，我们在博物区的位置清理出一块地方，准备布置展示架。于是我们搜集了各种展示架图片，首先让幼儿观察展示架的结构特征。

师：展示架是什么样的？我们一起来看一看。

幼儿5：可以用彩色音乐箱搭成楼梯的样子（台阶），就可以当展示架了。

幼儿6：还可以用箱子，像图片上的一样。

幼儿7：可是我们都没有这些材料怎么办？

师：如果用现有的材料呢？我们班还有很多桌子、架子、椅子，可是我们都没有用，大家想一想，多出来的椅子，怎么用上去呢？

幼儿8：用椅子吧，把椅子摆成一横排。

幼儿9：可是后面的照片都被挡住了，这可怎么办？

幼儿10：可以有些放在地板上，这样就不会挡住了。上面可以看，下面也可以看得到。

幼儿11：我觉得还可以这样调整——把上面的大积木放下来，这样下面就有中间高的了。

说着，小诺拿了两把椅子叠在一起。小朋友们发现了，"咦，这个造型不一样。"于是，小朋友们都一起动起手来试试组合的展示架。

> 图片的出现拓宽了幼儿的思维，他们将"方形"的概念进行迁移，找出"方形"的同类进行展示架的创想。之后在老师的引导下，借用桌椅和碳化积木共同组装了展示架，在操作中发展空间方位感知能力、动手平衡能力等。幼儿对"组装"的过程尤为兴趣，因此，在接下来的区域活动中，给予幼儿探索兴趣的空间，让幼儿协商变换"组装"搭建展示架。

8. 斗笠怎么戴？

陈列区新投放了几顶惠安女斗笠，每顶斗笠都有两条带子，萍萍拿起斗笠往头上一套，将斗笠上的袋子一前一后悬挂在头上。看到萍萍的"造型"，小霄疑惑地说："如果斗笠的带子一前一后，那前面的带子就没用了，就飘在那里。"萍萍反驳说："后面的可以挂着，斗笠就不会掉了，前面的带子挂着很好看。"一旁的小镒听着他俩的对话，轻声地表达了自己的观点："我觉得带子除了一前一后还可以一左一右，放在两边一左一右也可以当装饰，装饰戴斗笠的样子。"

教师发现了幼儿戴斗笠的争议，因此，试图引发大家一起来讨论"如何戴斗笠"。

小源：一前一后戴比较好看。

窈窈：如果是一前一后，前面那个有用，后面那个可以做装饰，要是一左一右，旁边两个都没有用。

小雨：前面一个的带子很像装饰品，前面的带子可以看到，后面的带子也可以当装饰品，后面的可以看到。

小镒：如果这样，后面那个带子是看不到的。

师：惠安女戴斗笠是去捕鱼、去劳作的，这顶斗笠戴在头上主要是为了什么呢？

幼儿：是遮太阳保护自己的。

师：那斗笠上的带子呢？

幼儿：不让斗笠掉下来。

小烜两只手放在自己小巴下面，说：两条带子要怎么搭在前面，风吹过来才不会掉呢？

接着，他脖子向后仰起来，说：抬头的时候，两边都紧紧抓着，它自己根本就不会掉。

小镒目不转睛地盯着小烜看了很久，坚定地说：一左一右、一左一右，还可以绑起来，然后不容易掉落。

小平：是把它们系起来。

小炟：还可以把两条一起放在前面，如果太长了，给它打一个结就可以了。

师：两条带子都放到前面的，和两条带子放到左右两边的，这样戴起来，你们发现了什么？

萍萍和小镒各自拿起了斗笠戴起来试试，萍萍转动着头，说：会掉，带子都放前面低头就掉了。

之后，我们观看了惠安女生活、劳作的图片和视频，发现惠安女佩戴斗笠的常用方法是将带子垂于两边并系在下巴下方，以固定好斗笠，方便劳作。

> "戴斗笠"远离幼儿的已有经验，在他们的现有认知里，惠安女的斗笠、服饰、腰带等都是用来装扮的，因此他们更多的关注点是"斗笠的两条带子怎么放会更好看"。但在提醒下，幼儿迁移了生活经验，将带子与斗笠的功用联系起来，进一步了解惠女斗笠与生活的联系，逐渐丰富关于惠女的认知经验。

9. 编织渔网

【活动目标】

(1) 初步感受线与线之间纵横交错的疏密关系。

(2) 能大胆尝试编织自己喜欢的网，体验编织渔网的乐趣。

【活动准备】

靠背椅、盘子、五彩线、粗麻绳、细麻绳、剪刀、夹子等。

【活动过程】

(1) 出示渔网，观察渔网

师：我们来看看渔网是什么样的？

(2) 视频学习，了解织网

师：惠安女是怎么织渔网、补渔网的呢？我们一起来看看。

(3) 尝试动手，体验织网

师：我们也来学学惠安女织渔网、补渔网，大家一起来试一试。

出示工具材料，提醒幼儿借助桌椅等物品固定线绳，鼓励幼儿观察线与线之间的疏密关系。

（4）分享交流，欣赏作品

师：请你跟同伴说一说，你是怎么织渔网的，你织的渔网怎么样？

> 对于学龄前幼儿来说，编织渔网的操作难度比较大，但基于幼儿对惠安女生活经验的铺垫，本次活动尝试让幼儿体验"网"当中线与线之间的关系，感受网的疏密度。在幼儿编织渔网的过程中，幼儿行为表现出线之间的缠绕，从而形成各种各样的网。但过程中"打结"成了多数幼儿遇到的难题，因此他们有的尝试运用胶纸、有的尝试运用夹子等材料来"打结"，也有的幼儿尝试简单的交叉结……虽然幼儿最后呈现的作品各式各异，并不像惠安女的渔网，但是在这个过程中，他们有所体会、有所感受，很满意自己编织的"小渔网"。

10. 韵律活动：撒网捕鱼

【活动目标】

（1）大胆想象音乐所表达的意境，随乐表现简单的撒网捕鱼动作。

（2）体验同伴互动游戏带来的乐趣。

【活动准备】

音乐、PPT课件

【活动过程】

（1）观看渔民生活视频

师：小朋友你们见过渔民撒网么？我们一起来看看。

师：这渔民是怎么撒网的？

（2）幼儿尝试随乐撒网捕鱼

师：我们的小小惠安女，会怎么撒网捕鱼呢？

①教师哼唱旋律模仿幼儿动作撒网捕鱼。

②请幼儿随乐撒网捕鱼。

（3）尝试合作撒网捕鱼

①出示多人合作撒网图片设置情节：撒向大海的渔网很大很大才能捕到更多的鱼，可是渔网太大太重了，一人搬不了也撒不开，这可怎么办呢？

师：你邀请伙伴一起试试怎么撒开这么大的渔网。

第一次游戏后，提问：小小渔民们，捕鱼的时候要怎么样，鱼才不会被吓跑呢？

②第二次游戏后，提问：渔网都没有撒开，会怎么样呢？

③第三次游戏：渔网要撒圆撒开了，才能捕到更多的鱼，这可是要有技巧的，每个动作都要清楚有节奏的哦。

（4）庆祝渔民大丰收

师：捕到鱼了，这次的收获可大了，小渔民们，你们开心么？

（5）完整游戏

师：你们收获了多少鱼呀，你们呢？今天大家的收获可真多呀，要不我们再撒一网，可以自己撒小网捕鱼，也可以约小伙伴合作撒大网捕鱼。

（6）自然结束

本次活动在幼儿兴趣的基础之上，运用视频、图片等媒介，丰富幼儿撒网收网的经验，启发幼儿观察渔民"撒网"的动作，丰富"舞汇"。活动由浅入深，从"观察——模仿""单人——多人合作"等角度，让幼儿在活动中表现自己的经验感受，幼儿在音乐中都能积极主动地感受音乐表现音乐。但过程中发现幼儿更喜欢"捕捉"的网鱼游戏情节，因此接下来我们将尝试将活动调整为音乐游戏，让幼儿在游戏中感受音乐表现渔家撒网捕鱼的劳作。

11. 分区游戏一

（1）操作区：快看，我的水母

区域活动时，小诺在好几个区域走了走、看了看。走了一圈，他发现"巧手"操作区的小朋友正在穿线编制鱼篓，也跟着拿了一个红色的小篓材料、一条黄色的线，坐着穿了起来。当穿了一圈之后，他拎着绳子的一端挥动着小篓，说："哈哈，快看，我的水母，我的水母在跳舞。"

玩了好一会儿，他提着自己的"水母"，跟老师介绍了起来："老师，你看我的水母，哈哈哈，我的水母跳来跳去，好像在跳舞。"

第二天区域活动时，小诺还是选择了"水母"游戏，这一次，他在一条线上穿了两只水母，依然很自豪、很高兴地向老师展示了自己的作品。

在主题活动的经验中，幼儿逐渐关注到区域材料与"惠安女"主题的关联。幼儿能有意识地主动选择自己喜欢的材料和区域进行游戏，在上次编织渔网的活动中，他们对"编织"有了兴趣。因此幼儿尝试在其他材料上以自己的方式挑战穿线的操作，并在过程中展开联想、自主表达，将游戏材料的外形和水母的形状特征联系在一起，从而玩起了别致的"水母跳舞"游戏。

（2）观察区：听，海螺的声音

区域活动时，若若端了两盘海螺在桌子上，她先瞅了瞅左边的海螺，旋转着海螺又看了看，然后将海螺的口子放在耳朵旁，静静地听了起来，接着又拿起右边的海螺放在耳边听着，之后眯着左眼、睁着右眼认真地盯着海螺洞仔细看。老师走了过来，"你在听什么？"若若："里面有声音。""是海的声音吗？""不是，是嗡嗡嗡的声音。"若若一本正经地回答。

过一会儿，佳佳坐了过来，她也像若若一样将海螺凑在耳边，认真地听着。之后，她们俩交换海螺一遍又一遍地听着海螺的声音。

> 活动中，幼儿能有意识地运用视觉、听觉、嗅觉、肤觉等多感官来观察事物，还将两种不同的海螺尝试进行对比（类比），从另一个维度去探究海螺，从中感受海螺的质地、了解海螺的纹理、认识到具有封闭空间的小物体在空气中运动能发出不同响声。与此同时，幼儿也在同伴参与当中，主动交流分享，共享经验。

12. 分区游戏二

（1）演绎区：我们一起来走秀表演

区域活动时，平平召集了几个小伙伴："我们今天再去表演区吧，装扮惠安女。"他们挑选着衣服，相互帮忙穿戴起来。这时，平平抱着一堆丝巾、头巾来给小伙伴们选择，然后还拿来一条腰带，在自己身上比划着围在腰间，比划了几下都没扣起来。一旁的瑶瑶发现了，她立马站起来双手环绕着平平的腰旁，帮平平围腰带。装扮之后，她们高兴地摆出了各种惠安女造型。接着，平平提出了个建议，对大家说："我们一起来玩走秀表演吧。"随后，这几个幼儿在走廊上开启了一场"惠安女时装秀"。

穿戴惠安女服饰，美美地装扮自己，是女幼儿的最爱，因此游戏时，女孩们总能有主见有想法提出自己对美丽惠安女服饰的表现欲望。穿戴中，他们进一步感知到"封建头、民主肚、节约衫、浪费裤"的惠安女服饰特点，也在观察和挑选中更加了解这些服饰物品的色彩、线条、图案等等，感受惠安女服饰的美。当然，在走秀中，幼儿在展现惠安女服饰的同时也表现出自信的自己，从中锻炼了自信心和表现力。

（2）互动区：卖章鱼的小哥

这次区域活动时，小岳、嘉嘉不约而同地来到博物区游戏，小岳热情地指着彩色杯状材料向大家介绍自己的"商品"："这是非洲章鱼，这是乌贼，还有鱿鱼，八爪鱼……""很多很多种类，你看你喜欢哪一种？""这里有很多很多可以选择。"在一旁的嘉嘉静静地看着，过一会儿，嘉嘉拿来了一个鱼篓和斗笠，将斗笠倒放在鱼篓里形成一个"伞"状。接着，他们俩将彩色杯状材料一个一个地放进斗笠里，嘴里边叨叨着："放进去，看看是多少？"这时，老师走过来指着斗笠，好奇地问了问："这么新鲜的海鲜，帮我挑几只。"小岳一边挑着彩色杯状材料一边说："这只、这只和这只。"他将这些彩色杯状材料放进了斗笠里。老师不解地问道："为什么要把海鲜先放在这

里面？"嘉嘉补充道："称一下有多重。"小岳也跟着说："是的，称重的。"

> 游戏中发现幼儿尝试合作来发展游戏情节。小岳平时很喜欢海洋生物，在惠安女主题的活动中，他特别喜欢跟大家介绍各种鱼类，也因此常常将这些鱼类知识迁移到游戏中。游戏时他们逐渐发展"以物代物"的意识，将杯状材料当成海鲜，将鱼篓和斗笠组装成"秤子"进行以物代物的"卖海鲜"游戏，将生活中的感知和体验主动积极地表现在游戏当中。

13. 走秀表演惠安女（一）

【活动目标】

（1）激发参与走秀表演的兴趣。

（2）能尝试运用肢体动作展现惠安女服饰的美。

【活动准备】

走秀音乐、走秀视频、上次游戏的照片视频等，惠安女服饰、头巾、腰带等。

【活动过程】

（1）分享经验

师：上次玩表演区的小朋友，玩得可开心了，我们一起来看看她们在玩什么？

教师结合视频、照片，邀请幼儿分享走秀经验。

（2）激趣谈话

师：什么是走秀表演呢？

（3）丰富经验

教师结合模特走秀视频，引导幼儿了解走秀表演的台位方向和走秀造型。

（4）尝试体验

师：我们跟着音乐节奏也一起来走秀吧。

幼儿走秀表演，鼓励幼儿创编走秀造型。

> 本次活动源于幼儿对惠安女服饰的兴趣，他们自发起服装装扮表演。当被提及服装装扮表演时，这几个在表演区"走秀表演"的幼儿十分兴奋地介绍着自己的走秀经验。而当播放模特走秀视频时，幼儿在音乐节奏中顿时燃起了走秀的激情，个个跃跃欲试。第一次走秀时，有经验的幼儿展现出自信从容的步伐，"定"出了好看的造型，而初次体验的幼儿，有的怯生生地走了个过场，有的害羞地站在队伍边上，有的有模有样地跟在同伴后面出场……幼儿对整个时装活动兴致颇高，起初在肢体动作的表现较为单一，而当教师提醒"木头人游戏的造型"后，幼儿则开始创编各种各样有趣的造型，并沉浸在走秀的表演中。

14. 走秀表演：惠安女（二）

【活动目标】

（1）能运用辅助物做出简单的动作造型来展现惠安女服饰的美。

（2）能自主表现美，感受惠安女服装秀的喜悦。

【活动准备】

走秀音乐、惠安女服饰、头巾、腰带、鱼篓、斗笠、水晶鞋、海螺、贝壳等

【活动过程】

（1）经验回顾

结合视频、照片，引导幼儿回顾上次走秀表演经验。

（2）谈话分享

师：上次的惠安女表演秀，你穿了什么服装，摆出了什么好看的造型？跟同伴说说。

（3）走秀表演

①出示新增材料

师：今天，我们新增加了这些惠安女生活物品，大家看一看都有什么？

（鱼篓、斗笠、水晶鞋、搪瓷盆、镜子、梳篦、海螺、贝壳、石雕工艺品等）

②提出新要求

师：大家想一想，走秀时要怎么用起这些材料呢？怎样摆出更好看的造

型走秀呢？

（4）分享经验

师：你是怎么走秀的呢？跟好朋友说一说。

> 有了上次的走秀表演经验后，幼儿十分喜欢走秀。在上次走秀经验的基础上，我们新增了头巾、腰带、鱼篓、斗笠、水晶鞋、搪瓷盆、镜子、梳篦、海螺、贝壳、石雕工艺品等惠安女生活物品，让幼儿更加了解惠安女服饰和生活物品，也对幼儿的走秀表演提出了新要求，鼓励他们不仅用肢体展现服饰和物品，还借助物品来变换造型、展现惠安女服饰和生活物品。虽然幼儿走秀的步伐有些生涩，但都跟着音乐乐在其中，认真的表情和稚拙的动作表达着他们对惠安女生活的认识。

七、主题小结

"邂逅惠安女"主题活动的开展，让幼儿在活动中得到充分的参与和多元的体验。活动前教师和幼儿、家长一起收集文字、图片、实物等材料，创设主题墙、创设与主题相关的博物区，通过调查、谈话、视频学习等形式引导幼儿们了解惠安女精神、了解惠安女独特的民俗文化，感受惠安女服饰的色彩美、线条美、图案美等。在主题活动中，幼儿们参与体验惠安女的劳作，如："挑担""捞鱼"，了解惠安女精神；幼儿们参与装扮表演，如佩戴、走秀等，了解惠安女服饰；幼儿们参与手工制作，如绘制斗笠、装饰腰带、装饰头巾，了解惠安女生活物品；幼儿们参与角色游戏，如做海鲜、卖海鲜、收集贝类等,了解渔家生活……在整个学习过程,幼儿学习和游戏的热情不断升温,对手工操作、买卖情节和走秀表演的兴趣仍在继续……他们在对话中、观察中、操作中、互动中自然而然地亲近人文习俗、认同家乡文化,从而培养博物意识、发展博物情怀。

将当地优秀的传统民俗文化、民间艺术融入幼儿们的活动,这既是幼儿园课程地域性的直接体现,更是通过课程活动有效帮助幼儿感受民俗文化的魅力。让幼儿走进家乡优秀传统文化世界,并尝试用自己的方式去表达对文化的理解,从而达到萌发幼儿了解家乡、热爱家乡的情感。

(本案例由泉州市温陵实验幼儿园陈艺媚老师提供)

大班博物主题活动:种子博物馆开馆啦

一、主题由来

泉州作为东亚文化之都,海上丝绸之路的起点,其深厚的文化底蕴、秀丽的山海风光都是值得关注的重要的课程资源。假期里,幼儿跟着爸爸妈妈探寻了闽台缘博物馆、海外交通史博物馆、泉州博物馆等,他们对博物馆里的一景一物感到新奇,对博物馆里的藏品、情境互动产生了浓厚兴趣,但对于"博物馆"的展陈、参观礼仪、藏品故事等却知之甚少。因此,基于儿童的兴趣以及困惑,我们提出了一个大胆的设想:走出幼儿园,探寻真实的博物馆,回归幼儿园,建成一座自己的班级博物馆,让幼儿变身博物馆的主人,亲身参与藏品收集、摆放、讲解等工作。因此,在规划博物主题种子活动时,老师便主动地向幼儿提出建班级博物馆的设想,并得到幼儿的积极响应,于是,一场围绕创设班级种子博物馆的主题活动便自然而然地展开了。

二、主题目标

因为主题所要解决的问题与目标是明确的，就是基于所参观的博物馆的经验，采用模仿与创造的方式来创设自己班级的种子博物馆，所以，幼儿对主题的聚焦点是相对比较集中而明确的，即要唤醒自己关于不同博物馆的特点和布展方式的经验，不同藏品的背后都有自己的故事，以及如何将这些经验迁移到班级种子博物馆的创设活动。而幼儿在创设种子班级博物馆的过程中，肯定离不开彼此间的协商、合作、积极参与。因而，我们将主题目标拟定如下：

1. 能结合参观博物馆的经验，尝试运用自主讨论、合作设计、实践体验等方式布置种子博物馆，探索种子博物馆的多种玩法，遇到问题能与积极与同伴合作共同想办法解决，体验参与创设班级种子博物馆的乐趣。

2. 进一步比较不同种子藏品的外形、内部结构、生长特点等，学习运用语言、符号、文字、绘画、测量比较等方法记录自己在选种——种植——收获——取种的过程中发现，感知生命的循环反复和大自然的奥秘。

3. 愿意参与种植活动，能借助现场观察、动手实践，学习使用简易的劳动工具进行播种、松土、浇水、施肥等劳作技能，萌发爱探索、爱自然的情感。

三、主题资源

调查本土博物馆资源和线上主题博物馆资源，通过家园配合的方式，鼓励幼儿借助亲子研学、假期小分队的形式参观各地博物馆，了解博物馆的布展和陈设，并以图片、文字、调查表等不同方式陈列。引导家长利用假期带幼儿到山间、集市、农田等地收集种子，观察了解南瓜和小白菜的生长过程，邀请有种植经验或博物馆工作经验的专业人员进课堂介绍、讲解。

四、主题实施途径的设想

1. 集体活动

序号	领域	活动名称	活动目标
1	语言	谈话：我的博物馆之旅	1. 能大胆地用完整语言介绍自己的博物馆探秘之旅 2. 能认真倾听同伴的介绍，有疑问时能主动提问
2	语言	谈话：小种子大梦想	1. 学习围绕"春天适合种什么"这一话题展开交流讨论 2. 能耐心倾听并理解他人的谈话
3	艺术	绘画：我是博物馆小小设计师	1. 能围绕"设计博物馆"主题展开讨论，学习倾听他人的意见 2. 尝试合作设计博物馆布局图，并大胆介绍自己的设计
4	艺术	歌表演：种子	1. 欣赏歌曲，理解歌曲悠扬、质朴的情感 2. 随音乐表演说唱，体验与同伴合作表演、创编的成功感
5	艺术	绘画：种子博物馆吉祥物	1. 了解吉祥物的特点，能大胆设计自己喜欢的吉祥物形象 2. 积极参与吉祥物的投票，能用自己设计的作品美化博物馆
6	社会	参观：造一个我们自己的博物馆	1. 喜欢表达和分享，并能耐心倾听他人的想法 2. 能共同协商，并确定造馆的内容
7	社会	合作改造：我的博物馆我作主	1. 能与同伴友好协商，交流、讨论调整方案 2. 主动收集、制作博物馆展陈图片，丰富博物馆馆藏
8		劳动实践：浇水新发现	1. 尝试使用各种工具灌溉农作物，掌握浇水的方法 2. 能讲述自己在浇水过程中的发现，体验探索的乐趣

续表

序号	领域	活动名称	活动目标
9		劳动实践：施肥去喽	1. 能与同伴分工合作完成施肥的任务 2. 体验参与集体劳动的乐趣
10		种子博物馆开馆啦！	1. 能结合参观博物馆的经验，创建种子博物馆游戏场景 2. 能够主动承担组内任务，并分享在实施过程中遇到的困难
11		筹备一场种子博物展	1. 能分小组合作协商，筹办完成种子博物展台的布置 2. 探索种子博物馆的多种玩法，体验与同伴交往、分享游戏的乐趣
12		操作：布置种子博物馆	1. 能仔细观察种子的颜色、形状、大小等外形特征，了解其差异 2. 能根据种子的类别分类，并合作布置展示区
13		实验：完善种子博物馆（种子的秘密）	1. 尝试运用多种工具探索种子的内部构造，体验科学探究的乐趣 2. 能用简单的符号记录自己的观察和发现，感知种子的神奇
14	科学	操作：整理菜地	1. 能根据自己对菜地的观察，共同制订整理清单 2. 能与同伴合作协商，共同完成整理菜地任务
15		探究：趣玩种子博物馆	1. 大胆猜想、设计种子的多样玩法，并用简单的符号自主记录 2. 能自主找寻材料游戏，验证设计玩法的合理性
16		操作：三月，播种啦	1. 了解自己播种的蔬菜的习性，能够根据不同植物的生长特点进行播种 2. 尝试用符号记录自己的播种经验，愿意与他人分享

续表

序号	领域	活动名称	活动目标
17		探究：自制浇水器	1. 选择材料自制浇水器，感知水压与浇水器之间的关系 2. 能积极思考、反复调试，体验成功的乐趣
18		实验：小农夫学堆肥	1. 了解帮蔬菜施肥的各种方法，知道堆肥的正确步骤 2. 懂得根据调查表开展堆肥实验，体验科学实验的乐趣

2. 区域与环境创设

（1）环境布置（包括主题墙、博物区环境布置）

①幼儿收集各种种子实物，并按照种子的不同类别，如：蔬菜类、水果类、五谷类、花草树木类进行分类展示；收集风干的丝瓜、角瓜、稻谷等实物，展示在博物区内，布置成"种子展示区"。

②以图文并茂的方式展示"种子的分布和传播""种子博物馆布局图""我和种子的故事""种子的结构"等。

③创设"童博科技部""童博藏书阁"等相关区域共同组成种子博物馆游戏体验区。投放博物馆画册、种子图鉴、绘本、镊子、放大镜等材料,在各个相应的区域内。

(2) 活动规划

序号	活动区域	材料提供	活动方式	关注点
1	种子博物馆	种子图鉴、种子故事、各种树、花卉、谷物、水果、蔬菜的种子、南瓜、晒干的丝瓜、四角瓜、积木、格子布等	欣赏观察比较	1. 幼儿是否能观察并讲述不同种子的颜色、大小、形状、内部结构等差异 2. 幼儿能否用简单的符号记录观察发现
2	童博科技部	烧杯、试管、AB滴胶、显微镜、放大镜、镊子、竹签、塑料刀、卷尺、木臼、堆肥菌、勺子、铲子、塑料瓶记录表、育苗盆等	操作实验	1. 幼儿是否能借助工具探寻不同果实和种子,感知种子的分布和内部构造 2. 幼儿能否按照正确步骤育苗,感知种子发芽的神奇和有趣

续表

序号	活动区域	材料提供	活动方式	关注点
3	文创设计部	各种颜色的纸绳、麻绳、装饰纽扣、亮片、毛绒球、花边、双面胶、瓶子、剪刀、彩泥、棉线绳、画纸、各色颜料等水粉颜料、印泥、图画纸、橡皮泥、泥工板、模具、剪刀、毛根、树枝、原木片、纸盒等	泥塑、绘画	1. 幼儿是否能够根据不同种子的形态进行泥塑或绘画，大胆表现种子的外在美 2. 所提供的材料是否有助于幼儿获得审美感受和成功体验
4	童博体验站	多米诺骨牌、云鲸编程、天平、扑克牌、飞行器等	动手实践	1. 材料的呈现是否便于幼儿取放 2. 幼儿是否能借助不同工具进行种子测量、统计、规律排序等，进一步感知种子的特性
5	童博藏书阁	博物画册、种子图鉴、种植相关绘本	阅览、讲述	1. 所提供的书籍是否有利于幼儿了解博物馆的文化内涵和藏品故事 2. 幼儿通过书籍是否能够解答自己关于种子的疑问
6	童博导览部	头饰、纱巾、圆舞板、铃鼓、裙子、手花、花环、头箍、各种角色头饰、话筒等	主动讲解装扮表演	1. 幼儿是否能够完整、流利、大方地参与博物馆讲解工作 2. 所提供的材料是否有利于幼儿创造性地装扮，学习以物代物

五、主题实施网络图

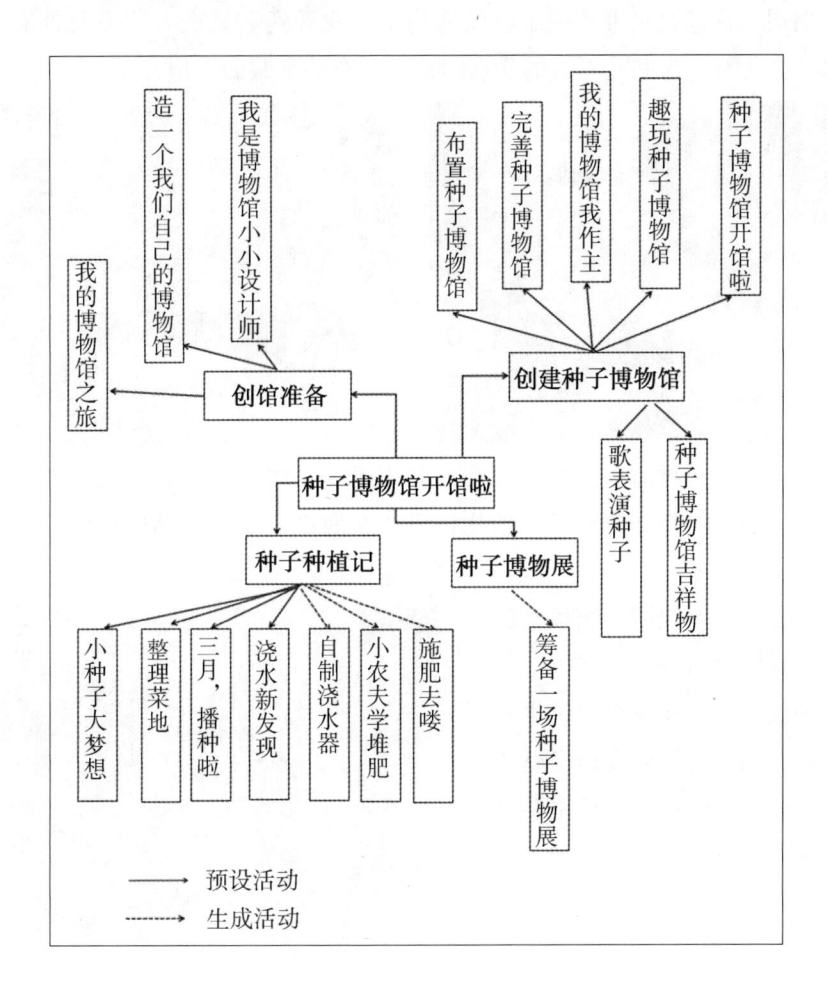

```
我的博物馆之旅 ← 造一个我们自己的博物馆
             ← 我是博物馆小小设计师
             ← 创馆准备
                    ↑
布置种子博物馆 →
完善种子博物馆 →
我的博物馆我作主 → 创建种子博物馆
趣玩种子博物馆 →        ↓
种子博物馆开馆啦 →   ↓  ↓
                  歌表演种子
                  种子博物馆吉祥物

创建种子博物馆
    ↓
种子博物馆开馆啦
    ↓            ↓
种子种植记    种子博物展
    ↓            ↓
小种子大梦想   筹备一场种子博物展
整理菜地
三月，播种啦
浇水新发现
自制浇水器
小农夫学堆肥
施肥去喽
```

——→ 预设活动
- - -→ 生成活动

六、主题活动实施实录

1. 我的博物馆之旅

假期里幼儿跟着自己的爸爸妈妈，约上小伙伴们打卡泉州各地的博物馆，他们将自己的所见所闻一一记录下来，期待着和伙伴们的相聚。

师：假期里大家都去了许多有趣的博物馆，谁想来分享一下你的见闻呢？

昕昕指着图片说：瞧，这里是泉州非物质文化遗产展览馆，里面有提线木偶、妆糕人、花灯、陶瓷、竹编，都是我们泉州很厉害的手工艺人做出来的。

玥玥：爸爸妈妈带我去了自然博物馆。我看到一只很大的恐龙骨架，还有恐龙蛋化石。这些化石有的是真的化石，有的是假的模型。

森森：闽台缘博物馆的门口有一副炸弹画。那幅画很大很大，不是画出来的，而是用炸弹炸出来的。博物馆里的东西都是摆在玻璃橱窗里的，不能摸的。

师：大家发现博物馆里摆放了许多珍贵的藏品。

楠楠：可是我在海交馆里看到一只破破旧旧的碗摆在柜子里。

馨馨：为什么博物馆里要展出坏的东西？古代人太可怜了，他们的碗都是旧的。

恩恩：你说得不对，能放在博物馆里都是很珍贵的东西。

师：藏品虽然破损，却很珍贵，很有收藏意义，每件藏品都有自己专属的故事哦。

丫丫：博物馆里有很多漂亮的花灯，但是都挂得高高的，我最喜欢的是那个可以答题的机器。

澜澜：博物馆里有很多船，我还到船上去划桨，真有趣。

柠柠：我去的博物馆不好玩，里面东西都是放在玻璃柜子里的，没有玩的。

> 儿童有一百种语言，也有一百种表达。每个人眼中的博物馆各不相同，为了进一步了解每个幼儿的真实想法和兴趣，教师引导其表征记录自己的发现，透过童眼看博物，明确其经验和疑问。

瑞瑞：很多藏品的旁边还有文字，但是我都看不懂，有点无聊。

师：每个人眼中的博物馆都不一样，相信大家还有很多有趣的发现想跟伙伴们分享，请大家将自己参观博物馆时印象最深刻的一样物品或者一件事记录下来，看看你们的发现一样吗？

2. 造一个我们自己的博物馆

博物馆里还有哪些有趣的物和事呢？在线下参观的时候，是不是还有一些有趣的细节没有被发现呢？儿童博物馆会不会比成人博物馆更加生动吸引人呢？带着这些疑问，教师组织了一次线上云游博物馆，和幼儿一起走出泉州，探寻各地的博物馆。

走进三星堆博物馆和故宫博物院，幼儿惊讶于里面琳琅满目的珍奇异宝，惊叹于造型奇特的大立人铜像和高耸矗立的大型铜神树，看着不同的展品，萌发新的想法。但相较于成人博物馆里较为统一的藏品展览，在云游上海儿童博物馆时，幼儿对里面的陈列和各种可操作的场景更加感兴趣。

熙熙：博物馆门口的那只"骨碌"好可爱，我想把它画下来。

昊昊：哇，里面还有深潜器，像去海底一样，可以看到好多鱼。

坤坤：博物馆除了可以看，可以玩，还可以学很多本领，教会我们很多

173

知识。

则则：要是我们也有一个这么好玩的博物馆就好了。

教师接过则则的话，抛出一个问题：如果我们自己来造一座博物馆，你们想做什么样的呢？

> 博物的范围非常广泛，需准确定位幼儿最喜欢的有价值的兴趣点。面对幼儿的纷繁兴趣和各执己见，教师需适时提出问题让幼儿思考创馆过程中在藏品收集、馆区运营以及藏品保存等流程时可能遇到的现实问题，找寻最适宜的博物馆主题。

自己来建博物馆的提议引发了幼儿激烈的讨论。"我想造一个枪世界博物馆。""我想建一个硬币博物馆。""我喜欢石头博物馆，我要用大卡车把家里的太湖石载过来。""我家里有一个漂亮的木偶，可以带来当藏品。""花果园里有很多果子，我们可以做果子博物馆。"

针对幼儿的踊跃发言，教师继续追问："班级博物馆的建设需要每个小朋友都来帮忙，你们能收集到足够多的藏品吗？果子适合当藏品吗？"

芮芮：玩具枪一点也不好玩，女孩不喜欢的。

睿睿：果子没有放冰箱会烂掉，不能来当藏品的。

珩珩：乡下的奶奶家里种了水稻、荷兰豆、四季豆……有好多的蔬菜和粮食，这些可以用来当藏品吗？

阳阳：我老家种了很多花，我们可以把漂亮的鲜花当藏品吗？

师：珩珩和阳阳的老家种植了蔬菜、粮食、花朵，你们知道这些植物是怎么种出来的吗？它们的种子又是从哪里来的呢？

芮芮：把一粒种子种到泥土里，长大了就可以收获更多的种子。

珩珩：种子藏在仓库里，奶奶家的仓库有一个专门放种子的柜子。

阳阳：老家的市场里有很多卖种子的商店。

达达：种子可以放很久都不会坏，我觉得很适合当藏品。

师：我们能不能收集到足够多的种子，建一座属于我们自己的种子博物馆呢？

则则：我们把果子吃了就有种子了，西瓜籽、葡萄籽都是种子。

昕昕：我家里有很多的红豆、绿豆、黄豆、黑豆，它们也都是种子吧。

静静：周末我们去爬山的时候在树下也可以找到一些奇怪的种子。如果在种子博物馆里找到特别的种子，是不是可以把它种出来看看是什么样子？

种子、枪、木偶、石头这几个博物馆主题，到底要选择哪一个呢？每个幼儿都有自己的想法，他们互相辩论，互相理解，交流着各自的看法，最后我们采取投票的形式来确定专题博物馆的品类。经过自主投票，最终选择石头博物馆的有 4 票，选择枪博物馆的有 7 票，选择木偶博物馆的有 4 票，选择种子博物馆的有 20 票，少数服从多数，最终我们决定建一座"好玩"的种子博物馆。

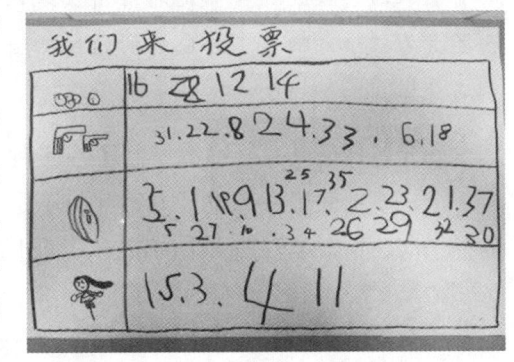

3. 我是博物馆小小设计师

种子博物馆里有什么？每一个幼儿的心里都有属于自己的一个创想，他们化身博物馆小小设计师，共同讨论着博物馆的布展。

玥玥：博物馆里要摆放很多很多的种子，把一样的种子放在同一个柜子里。上面还要写上种子的名字。

静静：种子博物馆里要有很多不同形状的瓶子，有的大，有的小，这样摆起来更好看。

师：博物馆里只有种子吗？

琳琳：上海儿童博物馆的大门口有一只"骨碌"的吉祥物，我们的种子博物馆里也可以有。

阳阳：还要有可以种种子的地方，这样大家就可以看到种子是怎么长大的了。

睿睿：我觉得还要有一个种子实验和玩游戏的地方。我们可以用种子做滚动实验，也可以用放大镜来观察种子。

> 相较于花朵、根茎、果实，种子的模样平淡无奇得很多，如何让儿童发现种子的神奇，走进种子的世界呢？我们鼓励儿童自己设计种子博物馆，让每个人都有充分表达自我的机会和时间。在这一过程中，可能有些人的想法最终不一定能付诸实践，但是在表征交流中，幼儿感受到了身为种子博物馆工作成员的角色担当和责任，增强参与感，提升主人翁意识。

幼儿各抒己见，每组都绘制了一张种子博物馆布局图。但是，博物馆只有一个，要选取哪一个设计方案呢？于是，师幼通过线上云参观了其他地方的种子博物馆，了解现实中的设计，同时提出现实问题，引导幼儿们思考。

师：我们参观过的博物馆空间很大，可是我们的教室比较小，在班级里的种子博物馆要如何合理布局呢？

芮芮：种子博物馆里要有藏品，还要有种子实验和游戏，不然就不够好玩了。

昊昊：我觉得要把展示区和游戏区分开。

最终，经过辩论与协商，最终从各个设计稿里选取一部分汇总成一张大图，形成种子博物馆布局图。布置种子博物馆的行动即将开始，我们拭目以待。

4. 布置种子博物馆

种子博物馆里诸多的藏品要从哪里来呢？恰逢国庆假期，幼儿开启了为期七天的寻找种子之旅：有的从自家菜地里采摘收获的长豆种子、从田地里采摘沉甸甸的稻谷；有的回到三明老家，和外公外婆一起赶集，在集市的摊位上购买心仪的种子；还有的国庆七天品尝各种瓜果，收集到了葡萄、柿子、桃子、木瓜、菠萝蜜等水果种子。大家带来的种子林林总总，各式各样，面对这些形状各异、造型不一的种子，要怎么规整成藏品并摆放到展示区呢？于是，教师提出了种子介绍会的任务，请每个人自由组队，跟朋友介绍自己收集到的种子名称、地点，并讨论如何布置种子博物馆。

柠柠：我们要把带来的种子装进透明的瓶子里，这样大家才能看到种子的形状。

睿睿：种子要分类啊，不能乱七八糟混在一起。

师：你们觉得种子可以怎么分类呢？

达达：种子有大有小，可以按照大小分。

坤坤：我觉得可以按照颜色分，种子有红色、黄色、黑色、绿色。

则则：可是有的种子是有斑点的，有红色也有白色要怎么分？

师：除了按照外形特点，还有其他更好的分类方式吗？我们参观过的种子博物馆是怎么陈列分类的呢？

睿睿：别人的种子博物馆是按照水果一类、蔬菜一类、花朵一类分的。我带来的是四季豆、长豆、西红柿种子，都是蔬菜，应该放在同一个地方。

幼儿园里的博物教育

> 儿童博物馆不是一个简单的收藏、陈列、展览的地方，而是一个特殊的学习环境。在布置种子博物馆的过程中，成人应重点关注儿童的发展和学习状态，从布馆这一任务出发，引出"分类"概念，从关注种子的形状、大小、颜色等外部形态过渡到集合"类"概念，按照蔬菜、水果、树、花、粮食作物等幼儿较为熟悉的长成植物类别分类。此外，在布馆中，教师要给予幼儿试误的机会，让他们通过多次操作寻找答案。

瑞瑞：我带来的都是水果的种子，它们可以放在同一个柜子里。

婧婧：我带来了十几种花的种子，它们长得很小很像。

师：大家觉得是按照颜色、大小分类，还是按照种子的类别来分呢？

经过一番讨论，大家最终确定要按照种子的类别来摆放藏品，并开始陆续装罐摆放。

> 种子博物馆的初步模型已定，但是其创建工作还在继续。希望幼儿可以从一粒小小的种子出发，亲近自然、热爱自然，喜欢探究自然，回归最真实的自然，在与自然物的互动中逐渐丰富自然博物经验。创建博物馆的过程需要家长的大力支持，他们是一切博物馆藏品来源的支持者、提供者和协助者，教师要与家长充分沟通，及时更新课程动态和追踪儿童的兴趣，让家长与儿童共学习，同探究。

在分类装瓶的时候，幼儿遇到了一个难题，对于谷物类的种子，他们可以独立辨别并自主完成分装，不用标签也可以一下子叫出种子的名字，但是对于花卉、蔬菜这类形状颜色相似的种子，由于幼儿不懂写字，一旦从原本的包装袋里拆出来，就无法准确辨认识别了。"老师你写种子的名字，我们来装罐子吧！"幼儿适时提出请求。师幼分工合作，一个分装一个写标签，同时将其原本植物的形态也以图片的形式呈现……整个种子博物馆展示区的布置工作持续了五天，幼儿轮流分装装瓶，协助粘贴标签，调整摆放顺序，在大家的共同努力下，藏品展示区初步完成。

5. 完善种子博物馆

经过五天的共同努力，种子博物馆展示区的藏品终于摆放好了，可是种子博物馆的创建结束了吗？幼儿的答案是否定的。"我去过的博物馆里面除了要有藏品，还看到很多的图片。""我们的种子博物馆里也可以挂一些图片。""图片要和种子有关的。""闽台缘博物馆里就有介绍藏品故事的图片。""我想知道种子是怎么长成一棵植物的。""种子有什么故事和秘密呢？"幼儿围绕丰富种子博物馆展示区的话题你一言我一语地交流开了。

为了进一步完善种子博物馆的布置和解答幼儿提出的问题，老师抛出"你们知道种子是怎么长大的吗？"这一话题，萌发幼儿继续探究的热情。

楠楠：要把种子种在土里，每天去浇水。

玥玥：要给种子晒太阳，这样种子才会发芽。

昕昕：我们还要去给种子施肥、除草。

师：除了外在这些因素以外，你知道种子的身体里藏着什么吗？

> 种子博物馆里除了藏品，还应该有什么呢？教师需要引导儿童借助不同的感觉从不同维度和视角，自主选择自己喜欢的某一个事物或某一种现象，进行深度的观察、追踪、记录，把自己的发现放入博物馆中。我们相信博物馆里的每一项内容均是儿童观察、发现、制作和记录的成果。

教师给幼儿准备了塑料刀、镊子、夹子、放大镜、叉子、牙签、小锤子等工具让其自主探寻，发现种子的内部构造。

昕昕用小镊子一点点挑开种子皮：我要从种子身上的这条线剥开，看看里面有什么。

则则：哇，种子的身体里还有一个小苗苗。

楠楠：切开种子的皮，里面还有两瓣一样的东西，这个是什么？

师：所有的种子里都有小苗苗吗？

珩珩：奇怪，我把稻谷切开，里面没有这个小苗苗啊。

睿睿：我把玉米切开也没有，里面只有一个白色的小芽和一些黄色的黏黏的东西。

柠柠：为什么有的种子里面有小苗苗，有的种子里面没有呢？

针对幼儿的问题和发现，教师借助种子的解剖视频，帮助幼儿直观地了解种子的内部构造，知道了种皮、种脐、子叶、胚芽等专业的名词。原来种子身体外面有一层种皮可以保护它不被虫咬，有的种子身上有一个像肚脐一样的种脐，种子可分为单子叶种子和双子叶种子，有的种子有胚乳，有的种子没有胚乳。

有了亲身的探索，幼儿决定将自己的新发现也布置在博物馆里。于是，昕昕和森森仿照视频里的解说，按照自己的理解将单子叶和双子叶种子的解剖图绘画出来，并张贴悬挂在种子博物馆里。

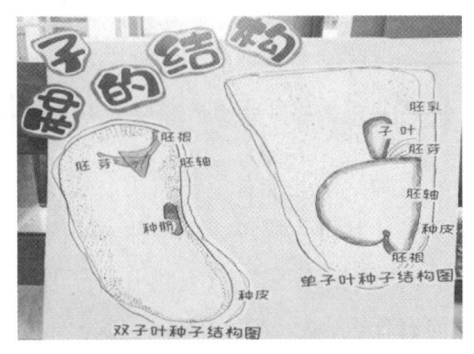

6. 我的博物馆我作主

距离种子博物馆的布馆完成已过去了半个多月，幼儿虽然喜欢到博物馆里探索，乐衷于选择不同的种子开展游戏，但是一成不变的展陈方式使他们对各色种子的观察频次逐渐减少。要如何进一步激发幼儿对博物馆的兴趣呢？

师：种子博物馆建成已有一段时间，我们的博物馆还有哪些需要调整和改变的地方吗？

芮芮：我觉得种子一排一排的不够好看。

师：你们觉得种子要怎么摆放更美观呢？

则则：我们要搭一个造型，高高低低的。

静静：我觉得还要加一个稻草人，不然晚上我们不在的时候，老鼠和小鸟会来偷吃。

丫丫：在每一类种子旁边还要加一个标志，这样大家一下子就知道它们是什么种子。

柠柠：我们可以用积木来装饰，还可以搭房子。

睿睿：我觉得可以按照1、3、5这样的规律来摆种子。

芮芮：第二层就用2、4、6来摆吧，我觉得这样就是规律排序，还有数学知识在里面。

师：规律可以让我们的博物馆更加有序，数学在生活中还是很有用处的。

睿睿：最上面一层可以搭一个像小房子一样的造型，用各种不同的瓶子摆。

玥玥：我们还可以把跟爸爸到山里找到的种子也带来摆，花果园里也有很多的种子。

幼儿充分表达自己的想法后将之付诸行动。则则、睿睿等几人从户外搬来了积木，有的负责垫高，有的负责装饰。

玥玥：我想用对称的方法，2、1、2，是不是也很好看？

睿睿：大树的种子很少，没有办法有规律。我们就都摆在一起吧！

柠柠：这边都摆我们收集到的果实吧，这样我们玩挑种子游戏的时候才有材料。但是这些果子太容易坏了，要怎么办？

睿睿：晒干了就不会坏了，不能拿新鲜的。

则则：我带来的丝瓜就是晒干的，花果园里捡的杨桃就很容易烂，烂了我们就换一些新的吧。

> 对于博物馆来说，服务于儿童、让其在博物馆学习中成长、让博物馆成为其记忆里最温暖的部分，并且逐步成长为一个忠实的成年观众，是博物馆可持续发展的根本之道。因此，一条固定的展线并不能满足儿童观众长期学习的需要，更不能满足儿童观众在成长过程中系统化的美育功能，而这需要博物馆用多样性、灵活性和多元化的展线陪伴儿童观众的成长。成人鼓励儿童通过协商、实践去改变种子博物馆的展陈，让博物馆的布置更具有新意，让博物馆可以持续成为儿童观察、探索的乐园。我们看到了儿童的力量和儿童的学习，更加明确了要相信儿童，将数学思维融入博物馆的建设中，使展陈更具美观和逻辑性。在今后的博物馆活动中，可定期调整种子博物馆，如一个月一次，让其永葆生机和活力。

经过40几分钟的持续调整，种子博物馆的大部分陈列都有了改进，幼儿自豪地向伙伴们介绍新的布置，邀请同伴一起来欣赏、绘画。

7. 种子博物馆开馆啦！

种子博物馆在大家的齐心协力下，终于顺利建馆。幼儿在其中自主观察种子、自由选择游戏，体悟种子的内在和大自然的奥秘。"要是我的朋友也能来玩多好呀！""怎么才能让别人知道我们班有个好玩的种子博物馆呢？"于是，幼儿变身博物馆工作人员，打开班级大门，开放参观种子博物馆通道。

(1) 如何当好一名讲解员？

在幼儿的印象中，博物馆里的讲解员是一个人带着一群人边走边讲解的。但是，幼儿根据自己的参观经验提出了参观人数太多听不到、游客太多拥挤、班级材料有限等问题。于是，幼儿在讨论讲解员任务的时候，提出了一个讲解员最多带10个参观者，保证讲解的有效性；在种子博物馆的各个分区，都能安排相应的讲解员，如有的介绍种子实物，有的介绍种子展板，有的带领体验种子游戏，还有的在门口迎宾。同时，为了让参观者爱上种子博物馆，讲解员们还设计了欢迎节目，演唱纪念袁隆平爷爷的歌曲《种子》，让悠扬的歌声在种子博物馆里回荡。

(2) 制作邀请函

由于是第一次开放参观，为了让参观者知道种子博物馆开放的时间，幼儿还制作了邀请函，将自己认为最好玩、有趣、新奇的博物馆事物画上，标注时间、地点，并到距离最近的大二大三班分发。

> 种子博物馆是一个为儿童感知、欣赏和探究大自然而呈现种子并提供操作机会的场所。博物馆的公共性和普惠性特点，使得幼儿对开放班级博物馆有共同认知。通过第一次开放，总结出三个问题：①博物馆的讲解员角色意识不够强，一开始能专心带队，但是后期不能坚守岗位，自顾自游戏。②讲解员对种子博物馆里的部分种子不熟悉，当参观者提出问题时无法当场解答，知识储备不足。③参观者不熟悉种子博物馆游戏的玩法，使得部分实验的器材有所损坏。
>
> 针对以上三个问题，教师将组织幼儿协商讨论，总结经验，让今后的馆区运营更加顺畅，让更多的幼儿可以参与到种子博物馆中来。

终于到了正式开馆的日子，参观者们跟随着讲解员的介绍认真聆听，目光被形状各异的种子所吸引，有的倒出种子进行比较观察，有的挑战种子游戏观察内部构造，乐在其中……但也出现了有的参观者不熟悉馆区规则，将种子洒了一地；不明白操作流程，弄坏实验器材等情况。

8. 小种子也有大梦想

怎样能让小小的种子生发更有趣的体验呢？围绕这一问题，幼儿展开激烈的讨论。恰逢春季，万物生长，幼儿根据之前的游戏体验，最终决定将种子实验变换成种子种植，让这一粒粒的小种子在春天里拥有新的生命，选取适宜的种子开展种植活动。但是，春天适合种什么呢？

柠柠：春天适合种小白菜、樱桃、枇杷。外婆家种了一些小白菜，看起来嫩嫩的，很美味。

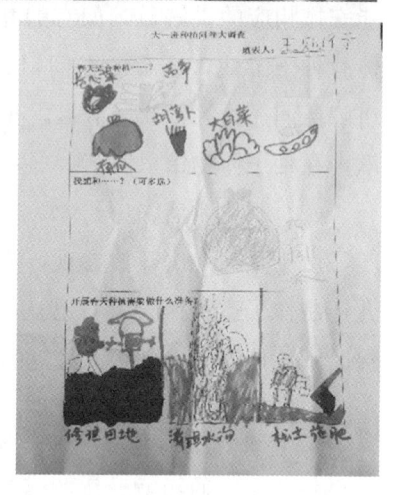

则则：我打电话问了懂得种菜的外婆，她说春天可以种南瓜、四季豆、大白菜、卷心菜、莴笋。

珩珩：春天也可以种水稻、土豆、地瓜、芋头、豌豆。可是水稻要种在田里，不能种在地里。

师：春天可以种植的种子实在是太多了，我们的种子博物馆里有你们需要的种子吗？

则则：我们种南瓜吧，南瓜像一个大大的男生一样，而且它的颜色和太阳的颜色很像，金灿灿的很帅气。外婆家里还有一些南瓜的小苗苗可以送给我们。

楠楠：南瓜很有营养，吃起来甜甜的。

苏苏：我们的种子博物馆里也有很多的南瓜子，好想把它们都种出来。

师：我们的种子博物馆里有几种南瓜的种子呢？它们是什么样子的呢？

> 幼儿一日活动皆课程。教师要善于发现幼儿的兴趣，抓住幼儿对种子博物馆里南瓜种子的关注，引导其进一步观察南瓜种子的形态差异。从馆中来，到自然中去，幼儿将从自己的观察比较中发现种子的奥秘，为今后学习不同的播种方式打下基础。

对于教师提出的问题，幼儿重新回到种子博物馆里，将南瓜的种子一一取出来，仔细观察，认真比较。原来我们的种子博物馆里有红栗南瓜、板栗小南瓜、奶油南瓜、甜蜜本南瓜、香芋南瓜五种南瓜的种子，有的白一点，有的黄一点，有的大一点，有的小小的，有的滑滑的，有的粗粗的，外形各不相同。

则则：太幸福了吧，我们竟然有五种南瓜的种子，真想一起种下去。

柠柠：我们种小白菜好不好？咬下去是脆脆的，像饼干一样。

昕昕：小白菜我吃过，甜甜的，小兔子也很喜欢哦。

柠柠：我还可以请外婆来教我们小白菜要怎么种。外婆家也有很多小白菜的种子。

雯雯：我们的种子博物馆里也有小白菜的种子，一粒粒小小的很可爱。

经过一番激烈讨论，最终少数服从多数达成了共识，男幼儿选择栽种大大的南瓜，女幼儿选择绿绿的小白菜。小种子也有大梦想，它们即将离开静寂的博物馆，到充满阳光雨露的广阔田地里，开始一段新的生命旅程。

9. 整理菜地

种菜第一步做什么呢？当然是整理菜地啦！整理菜地需要做哪些事情呢？教师带着幼儿走进长满密密麻麻过季莴笋和油麦菜的田地边，在田间地头观察思考，找寻整理菜地的具体任务。

芮芮：这些莴笋都变得黑黑的了，不能吃了，要拔掉。

柠柠：油麦菜还长出了黄色的小花，看起来可真美，拔掉好可惜哦。

玥玥：不拔掉我们就没有地方种南瓜和小白菜了呀，这些菜都不能吃了。

睿睿：莴笋和油麦菜的种子在哪里呢？书上说开花了就可以收集种子了。

师：睿睿的问题值得大家一起研究哦，如果能找到莴笋和油麦菜的种子，也能放到我们的种子博物馆里。

莴笋和油麦菜的种子藏在哪里呢？教师带领幼儿去请教幼儿园里负责菜地管理的阿姨。阿姨告诉大家：要等到花儿凋谢了，花朵变成黑色的才可以收集到种子。目前楼上的莴笋和油麦菜还需要过一段时间才能采收种子。听了阿姨的科普，幼儿犯难了，是要留着过季蔬菜收集种子，还是要种植新的蔬菜呢？

则则：我们可以留一点点莴笋和油麦菜，其他的拔掉。

楠楠：则则你好聪明哦，这个办法可真好。我同意。我们就留三颗吧，只要一点点种子就够了。

阳阳：可是，如果整理菜地的时候不小心全部拔掉怎么办？

则则：可以做记号呀！这样就知道哪些可以拔，哪些不可以了。

师：哪个地方的蔬菜要保留下来呢？

熙熙：我觉得可以留后面角落里的那几棵，这样我们就有更多的位置种新的蔬菜了。

> 莴笋和油麦菜需要等花凋谢后才会开始长出种子，两周之后种子变为黑褐色才能生长成熟，之后还需要经过晾晒才能收集。此外，留种的时候要尽量选择田头地角，这样既通风又不占位置。通过自己的亲身观察和调查研究，幼儿对种子的认识不断累加。留种的这一思路，也为种子博物馆的壮大和生命的循环做好铺垫。

则则的建议得到了大家的一致认同，大家决定用红色绸带把要留种的蔬菜围合做上标记，以免整理菜地时误拔。柠柠、则则、阳阳等几个小伙伴说干就干，带上绸带和剪刀，有的围合，有的剪裁，有的打结，很快就完成了标记工作。

此外，幼儿结合自己的观察，罗列出整理菜地的任务清单。第一，拔掉过季蔬菜和杂草；第二，给土地松土；第三，捡拾垃圾。幼儿带上准备好的工具和预订的计划，开始整理菜地：有的拿出小铲子，有的带上小耙子，有的拎来小水桶，还有的扛起小锄头，大家各显神通，挥汗如雨。

10. 三月，播种啦

阳春三月，正是开地播种的好时节。播种之前，幼儿已提前从种子博物馆里挑选出个头饱满、颜色纯正的南瓜和小白菜种子，并根据自己的喜好选择相应的品种，迫不及待地捧着自己的小小种子出发去田间。临行前，教师提出问题：要怎么播种呢？

> 播种活动的发起人是幼儿，当幼儿缺乏相关的播种经验之时，成人并不是直接给予答案，而是要抓住关键教学契机，让幼儿自主查阅书籍、收集材料、主动询问。一开始幼儿即使有了"问"的行为，也未必是他们真正的想法，可能是被动的从众心理。经过自主翻阅书籍，不同种植经验的碰撞，再过渡到成人经验分享，幼儿能更好地加深对播种知识的了解。

柠柠：奶奶是直接把种子撒在土里的。

熙熙：哈，把那么多种子撒下去会太挤了吧。

芮芮：应该要把种子放在挖好的洞里吧，一个洞放一个种子。

贤贤：种子也可能被小虫子吃掉啊，我觉得还是要多放几个。

师：咱们教室里也有很多关于种植的图书，不如我们一起阅读图书，看看书里有没有藏着播种的奥秘。

教师的提议得到了幼儿的一致认同，大家三两结对自主查找书籍，找寻关于南瓜和小白菜的播种奥秘。

恩恩：我找到了，小白菜的种子就是直接撒到田里的，我们猜对了。

芮芮：如果小白菜小苗长得太密了，我们可以移栽。

则则：我们没有找到南瓜播种的办法，但是我看到有的蔬菜就是要先挖一个洞，再放种子的。

手捧小种子，幼儿在农场找到了有种植经验的阿姨，向她请教。他们发现阿姨已经将土地分成两块区域：一块地的土被翻整得十分平整，上面还有白色的小颗粒；另外一块地每隔一段距离就有一个坑，坑里也有一些白色的小颗粒。看到两种不一样的地面，幼儿赶紧围着阿姨七嘴八舌地追问："阿姨，种子是不是直接撒下去的呢？""种子是一个个放在洞里的吗？""一个洞放几粒种子呢？"……

通过这次的播种活动，幼儿有两点收获：一是对怎么播种有一定的粗浅认识，知道播种可分为撒播和点播两种不同的方式。二是知道植株要保持一定的间距，撒播过密的后期可以间苗。此外，幼儿还发现土地里有白色颗粒，它们的作用是什么呢？每个植株的间距和行距是多少呢？种下的种子多久能发芽？在今后的活动中，教师还要及时挖掘科学、数学在种植活动中的教育契机，让幼儿发现科学数学在生活中的有用和有趣。

经过阿姨的耐心讲解，幼儿明白了，小白菜的种子是直接均匀地撒在平整的田地里，而南瓜的种子则需要在每个洞里放 3～5 粒种子，再在种子上面覆盖一层薄薄的土。听完阿姨的介绍，男孩女孩们四散开来，到各自的田地里播种。女幼儿围站在田地边，将手中的小白菜种子抛撒出去，有的撒得近，有的撒得远；男幼儿则一人占据一个坑位，小心翼翼地点数种子，轻轻放进洞里，用双手将周围的土拨拢整平。三月的第一天，幼儿亲手播撒下种子，相信今后不管是春风扑面，还是春雨润泽，抑或者是春雷阵阵，他们都会想办法助力小种子快快生长，小菜地一定会迎来一片生机盎然的繁荣景象。

11. 浇水新发现

"怎么才能让种子快快长大"成了幼儿最关心的话题。他们提议要经常去给菜地里的种子浇水。于是，幼儿从家里带来了各种各样的浇水工具，如带喷头的洒水壶、塑料瓶子、水桶、尖头水壶。幼儿兴奋地到菜地里为种子浇水。有的幼儿会根据种子的坑位，一个坑一个坑地浇水；有的幼儿不停地甩着水壶，希望水能喷远一些；而有些幼儿总聚在一起浇同一片区域……浇完水，幼儿纷纷谈论着自己的发现。

则则：你们看，前面的地都积水了，还有很多人一直在往前面浇水。

涛涛：是呀，小朋友挤一起，菜地的后面都没路走了，没有浇到水。

坤坤：我们要合作，有的负责前面，有的负责后面，不要挤一起。

贤贤：大家要看一下，浇过水的土壤颜色会很深，干的土壤颜色会很浅。

恩恩：有的水壶浇出来的水是细细的、长长的，只能往一个地方喷。

丫丫：我拿的是带喷头的水壶，浇水来的水像下雨一样，很多细细、小小的水珠。

涛涛：我用的是水桶，一下就倒出很多水，很快就没水了。

师：那你们觉得哪种浇水工具能让土地浇得更均匀？

则则：带喷头的水壶喷出来的水会比较分散，会散到很多地方。尖嘴的水壶一路浇过去，只能浇一小块地。

蔚蔚：菜地里还竖着两根水管，黑黑的头，喷出来的水像喷泉一样。

熙熙：那个是自动浇水器，头会转转转，它能自动洒水。

玥玥：这个浇水器最好用了，喷出来的水细细的，一粒粒水珠，还会喷得很远呢。

> 幼儿是天生的发现者。他们在第一次浇水活动中，不仅体验劳作的乐趣，而且能从简单的浇水事件中，发现许多隐藏的问题并积极思考解决的办法，这样的品质实属难能可贵。同时，也是在这些问题的驱动下，幼儿萌发出制作浇水器的想法。教师鼓励幼儿大胆设计，将自己的想法用表征的方式记录下来，并实地调查自动浇水器，以实际场景支持幼儿进行预想，使得幼儿能更好地构建关于自动浇水器基本构造的认知经验。

静静：可是最里面的有一块地，浇水器喷不到。我们上去看的时候，那块地都是干的。

静静的话一下子引起幼儿的关注，该怎么办呢？于是，幼儿纷纷提议，制作浇水器，能更方便地帮这块地浇水。

12. 自制浇水器

如何制作浇水器呢？幼儿带着问题，和爸爸妈妈到网上寻找关于浇水器的信息，并来园进行交流分享。

睿睿：浇水器的喷头要有很多洞，可以朝上喷，也可以朝四周喷一个圈。

泽泽：浇水器需要有很多水管接起来。

毛毛：我们菜地旁边有个池塘，我们直接从池塘里引水就行了。

就这样，幼儿根据自己的经验，各自设计自己心目中的浇水器，并将自己的想法向同伴介绍，最后通过组内的讨论，进一步完善。

最初的设计图	优缺点
	开心农场的菜地都是土，做支架架水管不牢固。一条水管只流到一块菜地，每块菜地能浇到的水有限。
	接了两条水管浇菜地，可以喷更多的地方。但是菜地离水池很近，没办法做支架。喷头朝向很接近，有的地方会浇很多水，有的地方浇不到水。
	接了太多水管，扭来扭去的，太麻烦了。出水口只有一个，浇水的地方很有限。
	口字形的浇水器可以设置很多喷水口，四周都可以浇水。而且竖起来的浇水器，水可以射很远的距离。但是口字形全封闭了，我们看不到水是流左边还是流右边，菜地上也没办法架高水管。
最终设计图	**优缺点**
	将口字形的浇水器进行改良，水管贴地面搭建，并设计六个出水口，向不同方向喷水，解决不能做支架的问题，并能最大范围地喷洒菜地。

第四章 幼儿园博物教育课程活动实例（上）

确定完设计图，浇水器的制作就这样开始了。

问题一：制作浇水器需要准备什么？

解决策略：

（1）根据设计图，组内讨论所需的材料，并记录下来。

（2）分工收集。

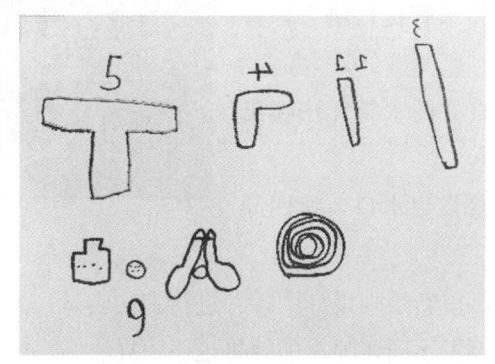

问题二：制作出什么样的浇水器才算是成功的？

解决策略：

（1）组内讨论检验浇水器的标准。

（2）将讨论的结果进行汇总，设计检测表。

（3）根据检测表的内容，检测浇水器是否搭建成功。

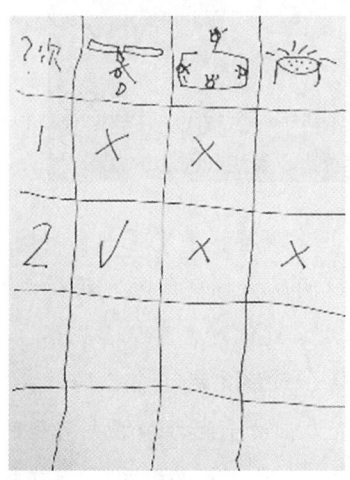

问题三：如何让所有出水口都能均匀地喷出水来？

解决策略：

（1）经过反复尝试，发现：

①出水口离水龙头越近，水流越大；反之，水流越小。

②喷头大小要和水管接口吻合，并用胶布固定。

③压力不够，直立的水管无法喷出水来。

④水管四边均要设出水口，让四周土壤都能浇到水。

（2）根据发现，重新绘画设计图，并进行多次尝试，发现：

①喷头设置的位置不同，喷出的效果也不一样。

②喷头倾斜的角度不同，水喷射的距离也有所不同。

《指南》指出："要支持、鼓励幼儿多观察、多发现、多质疑，主动获取知识，要善于引导，学会自己发现问题、解决问题，获得成功的喜悦。"纵观整个制作浇水器的过程，幼儿经过设计、尝试、观察、反复调整，不断探索和实践，不断改进和完善，最终完成了自己的作品。在这个过程中，他们不仅锻炼了自己的创造力、动手能力和解决问题的能力，还学会了如何团队合作和沟通交流。同时，他们也体验到了失败和挫折，只有不断努力和尝试，最终才能收获成功。

13. 花样浇水器

这次浇水器搭建的成功经验，大大激发其他幼儿尝试搭建的兴趣。幼儿分组、协商，将菜地分成前中后三部分，根据水龙头到菜地的位置不同，不同距离，搭建不同造型的浇水器，力求让每块地都能浇到水。

在搭建的过程中，幼儿对浇水器的认识不断深化，愈发想要更进一步了解浇水器。通过亲子查找网络资料、翻阅书籍，他们发现了在不同环境下，使用的浇水器不尽相同。比如：浇灌大片草坪会使用喷洒式的浇水器，喷水距离或远或高，喷头自动旋转，灌溉面积比较大；灌溉家用盆栽植物，会使用滴灌式的浇水器，这样既能节约用水，还能保持土壤湿度，有的浇水器还能定时；如果是在大棚里喷洒植物，会使用倒挂喷头的浇水器，就像下小雨一样，太好玩了……当了解这么多样式不一的浇水器后，幼儿也想用更多的材料尝试制作不一样的浇水器。

丫丫：我在水池区里玩过引水游戏，我们也可以用那些切面水管将池塘里的水引出来灌溉我们的南瓜。

楠楠：我想制作滴灌式的浇水器，只要装的水足够多，就不用担心我们的菜地会干掉了。

恩恩：我发现我们菜地上有很多绳子，我们也可以把做好的浇水器挂起来。

在本阶段探究浇水器的过程中，家园的有效互动对幼儿的学习和探究起到了积极的作用。亲子查阅资料、自制浇水器等过程帮助幼儿更深入地了解浇水器的种类和用途，发现了管灌、滴灌、喷灌等多种农业灌溉方式。幼儿运用获取来的知识和信息，创造性地实现班级菜地灌溉方式的多样化。在这个过程中，幼儿不仅积累了关于农业灌溉方面的"多一点经验和尝试"，也更加关注菜地植物的生长环境。

于是，他们将自己想法付诸行动，花样浇水器就这样诞生了……

14. 小农夫学堆肥

播种南瓜和小白菜之后，幼儿天天到农场查看长势，发现地里种植的南瓜和小白菜相较班级育苗盆里的蔬菜，出芽更为缓慢。针对这一问题，幼儿在比较种子、种植时间、土壤等各种因素后，发现班级里的育苗盆用的营养土较农场的土壤更为肥沃，便萌发了帮土壤施肥的想法。

师：大家想帮菜地施肥，可是肥料从哪里来呢？

玥玥：可以把挖出来的莴笋和油麦菜烧了，就变成草木灰了。

则则：还可以用鸽子粪。

蔚蔚：我妈妈会自己做肥料，是用烂菜叶、地瓜皮做的，好像还要加一种发酵粉。

幼儿是天生的探索家、行动家。在制作肥料这一活动中，教师鼓励幼儿将主动猜想与调查验证结合起来，让"堆肥"这一陌生的名词走进幼儿的视野，他们从动画片里学习，从书本、网络中查找资料，并主动记录习得的堆肥知识和堆肥步骤，用图文并茂的形式与同伴交流分享。在这一过程中，幼儿思维积极活跃，敢说敢想，为亲自动手制肥料打下基础。

宁宁：发酵粉是什么？是做馒头的发酵粉吗？

淼淼：哦，我在小猪佩奇的动画片里面看到猪爷爷也会做肥料。

柠柠：鸡蛋壳可以捣得碎碎的当肥料。

师：原来这么多种材料都可以用来做肥料，我们到底要选择哪种？肥料又要怎么做呢？

幼儿带着满满的疑问回家，在家长的协助下完成了自己的施肥调查，并主动与同伴交流讨论。幼儿发现人畜粪尿、杂草、过季蔬菜、树叶、鸡蛋壳、厨余垃圾等都可以用来制作肥料，其中，蔚蔚的制肥方法吸引了大家的注意。

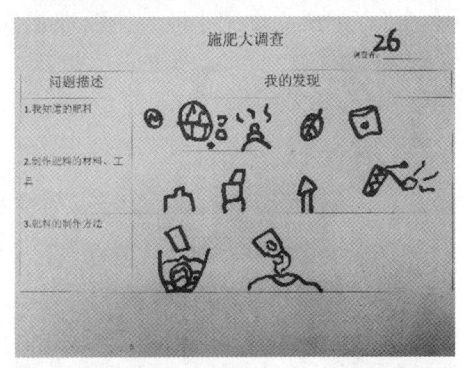

蔚蔚："小度"说可以用水果皮、烂菜叶这些垃圾来堆肥。妈妈说还要加堆肥菌，不是加发酵粉。我找到了两种堆肥方法，一种是三明治堆肥法，一种是波卡西堆肥法。

则则：三明治？是用吃剩下的三明治来做肥料吗？波卡西又是什么？怎么跟我姐姐弹琴的曲子很像。

教师将蔚蔚的调查表投屏在屏幕上，鼓励她大胆介绍两种不同的堆肥方法步骤。

蔚蔚一边指着屏幕，一边介绍：三明治堆肥要先准备一个箱子，先铺一层土，再放果皮菜叶，然后再盖一层土，再铺一层果皮菜叶，就像三明治一层层叠到箱子快满了，最后还要撒堆肥菌。波卡西堆肥不需要用泥土，只要放一些果皮菜叶，撒一点堆肥菌，搅拌一下，再放一些果皮菜叶，撒点堆肥菌，搅拌一下，最后把盖子盖上就好了。

幼儿园里的博物教育

> 幼儿在寻找材料的过程中,能从自己的现实生活入手,搜寻园内园外自己所需的资源,将生活资源转为成课程材料,变废为宝,在感知传统的生产方式的同时,也了解共生原理,感受生态、自然、可持续的生活。同时,在制作肥料时,幼儿按照材料的不同类别,制作成各式不同的蔬菜、水果、混合蔬果肥等,为今后对比不同制肥方法、不同制肥材料埋下伏笔,在多样体验中萌发多元经验。

研究蔚蔚讲解的不同堆肥方法后,幼儿进一步明晰了堆肥的方法,并根据自身兴趣成立堆肥小队,协商堆肥分工,各自寻找堆肥的材料。

第二天,大家带着沉甸甸的"战利品"到班级。一切准备就绪,小农夫们迫不及待开始行动,有的到农场挖土,有的负责将菜叶果皮撕、剪成一小片,有的加堆肥菌,有的则搅拌压实……整个制作肥料的过程中,小农夫们通力合作,按照步骤图认真完成堆肥工作,看着制作好的一瓶瓶肥料,大家露出了欣喜的笑容。

15. 施肥去喽

静静:肥料变成什么样子才能到农场施肥呢?

198

静静的提问引发幼儿的思考，有的觉得要等果皮菜叶都分解光了才能施肥，有的觉得只要变黑了就行。带着疑问，幼儿回去与爸爸妈妈一同查找资料，并将自己查询到的资料梳理出来。

施肥法	变化	肥料
波卡西施肥法	瓶子内有气体	营养液
	水果类肥料有淡淡香味，蔬菜类有臭味	
	果蔬逐渐缩小，变色	
	有水分流出	
三明治施肥法	长出白色霉菌	营养土
	闻起来味道发臭	
	菜叶变黑，逐渐分解消失不见	
	土壤里滋生蚊虫	

盼望着、盼望着，历时一个月，幼儿制作的肥料终于好了，楠楠从材料超市里拿了一个瓶子，小心翼翼地打开堆肥桶的开关，只见绿绿的营养液从桶里慢慢流出来。幼儿目不转睛地盯着营养液流出，期盼能将罐子装得满满的。另外一边宁宁、静静、蔚蔚三人吸取之前的经验，在开堆肥箱之前戴上了口罩阻隔臭味，挽起袖子将营养土上下翻搅，最后装进桶里。

师：肥料做好了，可是要怎么施肥呢？

丫丫：阿姨说不能浇太多的营养液，我们可以用有刻度的杯子。

楠楠：我们有好多棵南瓜和小白菜，一棵要浇多少呢？

一所幼儿园就是一座博物馆。在世界博物馆日来临之际，幼儿终于将心中的期盼变成了现实，将班级的博物馆区搬到幼儿园公共区域一隅，他们分组收集制作海报、合作收集物品、协商布置场地，花费大量的时间和人力物力开办了种子博物馆的临时展区。虽然布展的过程仅有半天，但是前期的准备却长达一周，且因为天气因素影响场地，波折重重。但通过这一次博物日的临时展，我们发现了博物馆公共性的重大意义，今后可多创造互相交流、互相学习、互相借鉴的机会，让幼儿可以交流自己的博物感想，记录自己的博物成长。

涛涛：我们先浇 20 mL 吧，先试一点点看看有没有成功。

丫丫：我支持涛涛的建议，我来负责倒营养液，你们去浇。看，到这个位置就是 20 mL 了。

蔚蔚：营养液有量杯，可是我们怎么测量营养土呢？

苏苏：我们可以用天平或者是电子秤，就知道有多重了。

静静：那样太麻烦了，我们可以用同一把铲子，每次铲一勺。

　　幼儿互相帮助，有的负责拨开层层叠叠的叶子，有的负责倒营养液，有的负责填营养土，齐心协力完成施肥工作，期待蔬菜快快长大。

16. 筹备一场种子博物展

一粒种子从播种到果实成熟，短则一两个月，长则数十载，需要长时间的雨露、阳光。在等待蔬菜长大的过程中，我们迎来了一个重要的节日——"5·18世界博物馆日"。

师：今年的世界博物馆日，大家想怎么玩呢？

睿睿：我们可以把种子博物馆搬到班级外面，这样位置就很大，可以有更多人来看。

柠柠：太好了，上次种子博物馆开馆的时候我的朋友没来，这次我可以邀请她一起来玩。

师：种子博物馆可以搭在哪里？你想用什么搭？

芮芮：我觉得可以在升旗台的操场那边，很宽敞。

玥玥：可是我看天气预报，最近都会下雨。如果我们的种子淋雨了，就很容易坏了。

丫丫：走廊和操场都是空空荡荡的，没有桌子椅子，没有柜子。

达达：我们可以把篮球场上面的轮胎、梯子都拿下来。

静静：积木、木板、桌子、椅子、柜子也都需要搬，我们要先画好设计图。

针对教师提出的问题，幼儿进行了实地勘探，鉴于博物馆日是一个全园性的活动，综合分析天气、场地、采光等各种因素，经过多方协调和走访，最终幼儿将场地确定在一楼的廊道，并根据原有的种子种类分成五个小组：水果队、小种子谷物队、彩虹树小队、香香队、蔬菜QQ队，每组分头设计海报。

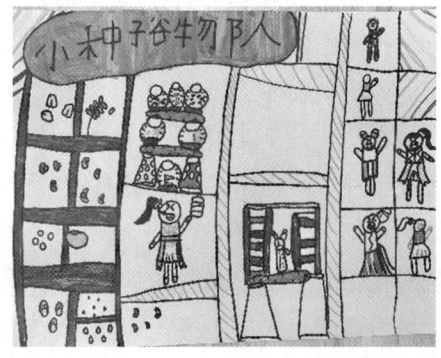

每个小组根据自己的设计图，从篮球场、操场、班级、结构室、材料超市等不同的位置选取适宜的材料，有的滚轮胎，有的抬梯子，有的摆瓶子，有的整理展柜，还有的放置展板。

　　昕昕：这边我们摆水果种子，另外一边摆水果，客人来的时候，我们可以玩猜种子的游戏。

> 　　幼儿的博物展里，一粒种子，一张图片，一朵花，一个水果，一片叶子，都是他们珍视的宝贝，是他们生活的记录和见证，对他们来说，价值也许一点儿也不比文物"逊色"。在筹备种子博物馆临时展的过程中，家长、老师、幼儿、学园四位一体，共同朝着同一个目标前进，形成强大的家园合力。当幼儿变身"小小收藏家"多渠道收集、多样化展示、多感官参与创建出一个专属我们的种子博物馆时，馆区里童趣化的讲解、互动性的体验、直观式的藏品，让博物之美好定格在每个幼儿心中，弥补了班级博物馆的遗憾，给童年画上浓墨重彩的一笔！

　　楠楠：只有看的种子我觉得还不行，我们也要有种子游戏。这样客人来了才能发现种子的有趣。

　　在幼儿的齐心协力下，大家终于完成了种子博物馆临时展的布置工作，每个人都是满头大汗，汗流浃背，可是当他们看到自己布置的展区时，脸上纷纷露出开心的微笑，迫不及待地

和自己的成果合影，期待参观者的到来。

终于到了最激动人心的正式开馆环节，每一组的讲解员都热情接待来访的客人，认真地介绍自己认识的种子。

宁宁：我带来了羊蹄甲和鱼尾葵的种子。羊蹄甲的叶子长得像羊蹄的脚印，鱼尾葵的果子有的不可以吃。我把这两种特别的种子和它们的叶子都带来了，装在托盘里让大家瞧瞧。

丫丫：这里有红豆、绿豆、黄豆、黑豆、稻谷、小麦、玉米等各种谷物的种子，它们的形状、颜色、大小各不相同，但是都是很有营养的，多吃谷物可以让我们精力充沛。

则则：你知道苹果的种子是哪一个吗？你能找到柠檬的种子吗？请你自己选择喜欢吃的一种水果，猜猜它的种子藏在哪里？

柠柠：蔬菜的种子很多都是小小的，但是有的是黑色的、有的是白色的、有的是粉色的。这里有香芋南瓜、贝贝南瓜、奶油南瓜、红栗南瓜、黑栗南瓜等各种不同的南瓜种子，它们都不一样哦。

静静：美丽的花儿香香的，客人们可以到这边来看看花的种子，也可以走进来看看真的鲜花哦。

泽泽：比赛开始，要用筷子夹种子哦，不可以用手。加油加油！

客人们认真倾听讲解员的介绍，跟随他们的指引驻足于不同的展区，时而蹲下欣赏，时而弯腰观察，他们对种子

的好奇慢慢生发，而讲解员们对种子的情感也愈加深厚……

活动后记：幼儿和一粒粒小种子以及和自己创建的种子博物馆的故事还在继续，他们期盼着楼上种植的南瓜、小白菜能迎来大丰收，期盼着能在毕业前夕亲手采摘蔬菜、烹饪美食，并将精挑细选，选取最饱满的"种子"进行清洗晾晒，回归种子博物馆，在种子博物馆里留下属于自己的独特印记……

七、主题小结

种子，在日常生活中随处可见：在品尝美味的瓜果时，可见形形色色的种子；在农场播种时，可见大大小小的种子；无论是春种或者是秋收，都可以看到种子的身影。在"种子博物馆开馆了"这一主题中，我们将生活中微小的种子与博物架起连接，让儿童在创建种子博物馆的过程中，探秘自然，传承博物。

1. **博物致知，自主学习**

（1）深入观察种子，广泛了解博物

博物教育强调对儿童"博物意识"的培养。博物意识除了有广度，还要有深度，种子除了有种类之多，还有类别之盛，内涵之丰。从种子到植物，从静态到动态，从园外到园内，从室外到室内，在家长的帮助下，幼儿到大自然里亲手触摸、嗅闻和观察各种各样大大小小、形态颜色质地各异的种子，欣赏它们的独特与美丽；在种子博物馆里，他们沉迷于探索种子的生长密码，解剖种子，观察种子的内部构造，发现生命的神奇与奥秘；在开心农场上，他们亲手松土、播种、浇水、施肥、除草，让微小的种子焕发无限的生机，见证种子的一生。

（2）积极参与创馆，自主探寻奥秘

每个儿童都是积极主动的学习者，在参与博物课程时，他们化身一名小小博物人，乐收藏、懂礼仪、勤探究，将博物的种子根植于心。在创馆过程中，他们遇到"创建什么博物馆""怎么让博物馆更好玩""博物馆里的藏品怎么摆"等一系列问题，每个人大胆提出自己的建议，为种子博物馆的创立出谋划策；在布置展区时，能结合所学将单双数、有规律排列、架空、垒高、对称等数学知识有机融入，让博物陈设更具有层次感和新鲜感；在丰富展馆时，能主动解剖各种不同种类的种子，充分利用显微镜、放大镜等辅助工具比较单子叶和双子叶植物种子差异，探寻种子里蕴藏的生命奥秘。

（3）多样记录发现，思维关联活动

在参观博物馆、分享调查表、萌发创馆意愿、设计调整博物馆这一系列活动中，每一次儿童都能用照片、视频、绘画、符号甚至是简单的文字记录自己的发现，通过分析博物记录和师幼聊天互动，我们从中可以发现儿童从走马观花地浏览到对藏品二维码的细节关注，从观察种子的外形特征到深入了解其背后的故事，从单一的藏品分类陈列到有层次的情境摆放……他们的思维关联更多活动，记录更加丰富，学识愈加广博。

2. 有效指导，多方支持

（1）紧扣博物本质，拓展儿童视野

博物的本质就是比一般的普通教室学习"再多一点""再广一点"，因此，博物教育的核心在于拓展儿童的视野、经验和活动。教师在博物教育课程实施之中，通过亲子参观博物馆、线上云参观、调查问卷交流等不同的方式，让儿童走出教室，看见更为广阔的天地；提供足够的空间、材料、时间，让儿童在反复多次的协商、讨论、合作中了解种子的种类、结构、生长等知识，学习用发展的眼光看待静态的种子，让儿童亲身参与种植，感知生命的轮回。

（2）关注藏品种类，注重整合空间

种子是静态的，只有其被充分利用，才能产生真正的经验。教师在引导儿童创设博物馆的时候，减少对种子数量多少的需求，更侧重于关注种子的种类和结构，挖掘家长资源，引领儿童从山间、田地、日常生活、市场等不同渠道收集种子，并鼓励其讲述、探寻不同种子背后隐藏的故事，力求通过不同的种子材料带来不同的知识经验。此外，教师打破传统思维局限，让儿童真正参与到博物馆的设计和建设中：提供形状、大小不一的容器供幼儿摆放适宜的种子；尊重儿童不断调整更新种子摆放位置的意愿，避免长时间重复单一的陈设；增加展板、表征的展示，让有限的空间有最多元的呈现。

（3）遵循儿童意愿，支持博物游戏

开展博物教育,让儿童自然浸润在大自然赠予的一草一木之中,学会关心生命,关注当下,回归天性,这其中除了要有小组学习、亲子采风、集中教学外,更少不了游戏的作用。博物教育并不是强调知识学习的高结构教育,而是在不同情景中对知识的再加工和创造。将博物教育与游戏融合,让儿童利用"物"之"博"设计游戏,并在游戏之中发现了不同种子质量、形状、内部构造的差异,体现其识"物"能力和用"物"之"术"的提升。

(本案例由泉州市温陵实验幼儿园廖婉婷、曾佳音老师提供)

第五章　幼儿园博物教育课程活动实例（下）

本章所呈现的博物教育课程活动实施实例，依然是以主题活动为主，不过在记录格式上采用课程故事的形式，即博物教育课程故事。采用博物教育课程故事这一文体格式更突显课程实施中幼儿的经验获得。我们认为，关注幼儿在博物课程活动中有新的、多一点的有益经验的获得，这更能彰显幼儿园课程促进幼儿身心发展的特质。

小班博物主题活动：罐罐乐园

一、主题由来

一天，幼儿在散步的时候看到幼儿园的闽南文化馆里的各种高低不同的罐子，纷纷讨论开了："我家里也有这种罐子，是用来装茶叶的。"有的说："家里是用塑料罐装的。"有的说："我家里的罐子有一个爱心的图案。"……从幼儿你一言我一语的自由讨论中发现，幼儿所关注的是罐子的用途、罐子的材料、罐子的图案。罐子是日常生活中常见的物品，种类丰富，也易于收集，罐子属于低结构材料，可玩性强，可开展多样化的活动，带给幼儿多元的经验，包括有关罐子的博物经验。于是，我们决定以罐子为活动载体，围绕罐子开展系列的博物活动，博物主题定为"罐罐乐园"，并在搜索罐子的过程中，带着问题去探究罐子的外形特征、种类、用途等，激发幼儿对身边事物的兴趣、体验变废为宝带来的乐趣。

二、主题实施过程

第一阶段：罐罐大搜索

活动一　罐罐知多少？

幼儿天生对各种罐罐充满好奇心和探究欲，我们顺应幼儿的兴趣和经验，开始发动家长和幼儿收集各种不同用途、不同材质、不同图案的罐子，他们从家里收集了各种各样的罐子，在一袋袋罐子里夹杂着少许的瓶子，幼儿互相交流着罐子的用途、材质、图案、形状。

航航：我找到了很多罐子。

悦悦：我找到很多塑料罐。

航航：我找到很多铁罐。

师：太棒了，你们找到了不同材质的罐子。

悦悦：我找到 4 个罐子。

航航：我和妈妈找到了 6 个罐子。

师：你们的眼睛真亮，数得真仔细。

雅雅：有 3 个是硬的罐子。

航航：我有 3 个软的罐子。

雅雅：我一共找到了 5 个罐子。

师：讲得真好，不仅数出了罐子的数量，摸出了罐子的软硬，还能正确地说出总数。

辰辰：那个软软的瓶子是矿泉水瓶，不是罐子……

【经验获得】

1. 知道生活中有很多罐子，初步了解罐子种类的多样性。

2. 愿意参与收集罐子，并体验利用罐罐开展活动的乐趣。

【教师的思考】

这是幼儿第一次收集罐子，他们对罐子虽有一定的生活经验，但大部分幼儿对罐子和瓶子的区别，以及种类与用途等相关认识还有待进一步丰富。有了这么多的活动材料，可以为后续的探究活动做好铺垫。紧接下来我们拟先引导幼儿探究罐子、瓶子的不同特征。

活动二　我找到罐子啦！

"到底什么是罐子？""罐子和瓶子有什么不同？""它们有一样的地方吗？"带着疑问，幼儿讨论开了。

文文：瓶子很高，罐子比较矮。

玉玉：不对，有的瓶子很矮。

阳阳：有的罐子很高。

师：你们观察得真仔细，既有高的瓶子、罐子，也有矮的瓶子、罐子。

康康：我们家的糖果是装在塑料罐里的。

阳阳：我们家有很多空矿泉水瓶。

玉玉：装油的也是瓶子。

毅毅：很多塑料瓶子是用来装水的。

康康：塑料瓶子也可以用来装饮料。

师：讲得真好，不仅说出罐子和瓶子的材质，还说出它们的用途。

钧钧：罐子的身体很大，嘴巴也很大。

玉玉：瓶子的身体细细的，嘴巴小小的。

钧钧：我们家有一个花瓶，身体是大大的。

宸宸：我发现罐子的嘴巴比较大。

钧钧：我发现瓶子的嘴巴比较小。

师：你们真棒，发现了罐子和瓶子的外形特征是不一样的。

晨晨：我发现它们都可以用来装东西。

【经验获得】

1. 初步观察和发现罐子的明显特征，体验发现的乐趣。
2. 能运用简单句与同伴交流自己玩罐子的发现。

【教师的思考】

在活动中，我们发现幼儿对罐子的认知经验不仅越来越丰富，还能在分类过程中初步发现两者的不同之处，如罐子的口相对来说比较大，罐子的身体也很大，家里有很多圆筒形的罐子，罐子可以装大一点的东西，主要是用来装东西。瓶子的口相对来说比较小，颈细肚大，很多瓶子是用塑料和玻璃做的。接下来，我们将通过罐子的再收集，看看幼儿对罐子和瓶子的认知程度，也为了丰富罐子的种类，为创建班级罐子博物区做准备。

活动三　罐罐再收集

为了了解幼儿对罐子的认知情况，我们发布了"罐罐收集令"，让幼儿带着自己对罐子的认知再次收集罐子，这次的收集跟上次不同，我们不仅请幼儿收集罐子，还分发了调查统计表，让幼儿通过找一找、画一画的形式初步表征自己对罐子的认知，还请他们和爸爸妈妈通过手工的方式将罐子大变身，在感知罐子外形特征的同时，利用变废为宝的方式感知罐子的有用。第二周，幼儿从家中再次收集罐子，并将喜欢的罐子大变身后带到幼儿园，与同伴交流自己找到的罐子和调查统计情况。

欣欣：我找到了圆圆的罐子。

阳阳：我最喜欢圆形的糖果罐。

欣欣：可乐罐和奶粉罐也是圆圆的。

悦悦：罐子有很多形状。

欣欣：有的是圆形的。

悦悦：有的是方形的。

师：观察得真仔细，你们发现了罐子的形状不同。

阳阳：我找到了很多罐子。

欣欣：它们有的大，有的小。

悦悦：我们家有2个奶粉罐。

悦悦：它们1个大，1个小。

欣欣：罐子有的硬，有的软。

师：除了发现罐子的大小，你们还发现了罐子的软硬。

嘉嘉：罐子可以用来搭建高高的城堡。

乐乐：大大小小的罐子都可以用来搭建。

芯芯：我画的是圆圆的罐子。

芯芯：里面可以装我爱吃的糖果。

211

师：你们的想法真好，除了发现罐子可以用来装东西，还发现了罐子可以变废为宝，用来搭建城堡。

【经验获得】

1. 了解常见罐子的形状和用途，能用简单的线条表现罐子的外形特征。

2. 愿意用语言表达自己的发现，能够手口一致点数5个罐子并说出总数。

【教师的思考】

从幼儿"再收集"罐子的情况看，他们对罐子有一定认知经验后，拿到幼儿园的罐子中不再夹杂着瓶子，从幼儿的谈论中可以看出，他们对罐子的形状、收集的数量、罐子的软硬、罐子的用途等的认知经验越来越丰富。在收集罐子的时候，他们不仅知道了罐子和瓶子的区别，还知道了罐子有大有小、有软有硬、有各种形状。在找罐子、自由叠高罐子、和爸爸妈妈用手工的方式将罐子大变身、用简单线条表征自己喜欢的罐子的过程中，幼儿愿意大胆地用语言表达自己的发现，通过分享自己与罐子互动经验，不仅知道了罐子可以用来搭建，进一步了解了罐子的外形特征，还知道了罐子可以变废为宝，体验了发现的乐趣。

活动四 我们的博物区

经过两次的收集，班级里的罐子越来越多，这么多罐子该怎么办呢？幼儿曾在小班上学期了解班级博物区的布置方法，有了一定经验，现在他们自然而然地想到了要把罐子布置到博物区。

阳阳：我们可以把罐子放在博物区。

师：这么多罐子，我们该怎么布置呢？

阳阳：老师可以帮我们打印一些图片吗？

南南：这样我们就知道这些是什么罐子了。

阳阳：还可以给我们准备一些字。

南南：这样大人就知道这些是什么罐子了。

阳阳：以后拿出来玩，看图片就知道放回哪里了。

需要帮幼儿打印什么文字和图片呢？经过讨论，刚开始，幼儿觉得可以按大中小来分类，可是发现罐子很多，架子上的格子比较小且格子比较多，按大小进行分类的话摆不下，经过再次的协商，大家赞同按罐子的材质进行分类。于是在协助下，大家把罐子分成了铁罐、塑料罐、玻璃罐和陶瓷罐。

分类结束后，幼儿又发现了新问题。

阳阳：塑料罐太多了，该怎么办呢？

南南：我们把好看的罐子留着，把剩下的罐子放在结构区。

在老师的帮助下，大家一起将图片和文字贴在架子上，又挑选了幼儿认为好看的塑料罐。南南把4个塑料罐随意地放在架子上。

师：怎么摆放塑料罐才能让架子看上去更整齐？

阳阳：可以按大到小放。

南南：高的放左边，接着放矮一点的。

我们的博物区在大家的共同努力下，终于布置好了。

【经验获得】

1. 能根据罐子的材质、高矮、大小进行分类。
2. 尝试布置博物区，体验合作的乐趣。

【教师的思考】

博物主题活动的顺利开展，离不开材料的收集，博物区藏品的收集过程本身就是一个学习的过程。经过一阶段的罐子收集，在分类整理与布置时，幼儿对罐子的分类、整理和布置方法有一定的经验，能按罐子的材质、高矮、大小进行分类以及懂得用图片展示的好处。当然博物活动不是以收集为最终目的，而是在收集的基础上引导幼儿进一步观察、探索。随着主题的开展，幼儿的兴趣点也在不断转移，我们会根据他们的需要，有侧重地引导他们再次收集，并以物化的材料收集为载体，以幼儿的兴趣为抓手，让他们在与材料的互动中深化与推进活动。

活动五　特别的罐子

随着班级博物区的建立，幼儿掀起了收集罐子的热潮，家里一有闲置的罐子，就迫不及待地带到幼儿园向同伴和老师展示和介绍。班级里各种材质的罐子越来越多，博物区的罐子种类也越来越齐全，幼儿的游戏材料也越来越丰富。

一天，悦悦带来了一个陶瓷茶罐，这个罐子的材质和外形特征相对于常见的铁制和塑料制的茶叶罐来说，非常的特别。悦悦对淳淳说："这个罐子是我爷爷用来装茶叶的。"悦悦和淳淳的讨论声吸引了旁边的小朋友，幼儿围了上来，悦悦说："这个罐子很特别，它的盖子拔一下就出来了。"旁边的小朋友有的说："这个罐子好特别，我没见过。"有的说："这个罐子跟古代的陶瓷罐有点像……"随着幼儿的讨论，他们的兴趣也在不断地迁移，开始对特殊用途的罐子和古代的罐子产生了兴趣。

第二天，在家长们的协助下，幼儿分头行动，有的从家里收集了特别的罐子、有的找到了古代罐子的图片、有的找到了特殊功能罐子的图片、有的

收集了仿真的古代陶瓷罐。大家围着收集到的材料开始讨论。

师：你喜欢什么罐子，为什么？

南南：我最喜欢拔火罐，它太有趣了。

欣欣：我喜欢竹罐，因为它很好看。

悦悦：我喜欢拔火罐，因为它可以帮人治病。

晨晨：我喜欢古代的罐子，它的花纹太美了。

松松：古代罐子的盖子跟现在的不一样。

嘉嘉：这个陶瓷罐的罐子好特别呀。

南南：盖子上面有个人，好特别。

思思：你们快看，我的罐子上有青花图案。

宇宇：上面的图案好漂亮。

思思：这是个陶瓷罐，很重。

宇宇：这个罐子很像古代的罐子。

师：罐子有各种各样的，古代主要用陶瓷罐，现在除了陶瓷罐，还有玻璃罐、金属罐、塑料罐等等。罐子的用途有很多，在生活中，主要是用来装东西的，有一些特殊的罐子可以用来治病，非常的神奇。

师：你们觉得要把这些罐子和图片布置在哪？

阳阳：可以把罐子放在博物区。

文文：我们可以把图片贴在墙上。

悦悦：这样，我们想看就可以去看了……

【经验获得】

1. 了解生活中特殊罐子的用途。
2. 知道古代罐子跟现代罐子的异同。
3. 乐于分享自己关于罐子的经验。

【教师的思考】

班级博物区的藏品不是一成不变的，它是根据幼儿的兴趣不断调整和变化的，如引导幼儿以展橱和展板等多样的展示方式，充实了博物区中关于特殊罐子和古代罐子不一样维度的藏品；并能够根据幼儿的兴趣和需要，引导幼儿用图片和实物的方式分享，及时帮助幼儿了解古代罐子的外形特征、花纹，知道了现代人常用轻便的塑料罐、铁罐等代替古代陶瓷罐。在整个博物区的创设的过程中，教师能够根据幼儿的兴趣不断调整藏品的内容，使幼儿在与多种罐子的互动中不断产生新的需求，在观察、多次收集的过程中不断探索出课程的生发点，实现主题活动推进与博物区创设的有机结合。

第二阶段：罐子城堡诞生记

活动六　罐子倒塌了

我们和幼儿布置完博物区后，将剩下的大部分罐子放到了结构区，放在结构区的罐子种类比较多，有的软、有的硬、有的高、有的矮、有的大、有的小。自主区域活动开始了，幼儿拿起了大大小小的罐子开始玩起了搭建的游戏。

希希：这两个瓶子是我带来的，我要用这些瓶子搭建。

悦悦：我们一起建城堡吧。

希希：我要用圆形的罐子搭建高高的楼。

南南：我也要建高高的城堡。

两个小朋友从箱子里找到了自己喜欢的小罐子，开始玩起建高楼的游戏，希希先将一个黄色较高的罐子、一个绿色较矮的放在下面，又在上面叠了一个小的牛奶罐和一个较大的王老吉罐子，接着她将三个黄色的罐子放在底层，并用围合和架空的方法将两个一样大的罐子放在下面，又往上叠了两个一样大的可乐罐，正当她想继续往上搭建时，"哐当"一声，罐子城堡倒塌了。

一旁的南南则拿起了大的奶粉罐，对着希希说道："奶粉罐很重，不会倒塌。"南南和希希重新用大奶粉罐搭建城堡，他们将奶粉罐一个一个地往上叠高，不一会儿，他们就搭建好了。林林转身的时候不小心碰到了奶粉罐，奶粉罐搭建的城堡也倒塌了。

希希：这个像一根圆圆的柱子，不像城堡。

【经验获得】

1. 尝试运用垒高、围合等技能用各种罐子搭建城堡。
2. 能关注罐子的外形特征，在搭建中感受重心与平衡。
3. 积极参与游戏，体验搭建游戏活动的乐趣。

【教师的思考】

在游戏中，幼儿乐于尝试用大小不同、高矮不同的罐子搭建城堡，当遇到"罐子倒塌了"的问题后，他们又尝试寻找了大小、高矮较为一致且比较重的奶粉罐进行搭建，在搭建的时候能关注到罐子的外形特征。接下来，我

们将顺应幼儿的兴趣，继续发动罐子收集令，让幼儿和家长们帮忙收集硬一点的罐子，并和幼儿讨论，引导幼儿分类后将这些较硬的罐子投放到建构区。

活动七　城堡不牢固怎么办？

上一次游戏中，幼儿碰到了城堡倒塌的问题，用什么材料才能搭建出牢固的城堡呢？经过讨论，大家觉得硬一点的奶粉罐、王老吉罐、旺仔牛奶罐等适合搭建，而且要找到一样大的罐子，于是新的搭建活动开始了。为了增加搭建的趣味性，我们设置了"搭建城堡拯救小动物"的游戏。

林林：我们用大罐子搭建吧。

阳阳：大罐子放在下面，小罐子放在上面。

游戏开始了，林林和阳阳用架空和延长的方式用奶粉罐搭建了四层城堡，又拿起小罐子往上进行搭建。

林林：小罐子太多了，要倒下来了。

阳阳：我们再放一个大的奶粉罐。

林林：还要放一些小的罐子。

阳阳随手拿了一个奶粉罐往上搭建，建完后他着急地说道："快看，这个罐子倾斜了，要倒了。"

班级里刚好有一些纸皮，文文和悦悦运用围合的方式进行搭建，他们把大的奶粉罐放在下面，接着放了一些小罐子，再放大圈的纸皮和小圈的纸皮。

文文：我们可以解救小动物啦。

悦悦：不行，城堡快倒塌了。

文文：小动物有危险……

【经验获得】

1. 运用垒高、围合，初步尝试架空等技能搭建城堡。
2. 能关注罐子材质的软硬、轻重、大小，体验合作搭建的乐趣。

【教师的思考】

在游戏中，幼儿吸取了上一次游戏的教训，即要用硬一点的罐子进行搭建、大的罐子要放在下面、小的罐子放在上面、城堡要建大一些等，他们根据自己的发现和需求调整材料，运用已有的经验进行尝试，并在尝试验证的过程中，能够互相交流和分享自己的发现和思考，与同伴协商、分工与合作，共同完成搭建任务。本活动中，教师通过材料和场地给幼儿活动提供支持的同时，也向幼儿提出新的挑战，促使幼儿开动脑筋解决问题。下一步，教师将引导幼儿除了关注罐子的大小、轻重、软硬外，还关注罐子的高矮。相信在材料、场地、教师的支持下，幼儿的每一次努力都会离成功更近一步。

活动八　如何建一座牢固的城堡？

上次游戏后，老师利用图片分享的方式，引发幼儿讨论："用硬的罐子搭建城堡为什么会倒塌？"有的说："罐子放歪了，就会倒。"有的说："要用大罐子搭建比较牢固。"有的说："不要把纸皮叠放在一起，要分开。"有的说："要用一样高的罐子搭建城堡才不会倒塌。"

第三次游戏开始了，幼儿选择了奶粉罐和纸皮，嘉嘉搬来了7个奶粉罐，用围合的方法将奶粉罐放在了第一层，阳阳拿了一个圆形的纸圈，并将纸圈放在奶粉罐的上面，接着文文搬来了4个罐子，阳阳拿了一个纸圈放在了4个罐子的上面，他们互相合作，接着往上依次放了3个罐子，放完3个罐子后，文文拿了一个圆形的纸皮放在了罐子的上面，半边的纸皮倾斜了，她着急地叫阳阳再拿一个纸圈,接着他们依次往上放了2个罐子、1个罐子。

悦悦:城堡的柱子歪来歪去的。

阳阳:城堡还是有点不稳……

【经验获得】

1. 能对罐子按大小、高矮进行分类。
2. 能点数每一层楼使用的罐子数量。
3. 愿意与同伴交流自己的发现。

【教师的思考】

在游戏分享前,教师创设了分享讨论的机会,让幼儿进一步分享了搭建城堡的方法,幼儿在观察探讨中发现了:搭建时罐子要摆正、用大罐子搭建比较牢固、要巧用圆形纸皮、同一层楼所用的罐子要一样高。有了经验的分享,幼儿开始积极主动地验证想法,虽然城堡越来越牢固、越来越高,但是他们又遇到了新的问题:"城堡还不够稳""城堡不够美观"。下一步,我们将利用经验分享、视频、图片等方式,引导幼儿了解建筑中柱子的建造方法。

活动九　一座又高又牢固的城堡

如何搭建一座又高又稳的城堡?老师利用图片和视频,让幼儿欣赏了建造柱子的相关视频和图片,幼儿讨论开了,有的说:"大的柱子会让城堡更加牢固。"有的说:"奶粉罐的高矮不一样,会让城堡不稳固。"还有的说:"可以在矮的奶粉罐上放一块东西,它们就可以一样高。"有的说:"柱子之间的距离要差不多,不然城堡会不稳。"还有的说:"上下层的柱子要连接在一起才能让城堡更牢固、更好看。"经过分享交流后,幼儿带着已有的建构经验和从图片、视频中学习到的新经验开始验证自己的想法。念念搬了奶粉罐和纸皮开始建造城堡,她挑了挑奶粉罐,将4个一样高度的奶粉罐放在第一层,接着按此方式建造城堡的第二层、第三层、第四层……不一会儿,城堡建好了，念念成功地解救了小动物，露出了兴奋的笑容。

阳阳、佳佳和希希则选择了另外一种搭建方式，他们先将高度一致的奶粉罐放在第一层，接着用高矮不一的罐子开始建第二层。在建第二层时，他们遇到了罐子高矮不一致的困难，阳阳从百宝箱中找到了纸皮，他把纸皮放在矮的罐子上，再接着往上叠罐子，发现不一样高矮的罐子变得一样高了，按此方式他们又建了第四层、第五层……不一样的搭法，也成功地解救了小动物。

【经验获得】

1. 能仔细观察罐子的外形特征，探索让罐子变一样高的方法。
2. 尝试用不同的方法搭建城堡，体验成功的喜悦。

【教师的思考】

在此次游戏中，幼儿能吸取前几次建构经验，在搭建时不仅关注了罐子的高矮、罐子的大小、罐子承重力与大小的关系，还积极主动地寻找材料，探索让罐子变得一样高的方法，同时在搭建过程中也锻炼和提高了合作与交往能力。当然，城堡的建造方法和建造的材料多种多样，为了支持幼儿进一步深入探究和学习，接下来，我们也将增加材料，如不同形状的纸皮、碳化积木、纸箱等，让幼儿继续探究城堡的搭建方法，希望他们能在后续活动中畅玩、乐学。

第三阶段：一座通往城堡的桥

活动十　从长路到长桥

一次自由交谈中，阳阳说道："我去过方特，里面有很多城堡。"涵涵说道："我也去过，去城堡的路太远了。"去城堡的路是什么样子的呢？他们的谈话吸引了旁边小朋友的兴趣，大家决定画一条去城堡的路，说完，几个小朋友便把自己的想法画了下来。

宸宸：我的城堡是"监测"城堡。

阳阳：我画的城堡旁边的路很长。

嘉嘉：可以开车到城堡。

毅毅：要经过弯弯的路才能到城堡。

分享的时候，阳阳说道：城堡在很远的地方，我们要去城堡得经过一条很长很长的路。

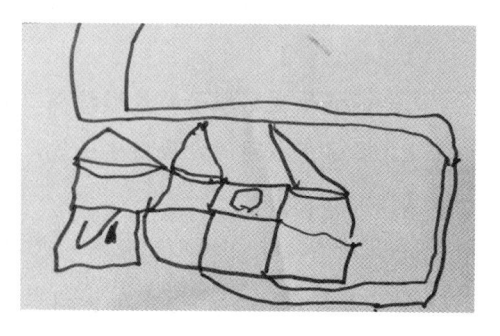

很长很长的路要怎么搭建呢？有的说：爸爸上次带我去方特城堡时经过了田安大桥。有的说：我知道还有泉州大桥。有的说：我们去玩的时候经过了刺桐大桥。

师：长长的桥怎么建？

婧婧：可以用长条木块搭建桥。

凌凌：可以用罐子搭建桥。

师：用罐子和长条积木如何搭建桥？

婧婧：罐子放在下面。

凌凌：把长条的木板放在上面。

幼儿到户外寻找材料，他们搬来了长条积木和奶粉罐，将两个奶粉罐并排放在地上，又找到了长条的木块，将木块放在两个罐子的中间，按此方式，不一会儿，长长的桥就建好了。

活动后，老师请小朋友分享建桥的经验，有的说：这条桥好长呀！有的说：桥没有连接好。有的说：有的桥是弯弯的……

【经验获得】

1. 能用简单的线条设计通往城堡的路。

2. 尝试用延长、铺平、架空等方法搭建长桥。

3. 乐于与同伴分享自己认识的桥。

【教师的思考】

在游戏前，幼儿用简单的线条表现了去城堡的路，向同伴介绍了自己所设计的行驶路线。在经验分享时，有幼儿介绍了泉州大桥、刺桐大桥等，引起了幼儿对桥的关注，于是，他们便生发了建一座长长的桥的想法。在搭建长桥时，幼儿运用了铺平、延长，以及超乎小班水平的架空技能等，建构出了自己喜欢的桥。在游戏的最后，幼儿又提出了可以建造弯弯的桥。接下来，老师将顺应幼儿的想法，从材料上进一步支撑幼儿建桥——多提供长条积木、弯弯的积木、罐子等，支持幼儿验证自己的想法。

活动十一　弯弯的桥怎么建？

为什么要建弯弯的桥？如何建一座弯弯的桥呢？有的说："可以让更多的车通过弯弯的桥。"有的说："可以用弯弯的积木建桥。"

幼儿搬来了长条积木、弯弯的积木、罐子等材料，他们先把长条积木放在罐子的上方，建了一段长桥后，把弯弯的积木连接在长积木的末端，一旁的林林则拿起了一根水管积木，说道："我是检修工人"。嘉嘉和宗宗一边建，林林则拿着水管一边敲，不一会儿，弯弯的桥建好了。林林搬来了纸皮，一边把纸皮放在了桥的下面，一边喊道："你们快来看呀，桥下面有很多水。"

分享时，有的说："桥墩有的多有的少。"有的说："这样水就没办法流出去了。"有的说："下大雨的时候，桥会被冲垮……"

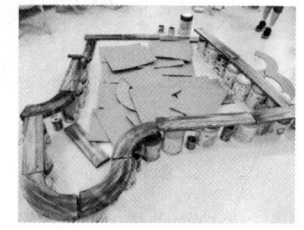

【经验获得】
1. 能自主选择合适的积木和辅助材料搭建弯弯的桥。
2. 能以物代物进行游戏，有初步的合作意识。

【教师的思考】
游戏中，幼儿选择用罐子、长条形积木与弯弯的积木进行组合的方式搭建桥，在建桥的过程中，他们吸取了上一次桥面连接不紧密导致桥面断裂的教训，创造性地运用了以物代物的方式，把水管积塑作为检修的工具，用边建边检修的方式，以保证顺利搭建好弯弯的桥。在建好桥后，他们又迁移了生活经验，将纸皮当作水，放在了地板上。在分享时，幼儿遇到了新的问题："如何建一座可以排水的桥？"接下来，我们将通过视频分享、经验交流等方式，引导幼儿探究桥的搭建方法。

活动十二　可以排水的桥怎么建？

上次游戏后，老师让小朋友们欣赏了安平桥、洛阳桥、田安大桥、刺桐大桥等泉州周边的桥，并引发思考。

师：这些桥的桥墩是什么样子的？

阳阳：桥墩是分开的。

安安：水可以从桥墩流出去。

宇宇：桥墩之间的距离差不多。

师：可以排水的桥怎么建？

阳阳：罐子可以分开一点。

他们搬来了长条的积木，将长条积木架在 2 个罐子的上方，按此方式将罐子依次排开，不一会一座可以排水的矮桥就建好了。南南将 3 个罐子叠高后，把长木条放在了叠高的罐子上，说道："我的桥洞很高、很大，桥洞里可以流出很多水。"

分享时，有的说："这座桥可以排水了。"有的说："桥有的高、有的矮。"有的说："刺桐大桥上的车可以绕来绕去的。"有的说："我知道那是立交桥……"

【经验获得】

1. 愿意大方地与同伴分享自己跟桥有关的经验。
2. 能用规律排列的方式建造桥墩。

【教师的思考】

游戏中，幼儿能迁移上次游戏的经验，巧妙地用长条积木的长度控制桥墩之间的距离，让桥墩不仅看起来美观，而且能够让水顺利地从桥墩中排出去。他们还发现了可以将罐子垒高建造高桥的方法。当然在游戏的过程中，他们又遇到了新的挑战，即："立交桥是什么样子的？如何用罐子建造一座立交桥？"接下来我们将顺应幼儿的兴趣，在引导幼儿充分欣赏立交桥视频、图片后，多增设罐子、碳化积木等材料，引导他们探索立交桥的建造方法。

活动十三　从平板桥到立交桥

如何搭建立交桥？老师利用了视频和图片的方式，引导幼儿欣赏和感受了立交桥的外形特征。看到立交桥后，幼儿积极地展开了讨论。

乐乐：立交桥可以让更多的车通行。

南南：立交桥绕来绕去的，好神奇。

南南：立交桥上的桥墩有的高、有的矮。

欣赏完立交桥后，老师让幼儿欣赏中大班幼儿用积木建造桥梁的图片，幼儿有了自己设计立交桥的想法，老师便让他们分组进行设计。

分享时，南南说："立交桥绕来绕去的，有很多层。"阳阳说："立交桥要入口和出口。"悦悦说："立交桥上面有好多路。"宗宗说："它的路是穿来穿去的。"宇宇说："上面的路是交叉的。"通过投票，大家觉得绕来绕去的桥太难了，决定用最后两图的图纸试试看。

师：如何用罐子搭建一座立交桥呢？

南南：高的桥可以用高的罐子进行搭建。

阳阳：可以用矮的罐子建第一层的桥。

悦悦：可以在高的桥墩下面建一些矮的桥。

南南搬来了奶粉罐和长条积木，把两个奶粉罐叠在一起，把长条积木架在了高高的奶粉罐上，他对悦悦说："你用奶粉罐建矮的桥。"

一旁的悦悦正用矮的饮料罐搭建桥，悦悦把长条积木的一端摆在小的罐子上后，又拿起了一条长条积木，当她要把长条积木的一端摆在同个罐子上时，桥倒了，南南走了过来，对悦悦说："这个罐子很小，你摆积木的时候要小心。"南南边说，边帮助悦悦把倒塌的长条积木重新摆好，又学着悦悦的样子，让摆在小罐子上的两端长条积木各自占据的位置相当。

阳阳和宗宗学着南南的样子，搬来了奶粉罐和长条积木，从南南建好的高桥中的一个桥墩缝隙穿了过去，阳阳对悦悦说："你快点建，我们就可以连接了。"待阳阳跟悦悦的桥连接好以后，他们合作将长条积木摆在了地板上……

不一会儿，立交桥建好了，阳阳高兴地说："你们快来看呀，这是我们建的立交桥……"

【经验获得】

1. 了解立交桥的外形特征，尝试用简单的线条设计立交桥。
2. 尝试用穿插、延伸、架空等方法建构立交桥。

【教师的思考】

在此次搭建前，老师利用视频和图片让幼儿欣赏了立交桥的视频和中大班幼儿建构的作品，通过欣赏和交流，幼儿对立交桥的外形特征有了进一步的了解，发现了立交桥上的路是有穿插的、有入口和出口，很多立交桥是绕来绕去的。对于小班的幼儿来说，尽管他们能在设计时将想法画了出来，不过受建构技能的限制，未必能够将想法实现出来。后来经过讨论，大家决定从简单的建起，即建造一座有高、有矮、有穿插的桥。

在搭建时，阳阳和宗宗发现了连接和穿插的方法，正是这两位幼儿的精彩发现、加上教师及时支持和引导，以及幼儿前期所积累相对丰富的建桥经验，幼儿才终于体验到成功搭建立交桥的喜悦。接下来，教师将通过图片和视频欣赏的方式，引导幼儿探究立交桥的不同建造方法。

活动十四　大斜坡的立交桥怎么建？

"绕来绕去的立交桥应该怎么建呢？幼儿开始讨论了起来。有的说："可以把桥建高一点。"有的说："可以从桥洞绕来绕去。"

南南从最高的桥开始建起，他把3个罐子叠在一起后，拿了1个罐子放在旁边，用一条长条积木将两边的罐子进行连接，可是长条积木刚放上去，就从低的罐子上溜了出去，南南放下木板，重新拿了1个罐子，将原来的1个罐子叠高至2个罐子，再拿长条木板放上去，发现木板能成功地架在上面。南南发现了这个"秘密"后，按逐一递减的方法，顺利地建好了一座有大斜坡的桥。

其他几个小朋友则用小罐子和奶粉罐建好了矮的桥，南南说道："这边的桥墩很高、很大，你们可以从下面穿过来。"在南南的提醒下，大家合作将高桥和矮桥进行了连接。

待大家把桥建好后，念念拿了一辆车，一边说："我是检修工人，我要看看我们的桥能不能通车……"

【经验获得】

1. 尝试用逐一减少的方法建造桥墩，进一步感受架空的经验。
2. 懂得用穿插、延伸、架空、连接等方法建桥，体验合作建桥的乐趣。

【教师的思考】

在游戏中，幼儿乐于探究用奶粉罐建构高桥墩的方法，当遇到建造桥面的长木条不断滑落的问题时，能积极动脑筋想办法，用逐一减少的方式建造桥墩，从而降低桥面的倾斜度，让桥面上的长木条得以顺利地搭建。在整个游戏的过程中，南南承担了"总指挥"的角色，一边建造高的桥，一边指挥着旁边的小朋友用穿插、架空、连接、延伸等方法建造矮的桥。最终，在所有小朋友的通力合作下，一座有大斜坡的桥建好了。绕来绕去的桥还可以怎么搭建？在后续的活动中，教师除了在材料上的支撑外，还将持续为他们提供交流探讨、实地搭建的机会，期待着他们即将创造的惊喜。

活动十五　平坦的立交桥怎么建？

上一次活动后，老师组织幼儿进行分享，有的说："这座桥绕来绕去的。"有的说："这座桥有很多斜坡。"有的说："斜坡太多了，车不好走。"

师：如何搭建一座车容易通行的桥呢？

南南：建斜坡的时候罐子不能一下子减少。

嘉嘉：两个斜坡不能直接连在一起。

南南：可以用长一点的木块建斜坡。

南南借助上一次建大斜坡桥的经验，将2个罐子叠高，作为桥墩，先建出高的一层桥，再采用逐一减少的方法，用4个单独的罐子建矮的桥，接着用1条最长的长条积木，把高的桥和矮的桥进行连接。

这时，阳阳不小心碰到了建好的高层的桥，南南走了过去，对阳阳说道："这边的桥不牢固，你再建一下。"阳阳重新调整了木板在罐子上端的位置，不一会就将碰倒的桥连接好了。

嘉嘉和浩浩学习南南建造斜坡的经验，在连接矮的桥过渡到地面的路时，用了较长的木板进行连接。待矮桥顺利地连接到地面时，他们搬来了弯形的积木，将地面上的路从高桥的旁边绕过去，这时，嘉嘉拿了一块薄的积木块对南南说道："桥下的水没办法排出去了，这边建矮一点……"

桥建好了，希希拿了一辆车、嘉嘉拿了一辆车，不一会儿两辆车碰在了一起，嘉嘉说道："这条车道太窄了……"

【经验获得】

1. 探索减缓立交桥坡度的方法，乐于与同伴分工合作。
2. 能用积极的情感面对建桥时遇到的困难。

【教师的思考】

在游戏时，幼儿将自己讨论中得到的方法应用到搭建活动中，不仅用逐一减少的方式建斜坡，还用延伸搭建的方法减缓了斜坡的坡度，顺利地搭建出了一座较为平坦的桥。当游戏中出现倒塌的问题后，幼儿并没有互相抱怨和指责，而是探究倒塌原因、分享建构经验、重新搭建等方式顺利解决倒塌的问题。

在每次的游戏分享时，教师都创设了宽松、自由的讨论环境，支持幼儿自由地发表自己造桥的想法，并提供丰富的材料，让幼儿有机会将自己的想法付诸实践，让幼儿积累与造桥相关的丰富经验。

活动十六　从单向立交桥到双向立交桥

上次游戏的最后，幼儿遇到了"车碰在一起"的问题，老师让幼儿欣赏了立交桥的视频后，引发幼儿讨论：

师：为什么两辆车会碰在一起？

宗宗：因为车道太窄了。

阳阳：因为只有一条路。

师：你们的眼睛真亮，因为我们建的立交桥只有单向车道。

师：双向车道该怎么搭建？

嘉嘉：可以把桥面建宽一点。

宗宗：可以同时在罐子上摆2块长条积木。

有了新想法，老师便让幼儿进行尝试，宗宗搬来了2个罐子，将2个罐子并排放好后，再把2条长木条放在上面，按此方式，不一会儿，就建了一座有双向车道的平板桥,而旁边的嘉嘉则用 2 个罐子叠高后建了高的一层单向桥,在宗宗建好双向桥的同时,嘉嘉也建好了单向桥,他们又把单向桥与双向桥进行了连接,一座有部分道路是双向桥的立交桥诞生了……

师:你觉得这座桥哪个地方建得最好?

宗宗:我建的是双向的桥。

悦悦:高的桥是单向桥。

嘉嘉:有的地方可以两辆车同时通过。

宗宗:有的地方一次只能通过一辆车。

师:如何把高的桥建成双向桥?

宗宗:可以同时建 2 个高的桥墩。

嘉嘉:再放 2 条长条木块……

【经验获得】

1. 尝试用并列摆放的方式建造双向立交桥。

2. 能将自己的想法付诸实践,愿意分享自己的建桥经验。

【教师的思考】

在游戏中,幼儿积极探索双向立交桥的搭建方法,采用了并列摆放罐子,增加桥墩的宽度;并列摆放长木条,增加桥面的宽度等方式建造双向桥,在此次游戏中,幼儿未能建造出完整的双向桥,为了提升幼儿建造的经验,在游戏的最后,老师利用了图片欣赏、经验交流等方式,引导幼儿发现可以用建双向矮桥的经验来建更高的桥。接下来,老师将继续增加罐子和长条积木的数量,并通过视频和图片的欣赏的方式,引导幼儿进一步探索建构双向桥的方法。

活动十七 桥面翘起来了怎么办?

高层的双向立交桥要怎么建呢?第二天,幼儿便把自己的想法和从同伴中获得的建造双向桥的经验进行验证。

南南、嘉嘉、阳阳、宗宗搬来了长条积木，刚开始用并列摆放桥墩和并列摆桥面的方法建造桥，合作建桥面时，阳阳说道："你们那边的木块太短了。"南南："我这里有一块长的。"南南："你看，我接上去就比你那边长了！"建了一段桥后，受桥面长短的影响，桥墩无法再并列摆放了，按桥墩和桥面错落搭建的方式，不一会，建好了一座长长的双向桥。

宗宗拿来了矮的罐子，对善善说："我们从下面建桥。"宗宗拿了2块长条积木搭建了矮一层的双向罐子桥。因每个人拿来的木条长短不一，不一会儿他们遇到了新的困难："在转弯处，桥面翘了起来。"阳阳发现后，拿1块短的积木将长的积木替换了下来，桥面终于平整了。

不一会儿，一座双向的立交桥建好了。

分享时，有的说："桥面有的长、有的短。"有的说："你看，桥面翘起来了。"有的说："这样车就没法通过了……"

【经验获得】

1. 乐于观察木块的长短，尝试用长短不一的木块搭建桥面。
2. 尝试运用自然测量的方法解决遇到的问题。

【教师的思考】

在游戏中，幼儿遇到了新的问题——搭建双向桥面使用的木条长短不一。为此，幼儿尝试用拼接的方式建桥，使得搭建活动得以顺利开展。他们能够积极想办法克服了困难,比如通过适当调整的方式挑选出长度适合的木块进行搭建,尽量使两端的桥面整齐一些。下一步,教师将继续采用经验分享、双向桥图片欣赏等方式,引导幼儿继续探究双向立交桥的搭建方法。

活动十八 一座通往城堡的双向立交桥

"如何才能建出一座平坦的双向立交桥呢?"在游戏分享后,老师请小朋友们利用周末外出游玩的时间,观察一下双向立交桥的桥墩和桥面。第二周入园时,幼儿纷纷讨论开了:

师:你们觉得桥面为什么会翘起来?

阳阳:因为木块有的长、有的短。

师:没错,建双向桥时,如果木条没有连接得刚刚好,会导致两端不整齐,转弯连接时,需要在原有的木块上进行叠加才能继续往下搭建,就会导致桥面翘起来。

师:有什么办法可以让桥面平坦一些?

宗宗:可以用一样长的木条进行搭建。

阳阳:两边木板不一样长时,可以用合适的木块换一下。

宗宗:桥墩也要放整齐。

阳阳:两个放在一起的罐子要一样高。

宗宗:这样建的桥比较好看。

游戏开始了,宗宗和阳阳拿了 2 条长度一样的木条和 2 个高度一样的罐子开始搭建,宗宗把木条放到罐子上后,开始观察木条是否摆放整齐,他用双手移动着 2 条木块,对阳阳说:"你帮忙把罐子移出来一点。"阳阳将罐子往后移了移,宗宗说道:"木板整齐了,桥墩也整齐了,我们接着往下建吧。"

不一会儿,他们就建到了桥的末端,阳阳说道:"宗宗,你快来看,有一点不整齐。"宗宗:"肯定是前面有的木块没放整齐。"阳阳:"我们一起移整齐吧!"三个小朋友重新观察了每一处连接,发现虽然所用的木条都一样长,但是有一处连接两端的木板没有摆放整齐,他们重新进行调整,最终让末端的 2 块木板整齐地摆放好了。

其他小朋友则学习他们的经验,有的合作建高的一层桥,有的合作建矮的一层桥,有的则开始建造城堡,不一会就把双向立交桥建好了,城堡也建好了。

  阳阳：桥到城堡的路还要连接。

  宗宗：我来帮你。

  南南：你们快来帮忙检查一下，看我们的桥建好了吗？

  阳阳：我看看有没有出口和入口。

  南南：我检查一下是不是都是双向的桥。

  宗宗：这个地方的桥有点歪，我移一下。

  阳阳：快来看呀，到城堡的路建好了。

  大家围了上来，露出了自信的笑容。

【经验获得】

1. 能用目测的方法观察、比较物体的长短和高矮。
2. 喜欢和同伴合作，能讲述自己的建构成果。

【教师的思考】

  游戏前，教师及时创设了宽松自由的讨论氛围，让幼儿进一步细化了造桥的计划，待幼儿提出自己的设想，且这些设想是可实践时，教师则用放手的方式，让幼儿发现问题，当他们发现建造平坦桥面的关键点是用一样长的木条和一样高的桥墩时，能把自己的想法付诸实践，用目测的方法测量木条的长度，两端木条在罐子上摆放的位置等，这个发现是幼儿新经验的增长点，当新的建造经验和以往的建造经验进行累加时，助推幼儿顺利地搭建出一座通往城堡的双向立交桥。

活动后记：在整个建造桥的过程中，幼儿经过了十几次的建造过程，"从路到桥""从平板桥到单向立交桥""从单向立交桥到双向立交桥"，每一次游戏都能出现新的生长点，在不断深入的探索中，幼儿持续思考、不断尝试，在丰富的材料支持、在教师的有效陪伴和鼓励下，幼儿的游戏过程绽放出了一朵朵意料之外、情理之中的惊喜之花。在游戏的最后，幼儿仍然对建桥充满了兴趣。当然，立交桥的种类有很多，有互通式立交桥、三枝交叉立交桥、多枝交叉立交桥等，在后续的建桥中，我们继续提供丰富的建构材料、捕捉幼儿的兴趣点、及时评估幼儿原有经验和挑战间的距离，激发幼儿更多的建桥灵感，建桥游戏已成为整个主题活动中幼儿最喜爱的游戏。

三、主题小结

本博物主题活动前后持续将近一个学期，在主题推进过程中我们惊喜地看到了幼儿的建构技能远远超乎小班水平，幼儿对搭建活动的兴趣足以让老师们感到惊叹。现将本博物主题活动收获简单小结如下：

1. 关注需求，适度支持

在每次游戏前，教师会顺应幼儿的思路和兴趣，满足幼儿扩展思路的需求，当听到幼儿说到要用什么材料时，或在观察和与幼儿的交流中发现他们需要更多的材料支持时，教师会根据幼儿的"最近发展区"，不断调整材料和补充材料；并顺应幼儿的思路和兴趣适度地介入，起到推进幼儿学习的目的。在游戏结束后，教师会基于幼儿浓厚的兴趣和游戏推向深入的需要，提供讨论、分享的环境，支持幼儿记录和表达新的想法和思考，为新一轮的游戏带来新的生长点。

2. 问题导向，深度探究

问题是持续探究的引擎，问题中激趣启思，连环的问题发现和解决是探究走向深入的有效途径。在游戏中，幼儿在"罐罐大搜索"中遇到了"瓶子和罐子有什么不同、如何布置罐子博物区"的问题，在用罐子搭建城堡时又遇到了"罐子倒塌了""城堡不牢固怎么办""如何建一座牢固的城堡""如何建一座又高又牢固的城堡"等问题,在搭建一条通往城堡的路时遇到了"长长的桥怎么建""弯弯的桥怎么建""可以排水的桥怎么建""如何搭建立交桥""大斜坡的立交桥怎么建""平坦的立交桥怎么建""如何搭建双向立交桥"等问题。幼儿在游戏中不断地产生疑问,又逐个攻破,一个个游戏中的难题破解成了幼儿开启下一次探索的钥匙,整个活动在"发现问题、提出猜想、进行验证、解决问题"的过程中,幼儿发展了建构技能、科学认知,培养了主动探究、认真专注、善于坚持等学习品质,增进了同伴交往,发展了协商、合作能力;更是极好地培养了积极主动、认真专注、善于坚持和及时反思等良好的学习品质,这些正是幼儿有效探究、深度学习的体现。

(本案例由泉州市温陵实验幼儿园章春凤老师提供)

中班博物主题活动:玩转石头

一、主题由来

对幼儿生活世界而言,石头是一种随处可见、随手可得的自然物。可不,在幼儿园的户外活动时,幼儿会常常走走、摸摸幼儿园操场周边的鹅卵石,感受它的特性,有的还会将小石头当作小足球顽皮地相互踢着玩,有的还会将小石子拿在手上把玩;而在园外的古街老巷的旧民居中,到处可见的是以石头为主要建筑材料的房子。泉州市的惠安县更是号称为"石雕之乡",惠安石雕技艺闻名海内外,闽南建筑、洛阳桥、东西塔等这些与石头密切相关的建筑物,也是泉州申遗的重要项目。石头不仅到处可见,而且运用广泛,同时石头也具有一定的博物价值。

因此,我们决定就地取材,与幼儿一起开展"玩转石头"的博物主题活动,旨在让幼儿更进一步地感知石头的自然属性,认识石头的种类,感受石雕等传统文化的博大精深,体验石头艺术、石头游戏等活动的乐趣。

二、主题实施过程

活动一　交流分享"我收集的石头"

寒假期间，幼儿与家长收集了大量的石头，有鹅卵石、大理石、花岗石、岩石等，他们带来摆放在班级的博物区内，每到自由活动时间，就有好多小朋友来这里摸摸、敲敲、比比石头。

幼儿对石头的兴趣被点燃，但他们对石头的了解到底有多少呢？于是，我们便组织了这么一个"我收集的石头"的交流分享会。

师：我们收集了这么多的石头，你们发现石头是什么样子的呢？

米琪：石头有的很大，有的很小。

义博：有的石头有尖尖的角，有的石头圆圆的。

师：讲得真好！除了这些，你们还有什么发现呢？

偲颜：有的石头上面有花纹。

米妮：有的石头上的花纹是一条一条的线，有的石头上面的花纹是不规则的。

师：观察得真仔细！摸摸石头，感觉怎么样？

思媛：我发现有的石头是光滑的，有的石头很粗。

紫怡：我发现石头很硬。

振皇：有的石头很重，有的石头很轻。

> 幼儿通过摸一摸、看一看、敲一敲、掂一掂、比一比等方法探究石头的特性，从他们的谈话中，我们发现他们对于石头的感知较为深入和到位，有进一步了解石头的愿望。因此，我们将把石头投放在博物区内，让幼儿继续观察、认识。

祥宇：看，这是我带来的石头标本。

承彦：这么小啊！

祥宇：这些石头都很漂亮，你看看！

承彦：上面好像有花纹。

祥宇：是啊，太小了，看不清。

祥宇（来求助老师）：张老师，我们需要放大镜，才能看清楚。

师：好的，下次我给你们准备一些放大镜。

祥宇："不用，我知道哪里有！可不可以到外面昆虫区拿呢？"

老师同意了。祥宇拿来3个放大镜，分别给其他两个小朋友，他们开始用放大镜观察石头的外部花纹。

【经验获得】

1. 能利用多种感官充分感知石头的特性，知道石头的种类、形状、颜色等是多元的。

2. 能主动与同伴分享自己对石头的认识，愿意动脑筋解决探究中所出现的问题。

【教师的思考】

通过对所收集石头的充分感知和探究，幼儿对石头有了初步的了解，知道了几种常见石头的特征和特性，并萌发了进一步探究石头的愿望。在谈话过程中，我们及时根据幼儿的表述进行符号记录，让他们零碎的经验得以梳理和总结，有助于幼儿在分享交流中更加全面地了解石头。但因所收集来的石头大部分是鹅卵石和岩石，所以他们对于石头的认知仍旧较为片面，需要收集更多品种的石头，以支持幼儿更有广度和深度的探究。根据石头随处可见的特点，我们决定带幼儿去幼儿园周边寻找石头。

活动二　搜寻行动"我身边的石头"

经过讨论，幼儿决定到他们熟悉的"百果园"寻找石头。一到"百果园"，他们犹如一群放飞的小鸟四散跑开，每个人都探着小脑袋瓜儿四处搜寻。捡到石头的小朋友"哇哇"大叫着、欢呼着，跟老师和同伴炫耀自己找到了石头。这边，珏泓拿着一块裹满土的"石头"问："老师，这是石头吗？""我也不知道！"旁边的紫怡说："这个是土吧！"佑蕃："你敲敲看，土会碎掉。"珏泓拿着"石头"到旁边的小花圃石板上敲了敲，土块被敲掉了，露出了里面粗糙的石头，他兴奋地大喊："是石头，是石头！"

> 有时候，教师不要急于把答案告诉幼儿，每个群体里的幼儿水平参差不齐，经验也各不相同，或许他也能从经验丰富些的幼儿那里学到更多东西。

又有小朋友来问："这是石头吗？"珏泓大声告诉他："你去敲一敲！"就这样，幼儿在找找、敲敲、听听、比比中判断石头，并带回了大量粗糙的建筑石头。

> 这就是典型的经验相传，当珏泓知道了可以通过敲一敲的方法来辨别石头并且试验成功后，他积极地把这一方法传授给身边的小朋友，发挥了集体生活中同伴间互相学习的优势。

建筑石头很脏，小朋友提议洗一洗。洗着洗着，米琪大叫起来："承彦把水池弄得很脏！"承彦无辜地拿着自己辛苦捡来的"石头"，说："这块石头越洗越小，都快洗没了！"老师定睛一看，哈！原来是一坨泥块。"这不是石头！"小朋友们都看出来了！盥洗室顿时响起了幼儿"哈哈哈"的笑声，每个人都被这种欢快的情绪感染着……

> 偶然间的洗石头提议，却让幼儿发现了一个鉴定石头的方法。在这个过程中，老师一直给予幼儿各种支持：寻觅石头的环境支持、自主行为的精神支持、同伴互动的空间支持、充分探究的时间支持……可以说，教师的教育观直接影响幼儿的探究结果。

幼儿把洗好的石头拿到阳光下晾晒，舒瑶问："老师，我们捡这么多石头要做什么呢？"教师反问："你们觉得可以用石头来做什么呢？""可以搭房子。""可以用来画画。""可以用来玩扔石头的游戏。""可以用来装饰我们的自然角。"教师："还可以用来做什么呢？"幼儿摇摇头。

> 幼儿对于石头的用处知之甚少，我们觉得需要借助家长力量，请家长带幼儿去搜寻身边的石头，了解石头的功用。

【经验获得】
1. 能积极参与寻找石头的活动，体验寻找活动的乐趣。
2. 懂得通过看、听等方法辨别石头，初步了解石头的用途。

【教师的思考】
幼儿对大自然的喜爱是显而易见的，大自然中有着丰富的教育资源，特别是开展"石头"这一自然物的主题探究活动，更应该多带幼儿到大自然中去探寻。在探寻活动中，幼儿不仅学会了辨别石头，对石头的兴趣也更为浓厚。他们通过同伴间的互动、自主的探究，不断积累关于石头的经验。从谈话中，我们也发现幼儿关于石头功用的经验有限，因此，我们将采取"亲子大搜寻"的方式，鼓励幼儿到周边环境中继续寻找更多的石头，进一步认识石头，了解石头在生活中的广泛运用。

活动三　调查分享"石头的用处"

幼儿带来各种生活中的石头照片，他们凑在一起你一言我一语，叽叽喳喳说开了。

偲颜：这是我和我妈妈去少林寺看到的石头，你们看这些小和尚，都是石头做成的，还有我站的这座桥，它也是石头做的哦！看，这是种莲花用的水池，也是石头做的。

濠铭：哇，这两个小和尚还在看书呢！书也是石头做成的。

子衡：这也太厉害了吧！

> 偲颜带来的照片实在太丰富了,家长十分用心,把少林寺的石雕作品和石桥、石路、石头景观拍了个遍,还特地冲洗照片带来,给了幼儿直观的视觉感受。主题活动开展过程中,家长的助力必不可少,他们的参与也是我们的主题活动能否做深做细的关键。因此,教师要善于与家长沟通,让他们了解我们的主题活动开展的意义及活动的过程,乃至幼儿在主题活动中获得的发展,才能取得家长的理解和支持,达成教育共识,充分调动家长挖掘身边资源服务于教育。

承彦:我和爸爸妈妈还有爷爷他们一起出去玩,公园的门口就有一块大石头,上面写着字,我们还一起站在石头上拍照呢!

佑蓦:这是我家里的石头,漂亮吧?

珏泓:我发现石头可以用来做好吃的东西。你们看!

米琪:这是板栗,我有吃过,原来是用这种黑黑的石头炒出来的呀。

珏泓:我还知道有一种饼叫"石头饼"。

米妮:"石头饼"?那能吃吗?

珏泓:当然可以啦,它又不是石头,是长得圆圆的有点硬的饼干。明天我让妈妈带一包来给你们吃。

幼儿:好呀好呀!

> 很显然,幼儿对吃的还是很感兴趣的,一说到能吃的"石头饼",个个瞪大了眼睛,一脸期待。第二天,珏泓还真的带来了一包"石头饼",幼儿乐开了花,"珏泓珏泓"地叫着,都想尝一口"石头饼"的味道。

师:原来石头有这么多的用处,那你想用石头来做什么呢?

舒瑶:我想用来画画。

义博:我想用石头搭房子。

翔尹:我想用石头玩游戏。

师:可是我们班的石头实在太少了,怎么办呢?

佑蓦:我们可以带多一些石头,我妈妈从网上买了很漂亮的石头。

清晖:我叫我爸爸和我一起去捡更多鹅卵石来。

振皇:我也要捡很多鹅卵石来。

舒瑶：我奶奶家里有一些很漂亮的石头，我也可以带来。

师：太好了！那我们周末行动起来，星期一带石头来哦！

【经验获得】

1. 较为广泛地了解了石头在生活中的运用，对石雕作品有初步的兴趣。

2. 能与同伴友好交往及互动，在交谈中进一步拓宽对石头的认识。

【教师的思考】

由于鹅卵石在生活中随处可见，加上有家长带去捡石头的经验，大部分幼儿一说到收集石头，想到的都是鹅卵石，只有少部分幼儿想要通过其他途径获取与众不同的石头。目前，班上的石头无论是从种类，还是数量上来看，都不足以满足幼儿的自主探究活动需要，所以，我们需要与幼儿收集更多的石头，并借助家长力量，进一步丰富幼儿对石头的认知经验。而通过本次活动，我们发现幼儿对石头在生活中的用处有了一定的了解，但他们的兴趣点在于吃和玩上，对石头的功能、种类等科学认知的兴趣不强，因此，我们尊重幼儿的兴趣，在丰富班级石头种类、增加石头数量等基础上，从观察幼儿如何与石头互动入手，重新确定幼儿的兴趣点，生成下一步的主题活动。

活动四　自由探究"石头这样玩"

在上一次的活动后，我们在班级群中发出呼吁，请家长利用周末继续带幼儿去搜寻身边的石头，建议他们到老城区走走，看看石牌坊、石头建筑、石头制品，逛逛西街的石头文创品等，进一步丰富幼儿对石头的直观认识，并收集各种小型或微型石雕作品（如：惠安女、小石敢当、小石狮子、老君岩小石雕、小石龟、水晶艺术品等）、石头生活用品（如：石臼、小石磨、石头容器等）、各种石头（如：鹅卵石、雨花石、小岩石等）。

这次的收集工作得到了家长们的大力支持，大量的石头陆续被幼儿带到了班级，他们有的背在书包里，有的用推车运输，还有的放在袋子里两个人一起抬进来，其中一位家长刚好有朋友在开石雕厂，载了两三箱石头送来班级。他们带来的石头五花八门，有石雕"风狮爷""石敢当"石桥、石洞、石塔、石头盆栽、石磨等小物件，也有雨花石、猫眼石、青金石、紫水晶等石头。那幼儿到底会怎样玩呢？我们将幼儿收集来的各种石头投放在各个区域，让幼儿自由探索。

建构区：禹辰、俊宇、宜霏、义博用石头搭建了一个公园，有桥、有塔、有房子、还有湖泊。

益智区：紫怡、佑蕎、珏泓、舒瑶用彩色小石头拼摆小人儿、兔子、花朵、房子等。

美术区：米琪、兴辰在画画，米琪画了个石头搭成的塔，兴辰画各种颜色的彩石，还有邱渝、子馨、祥宇、米妮等几个小朋友用颜料彩绘石头。

博物区：振皇和林莹观察新展出的各种石头，翔尹拿着4个石敢当，借助石拱桥、石洞、假山等小景观玩"捉迷藏"的游戏。

表演区：阅檬、涂嘉等几个小朋友拿着石头当乐器敲击。

从幼儿的活动中，我们发现他们对石头是感兴趣的，特别是对摆弄石头讲述小故事和拼搭石头摆造型的游戏兴趣较为浓厚。

【经验获得】

1. 能根据石头的特性和自身兴趣，积极探索各种"玩石"方式。
2. 体验了石头运用的多样性，知道石头能玩很多好玩的游戏。

【教师的思考】

通过本次活动，幼儿进一步丰富了的"玩石"经验，他们知道：原来石头不只是用来观察的，还可以用来彩绘、搭桥、建塔、围湖泊、当乐器、作桌面偶、摆造型……但是，我们也可以看到，他们的经验还停留在初步探索的表层阶段，如果要让幼儿进一步深入感知和探究石头，还需要开展日常性、大量的密集的活动来支持，所以，我们决定根据幼儿的兴趣，将石头投放到各个区域中，如：建构区、音乐区、美工区、语言区，并在班级布置微景观，将幼儿喜欢的"石头偶"和假山、石塔、石雕盆景及大大小小石头铺成的"石子路"相结合，布置成园林景观，让幼儿欣赏、操作、想象、交流。

活动五　区域活动"坦克基地"

今天，禹辰、清晖、振皇、惟宁一起来到博物区，禹辰拿了一块大石头和几块小石头，还有小手电筒搭成了一辆坦克，旁边的小朋友见状，也每人取了块大石头和几块小石头及小手电筒，纷纷搭成了一辆辆的坦克，他们说这是坦克基地。惟宁介绍他的坦克说："我这个坦克有3个大炮，上面1个，旁边2个，而且它还可以飞起来，你看，这是它的机翼。"禹辰不甘示弱，也说："我这个坦克发射的炮弹可以发射很远，而且它很硬，连怪兽都打不破的。""我这个坦克有侦查探头，"清晖指了指"坦克"上面的手电筒说，"可以看到敌人在哪里。"振皇："我们这些坦克都很厉害的！谁来当队长呢？"他们开始争着竞选队长……

> 几个男幼儿独具想象力和创造力，能利用博物区内现有的材料——石头和手电筒组合创意拼搭坦克。这也给我们老师以思考：是否可以提供更多的辅助材料，支持幼儿进一步创新呢？

【经验获得】

1. 能大胆想象，利用手电筒和石头组合拼搭成不同造型和功能的坦克，初步具备立体造型的能力。

2. 体验和同伴一起拼搭石头和玩"坦克基地"游戏的乐趣，感知石头的大小和承载力的关系。

【教师的思考】

幼儿从原来的平面组合造型到现在已经初步萌发了立体造型的意识，并且能利用现有的材料进行大胆想象和创造，基于这样的情况，接下去可提供更多的辅助材料，支持幼儿进一步组合造型和创新。同时，我们也觉得有必要将区域活动中的这一创新进行宣传，树榜样，让其他幼儿了解和学习，因为毕竟这是少部分幼儿参与的区域活动。另外，我们也要考虑到：今天参与这个活动的均是男幼儿，可以明显看到男幼儿的喜好，他们喜欢坦克、飞机，对打怪兽等事件较为感兴趣，但不代表其他幼儿或者女幼儿会喜欢这样的活动，所以，在提供辅助材料上，要全面考虑，观察发现女幼儿及其他幼儿的兴趣点，提供适合全班幼儿操作的开放性的辅助材料。

活动六　借形想象"石头创意画"（一）

基于上一次活动的思考，我们将博物区做成材料超市，提供了松果、贝壳、树枝、树叶等自然物；纸片、纸轴、水果网等废旧材料；绒球、彩泥、玉米粒等低结构材料让幼儿自由取用。

一次，禹辰拿着一块石头急匆匆地要给老师看："老师，你看，这像不像贝壳？"老师一看，果然非常像！真是太神奇了，石头上面有逐渐变小的凸起，连花纹都和贝壳非常相似。这时，义博也拿出一块黑色的"7"字形的石头，说："看，这像不像一把枪？"在老师的赞许和启发之下，幼儿的想象五花八门，有的说像哨子、电吹风、鞋子，有的说像锄头、镐子、锤子，还有的说像鸡翅、鸭头、爱心。

> 一块形状奇特的石头激发了幼儿丰富的想象力，一百个幼儿有一百种语言，同一块石头在每个幼儿眼中都不一样。

于是，我们让幼儿挑选一块自己最喜欢的石头进行借形想象和添画。有的小朋友把石头想象成公主、小朋友的脸，添画上五官、发饰和服装；有的小朋友把石头想象成章鱼的身体，添画上张牙舞爪的触须；还有的小朋友把石头当成宇宙飞船的机舱，添画上机翼和尾翼。

> 显然，从幼儿的作品中我们可以看到，中班幼儿已能初步表现人物的基本特征，能表现熟悉的事物或者动物，但他们的想象力和创作水平还有待进一步提升。

【经验获得】

1. 能利用自己喜欢的石头进行借形想象，并乐意向老师和同伴表达自己的想法。

2. 能初步运用绘画技能表现人物的基本特征，并能大致画出自己想象中的事物。

【教师的思考】

从活动中，我们不难看出，幼儿是具备根据石头的形状进行想象的能力的，但是，当老师提高难度，让幼儿借形想象并添画的时候，出现了眼高手低或者缺乏想象力和创造力的现象。为什么会这样呢？因为中班的幼儿缺乏将石头作为事物的某部分来借形想象的经验，他们的想象力仍然以直观想象为主，所以，要么需要丰富幼儿借形想象添画的经验，要么要尊重幼儿发展特点，根据他们的能力水平来生成下一个活动。我们选择的是后者，因此，我们将在下一个活动中利用石头和现有的材料超市相结合，让幼儿自由组合画面，发展幼儿的想象力和创新、创作、表达等能力。

活动七　借形想象"石头创意画"（二）

活动一开始，老师播放上一次幼儿用添画的方式把石头变成了人、章鱼、宇宙飞船等的照片，并问道："这一次，如果让你们选择材料超市里面的材料来和石头组合创作，你们打算怎么做呢？"米妮："我要用彩泥和石头组合，做成公主。"在她的影响之下，很多幼儿都嚷嚷着要选择彩泥和石头组合创作。见幼儿对彩泥如此感兴趣，老师决定满足他们的需求，提供各色彩泥让幼儿自由组合、塑造。刚开始，他们运用上一次的已有经验，把石头当成人的脸，用彩泥为脸部增添眼睛、鼻子、嘴巴和头发。这时，老师给他们提供了人手一个白色的盘子。盘子很大，人的头像很小，怎样让画面更加饱满丰富呢？幼儿开始用更多的石头和彩泥进行创作，有的为人物做身体和四肢，有的将石头和彩泥组合做成花朵、太阳、云彩等背景，最后形成丰富的画面。

> 白色托盘的出现给予幼儿丰富画面的启发，在观察同伴的创作和交流影响下，幼儿的思维拓宽，想象力越来越丰富，动手能力也得到了发展。

【经验获得】

1. 能运用石头和彩泥组合造型，塑造人物和周围背景，具有一定的画面空间感受力。

2. 能运用团圆、搓长、点压、组合等技能进行捏泥，体验手工创意画的成就感。

【教师的思考】

彩泥因色彩鲜艳、可塑性强、柔软的手感深受幼儿的喜爱，所以，这次活动幼儿都喜欢选择它和石头进行组合创作。那么，为什么幼儿不选择材料超市的其他物品综合创作呢？我们觉得有两种可能性：一种是幼儿对各种材料的使用方法还不够熟悉，经验尚不丰富；另一种则是受年龄特点的限制。不管是什么原因，我们都将在今后的活动中进一步丰富幼儿综合运用材料的经验。而在本次活动中，我们发现他们的动手能力和想象力得到了很好的提高，细微之处可见到人物发型及发饰都表现出来了。幼儿塑造的花朵也非常精致，从色彩搭配到形体的把握，都体现了石头创意的美。面对这么多幼儿创作的石头作品，我们觉得有必要腾出专门的空间进行展示。因此，需要对班级环境做进一步的调整和规划。

活动八　规划整理——石头博物区

活动一开始，老师问道："我们做了那么多漂亮的石头作品，你们觉得应该怎样展示会让我们的博物区更美呢？"旭霖："要有的立着摆放，有的放在橱子上。"阅檬："还可以有的贴在墙上。"老师出示事先准备好的废旧纸盒："我们班上有一些茶叶盒，还有一些博古架，你们想怎么摆呢？"思媛："博古架上面可以摆比较漂亮的水晶石。"米琪："可以把石头拼成一个造型，然后摆在茶叶盒里面。"米妮："我们之前做的那些作品可以贴在墙上。"老师："贴哪里呢？"米妮想了想，用手指着主题墙下面，说："可以贴在这里。"老师："好的。小朋友的想法真好，那我们去摆摆看吧。"

幼儿开始分头行动，振皇和兴辰合作摆博古架；林莹和思媛用石头在茶叶盒上摆了一个"小人儿"的造型，还用两块小石头放在胸前，两人哈哈大笑起来，因为是鹅卵石比较滑，两块小石头滑了下来，她们又变成别的造型；米琪和米妮找来之前彩绘的小石头，摆在分隔的茶叶盒里，老师夸她们有想法，这样摆很美，旁边的小朋友听了，便纷纷效仿，有的还对我们原来的"石头微景观"进行增添。

在幼儿和老师的共同努力下，我们的博物区焕然一新，内容更加丰富，环境也更加美观。

【经验获得】

1. 积极动脑筋，尝试用各种方法展示石头和作品。
2. 愿意参与博物区整理活动，体验与同伴共同规划整理博物区的乐趣。

【教师的思考】

由于石头的收集活动贯穿于整个博物主题活动，每次幼儿收集来的石头，我们都会精心布置和展示在博物区，因此，幼儿在与石头的互动中也积累了一定的布展经验，而在小伙伴的启发下，他们开始积极动脑，发挥想象力，运用拼造型、高低错落、情景式、张贴等几种不同方式进行展示，最后，呈现一个师幼都喜欢和满意的博物空间，不仅让本班的幼儿可以继续在这里探寻石头的奥秘，还可作为公共资源，让别班的幼儿也来参观欣赏。

活动九　我和石头的故事

幼儿对石头越来越熟悉，他们每个人都有自己特别喜欢的一块石头，于是，我们开启了一段石头的照顾之旅，让每个幼儿每天放学带自己最喜欢的那块石头回家，第二天带来幼儿园。刚拿到石头，幼儿就叽叽喳喳地说开了，有的说："这是我的小宝贝，我要给它洗洗澡。"有的问："我可以给石头刷刷牙吗？"还有的说要带石头宝贝睡觉、要给它做个小窝等等。

> 看到幼儿对石头的喜爱，我们老师也十分欣喜，他们真的就像爱小宝贝一样爱它。这对幼儿的情感培养是有利的。

幼儿带回石头后，有的带进浴室，和石头一起洗澡，有的睡觉的时候也带着。

第二天，幼儿把石头带了回来，我们一起带着石头到户外玩游戏，有的小朋友玩"踢石头"游戏，有的小朋友玩起了"保龄球"游戏，还有很多小朋友玩"藏石头"的游戏。

【经验获得】

1. 能将对石头的喜爱之情转化为行动，保护和保管好自己的石头。
2. 体验石头游戏的乐趣，丰富游戏体验，提升游戏水平。

【教师的思考】

幼儿在玩石中不断积累经验，玩"保龄球"的小朋友不断调整矿泉水瓶的位置和扔石头的力度；踢石头的小朋友努力地控制脚下的力量，让石头可以按照自己的目标前进；藏石头的小朋友在一次次被同伴找到石头后不断总结经验，藏的时候会观察同伴有没有真的闭上眼睛，藏好以后，慢慢地懂得离开藏匿点，避免同伴一下子就找到石头，当同伴找不到石头时，他们还学会了用一些不明确的语言暗示在哪块区域……游戏的经验正是在一次次的探索实践中不断积累、建构的。

活动后记：通过对石头的探究，幼儿不仅了解了石头的特征，感知石头的自然属性，认识石头的种类，明白了石头在我们生活中的广泛运用，还感知了闽南建筑、状元街牌坊、惠安石雕等非物质文化遗产中石头的重要价值，感受传统文化的博大精深，体验石头艺术、石头游戏等活动的乐趣。主题探究活动的结束，并不代表幼儿对石头探究的终结，从活动中我们可以看出，幼儿对石头依然兴致盎然，因此，我们将在区域活动、户外活动中继续有机渗透，让石头继续陪伴幼儿一起游戏和创造。

三、主题小结

为期将近一学期的博物主题活动圆满结束。在这个过程中，教师、幼儿、家长均从不同维度得到了收获与成长，回顾整个活动，我们觉得有以下几点值得分享：

1. **家长资源助力，形成浓厚博物环境**

合理有效地利用家长资源，可以助力幼儿园课程的有效开展。班级博物区的石头从无到有，离不开家长的大力支持。在主题活动一开始，我们通过家长会让家长了解开展石头主题的意义，取得家长的理解与支持，让家长主动与幼儿一起收集石头。很多家长争先恐后地去自己的小区、工作单位附近、公园等场所收集石头，甚至动用了自己的社会关系，帮我们从石雕厂带来了一整车的石料，有的家长还从网上采购石雕精品、石头摆件、原石等。教师与家长之间良好的教学互动，有效助力主题活动的顺利开展，提高了教学质量，从而促进幼儿的全面发展。可以说，家长资源就像一个"动态资产"，能为幼儿拓展更加广阔和具有激励作用的探究学习空间，教师要通过良性的家园互动，取得家长支持，达成教育的双赢。

2. **教师专业支持，推动主题深度开展**

博物主题活动的顺利开展，自然离不开教师的专业支持。在本主题中教师的专业支持主要体现在两点：

一是践行儿童本位理念。在活动中，教师始终尊重幼儿的想法，追随幼儿的兴趣和关注点，拓展生成相应的课程活动，并珍视同伴间互动的学习机会，注重幼儿的自主探究能力培养，如：在带幼儿到户外探寻石头的过程中，当幼儿问教师如何辨别石头时，教师并没有直接给出答案，而是通过其他同伴分享经验，让该幼儿进一步探究。当幼儿发现石头像极了恐龙、贝壳、人脸等各种形象时，教师便顺应幼儿的兴趣，支持幼儿及时生成借形想象的美术活动，满足幼儿的想象及创作的愿望。

二是运用环境支架策略。我们通过创设"石头世界"博物区、石头微景观、石头作品展等浓厚的石头博物氛围，为幼儿更深入认识石头、感受石头文化提供直观便捷的途径。在创设环境的过程中，当幼儿收集来的石头越来越多的时候，我们便提供了博古架、展示柜、地毯等多种展示载体，让幼儿可以根据石头的属性和特点进行个性化的展示。而当幼儿想要用石头进行彩绘时，教师不仅为其创设了丰富的环境，还提供了便于幼儿操作的彩绘材料，如可以压泵自选的水粉颜料、洗笔筒、水粉笔等供幼儿自取自洗，促进幼儿自主彩绘能力的发展。此外，我们也将材料超市的理念运用其中，通过收集展示多种辅助材料，让幼儿的石头创意得以更多的组合，有效拓宽幼儿的创作思路。

3. 幼儿积极参与，获得综合能力发展

在博物主题活动中，幼儿能够积极参与自主探究。在广泛关注石头、静心欣赏石头、深入观察石头和积极探究石头中，他们对石头有了更深刻的认识，锻炼和发展了多方面的能力。

首先是自主探究能力得以发展。幼儿能运用各种工具，如手电筒、放大镜等，仔细观察探究石头的花纹，从而发现每一块石头的花纹形状各不相同，他们被石头的神奇深深吸引和震撼。在图书区，偲颜带来的石头博物书吸引了幼儿的热切关注，他们能认真地观察比较各种石头的异同点，并主动发问，了解石头的名称和其他知识。在音乐区，幼儿会仔细聆听每块石头发出的声音，从而发现声音和石头的大小、材质，还有打击的工具有关系。

其次是艺术表征能力得以提高。在美工博物区，幼儿会静心欣赏各种石头艺术的优秀作品，并自发自主地进行模仿和创造。他们学习了彩绘装饰、借形想象、组合造型、创意拼贴等多种艺术表现手法，能综合运用多种技能进行石头的艺术创作活动，每天的区域活动，美工区都是热门的打卡点，长期的主题开展和石头在区域中的全面渗透和合理运用，为幼儿的艺术表现提供了有力支持，有效促进幼儿艺术表现能力和审美水平的提升。

最后是幼儿博物意识明显增强。幼儿在广泛接触各种石头中，不仅获得了石头的博物体验，还感受到了大千世界的"无奇不有"，小小的石头为幼儿打开了一个博物的视野，让他们更加关注生活、关注周边环境，萌发博物意识，建立更加宽广的心理空间，悦纳万物。丰富的博物空间和多样的石头展示方式，在幼儿小小的心灵中留下涟漪，为其今后的人生舞台提供了经验迁移的可能。

（本案例由泉州市温陵实验幼儿园张丽治老师提供）

大班博物主题活动：走进古大厝

一、主题由来

西街就在幼儿园周边，它蕴含丰厚的文化，是一个"活"的人文博物馆。幼儿在走街串巷时，了解了街巷的人文，探寻了景点的典故，品尝了小吃的美味，发现了古厝的奇特。在交谈中幼儿对古厝表现出更多的探究欲望，他们好奇于古厝和自己所住房子的不同，兴趣于古厝屋顶的奇特，沉浸于花砖的图案之美，专注于滴水兽的寻找。幼儿和古厝还会产生什么样的互动，发生什么样的趣事呢？探究古厝的故事持续进行着……

二、主题实施过程

第一阶段　古厝知多少

活动一　我们想知道

幼儿与同伴围坐在一起，分享自己对古厝的已有经验和想探究的问题：

霖霖：古厝的砖为什么是红色的？

轩轩：为什么要设计这么漂亮的花砖？

淳淳：排水系统有两种，已经有滴水兽了，为什么还要瓦当？

筱筱：两片瓦当中间的半圆形是干嘛的？

师：滴水兽在屋顶的哪个地方？两片瓦当的半圆形叫滴水瓦，它是平放还是竖放？

霖霖：滴水兽在屋顶的两边，下雨的时候，雨水从两边的滴水兽流下来。

淳淳：滴水瓦是竖的，能更快速排泄雨水。

予予：为什么滴水兽有的有颜色，有的没颜色？

思思：因为有的滴水兽已经旧了，雨水把颜色冲掉了，也有可能是放久了。

峰峰：我家是玻璃门还有把手，为什么古厝是木头门还有门环？

睿睿：屋顶已经有燕尾脊，为什么还要有马背脊？

教师鼓励幼儿将问题记录下来，营造支持幼儿发现并积极探索的氛围。

【经验获得】

1. 愿意和同伴分享自己的想法，能积极主动地回应。
2. 对古厝产生好奇，能追问古厝特征的缘由。

【教师的思考】

在开展博物课程活动前，教师应了解幼儿的兴趣点和探究点，唤醒幼儿的经验。幼儿提出了各种关于古厝的问题，这是幼儿的探究点，也是课程的推进点。怎样让幼儿自主找寻这些问题的答案呢？我们准备和幼儿走进古厝，增加幼儿与古厝的多样化互动，积累更多关于古厝的广博经验。

活动二 看看古大厝

幼儿探访幼儿园外的古厝，有的站在燕尾脊下面，抬头观察屋顶的图案；有的趴在门前，透过门缝窥探门内风景；有的抬头寻找，惊呼露台上翠绿色宝瓶的栏杆；还有的驻足围墙边触摸，发现红砖的不同……

淳淳：有很多宝瓶的栏杆，大部分是翠绿色的。

睿睿：马背脊下面有雕花的图案。

烨烨：门环上面的装饰不一样。

允允：滴水兽很多是鱼的形状，只看到一个是龙图案的滴水兽。

霖霖：滴水兽中间有一条水沟。瓦当在中间排水，有瓦当排水更快。

峰峰：燕尾脊下面雕刻着花和龙的图案。

师：你们观察很仔细，发现古厝门上、屋顶上有什么。也可以观察古厝的墙，说说你的发现。

奇奇：墙上有红砖，红砖图案有的像走迷宫，有的是半圆形的。

梅梅：围墙也是用红砖砌起来的，有的像"工"字，有的像一个菱形。

萱萱：围墙上的砖不是密密麻麻叠起来的，有洞洞。

师：为什么古厝围墙上的砖要留有空隙？

筱筱：有空隙风才能吹进去。

思思：我觉得如果砖是密密麻麻的，阳光没法照射进去，房间就会很黑。

为了让幼儿更清楚地探究自己的问题，教师带着幼儿来到古厝的二楼天台。涵涵叫道："快看，这里有个洞口，可以看到一楼。"思思："这里没有屋顶，下雨的时候雨水会流到家里吗？"教师追问："把屋顶留出一个方形的位置有什么作用？"霖霖俯在栏杆前往下看了看，答："下面的地板是凹进去的，雨水不会流到房间里去。"妍妍："我外婆家也是这样，下雨天时，外婆会放一些水桶接雨水去浇花。"教师："想想晴天的时候，它又有什么作用？"臻臻："它就像一扇窗户，阳光可以从这里照进去，一楼就不会很暗。"教师："这叫天井，可以用来排泄雨水，也可以让古厝更亮堂。"幼儿还细致观察了瓦当上的图案，被精致的图案吸引。

【经验获得】

1. 实地了解古厝不同构成部分的主要功能。
2. 能主动和同伴交流讨论自己所发现的有趣的问题。
3. 体验参与户外实地考察探究古厝活动的乐趣。

【教师的思考】

幼儿园周边的古厝是很好的课程资源，带幼儿到园外走进古厝，走进这个"人文"博物馆里去感受、去发现。幼儿在与古厝的亲密接触中，纷纷惊呼着自己的新奇发现、猜想着自己的假设、寻找着自己感兴趣问题的答案，也慢慢学会用一双善于发现的眼睛，一颗好奇之心去追寻与感受古厝的独特，去尝试了解古厝的故事。

活动三　我的研究小分队

结合幼儿已有经验和兴趣点，师幼共同讨论出拟研究古厝的主要构成：门、屋顶、墙。鉴于幼儿所研究的项目内容不同，我们决定采用小组探究的方式。

对于怎么分组，幼儿给出了不同的方法：按吃饭的小组分、按号数分、按朋友分。睿睿提出："我们要研究几个内容就分成几组。"桐桐接着回答："以前我们研究巷子也是这样分组的。"习习说出自己的疑问："我有个问题，所有人都喜欢研究一个内容怎么办？"涵涵："可以规定每个小组的人数。"教师："这是一个好办法，我们班有 36 人，分成三组，每组 12 人，想想你要参加哪个组。"

于是，幼儿自由组成研究小组，并用投票的方法推选组长。在投票过程中，幼儿大胆表达自己的想法，不时听到幼儿说："我想当组长。"幼儿还商量着为自己的研究小组取名，设计组名和图案。教师给出建议："取的组名应让人一听就知道是在研究什么。"经过讨论，三个研究小组的组名分别为：砖墙组、特别屋顶组、旧门变化组。命名的理由是古厝的墙上也有砖；屋顶的造型是其他地方没有的，非常特别；古厝的门和现在的门不一样，在不断变化。

最后教师引导幼儿再次小组讨论，细化小组所要研究的内容并用图示的方法记录下来。在师幼的共同配合下，"我问古大厝"的思维导图形成了。

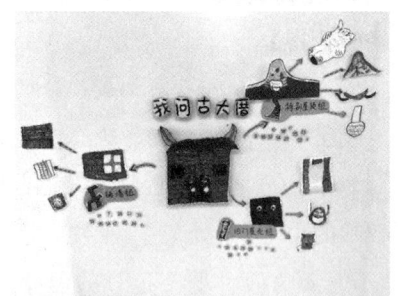

【经验获得】

1. 能根据自己的兴趣选择所要探究的小组。
2. 能积极参与本小组的讨论交流活动。
3. 尝试运用思维导图方式表征自己的想法。

【教师的思考】

为更进一步地探究了解古厝，我们采用分组探究的方式来推进本主题活动，这是基于幼儿兴趣、尊重幼儿深入探究愿望的必然选择。在幼儿自主分组的过程中，作为观察者的教师，我们惊喜于幼儿的自告奋勇，惊叹于幼儿对自己看法的坚持，惊美于幼儿言行中透露出的自信，惊诧于幼儿对问题的有意识思考。这些发现进一步加深了老师对幼儿是有能力的学习者的认识，更加深刻地理解了"凡是儿童能做的事，让儿童去做"的教育原则。尽可能为幼儿创设做事的机会，相信幼儿将会获得更多经验和发展。

活动四　分享研究小报

研究小组确定要研究的问题后,大家分头行动,主动寻找资料。教师及时把幼儿的研究思维导图呈现给家长,让家长清楚了解幼儿所研究的内容,以便家长有目的性地协助幼儿借助图画、照片、文字等方式,制作成研究小报。

家长利用周末时间和幼儿一起完成研究小报,并与同伴进行小组交流。

如何将幼儿各自收集的信息进行统整?教师提议:"每个小组做一份研究小报,这样可以让大家了解更多的内容。"霖霖补充道:"就像我们西街故事的相片展一样,把每个人的研究小报贴在一块KT板上。"想法得到了幼儿的认可,大家分头行动,很快研究小报制作完成。

各小组推选讲解员向全班幼儿介绍研究小报内容。

悦悦：马背脊下面的花叫山花，下面的墙叫山墙。

霖霖：马背脊的图案有很多种，含有金木水火土的象征意义，形状也不一样。

泓泓：不同的滴水兽有不同的意思，鱼表示年年有余，狮子表示幸福，大象表示万象更新。

宇宇：我们现在住的地方叫房子，以前叫厝。

辰辰：门环有很多图案，表示不同的祝福。

【经验获得】

1. 能够收集、分类整理古厝信息，并用图示法清晰呈现古厝的信息。

2. 在相互交流分享中，建构相对完整的有关古厝的经验。

3. 体验参与小组合作学习的成就感，增强对集体的认同感。

【教师的思考】

研究小报的制作得益于家长的支持。幼儿在参与小报的制件中，关于古厝的经验一点点"博起来"，经验不断更新和鲜活。他们现在懂得了通过自己查找资料、倾听同伴和成人的讲解也能收获很多的知识，激发进一步主动自我探究的情感。各组研究小报的汇总和呈现，为幼儿接下来的项目活动探究提供环境支持。

第二阶段　古厝探究分组在行动

（一）旧门变化组

活动五　旧门上有什么

各组的研究小报制作好后，成了大家获得新经验的资源。区角活动时，旧门变化组的组员们围在一起观察：

芮芮：门还有花瓶形状的，太特别了。

睿睿：我发现最原始的门，是用木头插住的。上面的往左边插，下面的往右边插。

淳淳：门环上有神兽，神兽是上古时期的东西。我王麒淳的麒就是麒麟的麒。

睿睿：门上有两个凸起来的圆形，爸爸说可以挂木板，也可以挂赶走敌人的东西。

师：如果这两个圆形要挂木板，挂的木板有什么用呢？

睿睿：我再问问爸爸。

师：门环有哪些图案？

大家纷纷说道：八卦门环、六合门环还有狮头门环、神兽门环。

桐桐：门环上的神兽牙齿都露出来，很凶猛。

灵灵：我喜欢八卦的门环。

习习：我喜欢狮头的门环，我想用彩泥做狮头门环。

师：做完的门环你们想放在哪里？

淳淳：要不我们做一扇门，把门环贴在门上。

【经验获得】

1. 能仔细观察并发现旧门板上的装饰图案等秘密。

2. 能与同伴自由而愉快地交流自己的发现。

3. 体验参与对旧门观察与探究的乐趣。

【教师的思考】

通过研究小报的制作，幼儿的经验又深化了一些。他们讨论时更加仔细观察小报上的内容，能自己进行经验修补。小组活动是幼儿自愿自主选择的，是他们感兴趣的，因而在活动中幼儿始终都能处于一种合作学习的状态，主动地与同伴分享自己的想法，学习接纳他人的意见，共同完成小组探究任务。

活动六　什么是门当户对

早上睿睿入园时手里拿着一张相片，迫不及待地与大家分享："我和爸爸去古榕巷看了古厝，门上面2个圆形不是用来挂东西的，是门当户对的意思。上面的2个圆形是户对，下面门两边的是门当。"教师问到："户对都是2个吗?"睿睿说:"户对有2个、4个、6个,最多是8个,数量越多表示越有钱,当的官越大。"说完,睿睿还拿出了他打卡古厝的相片。旁边的灵灵看着照片提出疑问:"这扇门怎么没有门当?"睿睿接着说道:"有的人家比较穷就没有门当,也有的门当是用木头做的。"教师说:"我们看看门当都有哪些。"

于是教师查找了门当的图片与幼儿一起观察,共同发现了门当有圆形、方形,不同形状的门当表达的意思也不同。

【经验获得】

1. 初步了解古厝大门上户对、门当及其代表的涵义。
2. 对探究古厝活动表现出浓厚的兴趣。

【教师的思考】

在博物课程的开展中,师幼是共同的学习体,都能提出疑问和发表看法。睿睿通过实地走访解答了教师对"门上两个圆圈是用来挂木板的吗"的疑问。同时,教师捕捉幼儿有进一步探究"门当户对"的意愿时,及时提供图片这一支架,与幼儿共同观察,丰富幼儿的经验。幼儿关于古厝的新经验正是在一个个问题解决中逐步丰盈起来的,我们也能察觉幼儿探究中发现新信息的兴奋和满足,这种积极情感进一步强化了幼儿深入探究的主动性。

活动七 做扇门不容易

随着幼儿对古厝门环的关注,他们提出要泥塑门环。教师顺势提出:"你们做好的门环要放在哪里?"淳淳说:"贴在门上。"教师继续追问:"用什么材料做门?"

淳淳:用乐高拼。

淳淳:乐高还不行,太小了,得用别的办法。

睿睿:我们可以收集大木板、大纸箱。

昕昕:用木板吧,古厝的门就是木板做成的。

灵灵：门环要用铁的东西。

师：为什么要用铁的东西？

灵灵：铁比较牢固，不怕被风吹雨打。

淳淳：金属撞击门比较不会坏。

宇宇：铁的声音最大，用铁做门环才像门铃。

师：把你们所需的材料画出来。

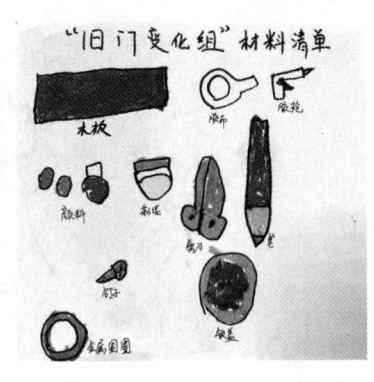

讨论制作门所需的材料后，睿睿、圣圣等四人负责把一块木板锯成古厝的门。他们测量好门的大小后，接下来要做的是把木板锯断。他们先沿着纸板的边缘在木板上画条直线，再把木板立起来。锯子在木板上来回锯动，大约锯了一分钟，木板上的线条慢慢开始歪斜。睿睿说："手很酸，我们换个办法。"圣圣提醒："还是放在桌子上锯，沿着纸板的边缘锯就不会歪。"

三人合作尝试沿纸板边沿拉动锯子，但是锯子不时会锯到纸板上。睿睿说："把纸板换成碳化积木，因为碳化积木比纸板硬。"两人把积木放在木板上，并把积木和桌边对齐，继续拉动锯子。过程中，锯子不时会被木板卡住，睿睿通过调整锯子的角度使木板比较顺利地沿直线分离开。

分享环节，幼儿围在一起讨论，把自己锯门的体验和感受记录下来。

【经验获得】

1. 能较细致地思考问题，与同伴协商制定制作古厝门所需的材料清单。
2. 能与同伴合作尝试使用锯子工具锯木板，共同完成既定的任务。

【教师的思考】

在讨论时，小组成员都能主动将自己的想法与同伴分享。同伴的交流，对于幼儿来说既是经验的总结，也是一种经验的互补。在交流中，他们形成了制作古厝门的思路和材料清单。

把一块木板锯成两块，这看似简单的事对幼儿来说却不是件容易的事。这是一个需要幼儿手眼协作的过程，也是需要同伴有效合作的过程。过程中，幼儿碰到手酸、锯子不听使唤、锯出来的线条不直等困难，但他们不轻言放弃，而是通过不断调整、试误，找到使用锯子最合适的办法，对工具的使用也逐渐娴熟，最终成功地完成古厝门的制作。幼儿从中体验到木工的不易，发展了坚持等良好品质。

（二）特别屋顶组

活动八　屋顶还有很多图案

随着探究的深入，幼儿从发现屋顶有正面、侧面的屋脊，转向观察侧面屋顶马背脊形状的不同。霖霖问道："为什么有的马背脊是波浪线，有的是锯齿线，还有的是弧线？"悦悦答："妈妈告诉我马背脊有金形、水形、火形。"教师说："仔细观察下，金形、水形、火形、木形、土形的马背脊有什么不同？"臻臻答："线条不同，水形的线条像波浪。土形是直线，像地板一样平平的。"霖霖说："马背脊的下面有图案。"教师说："这些图案叫山花。"悦悦说："山花为什么都是白色的？"霖霖说："也有彩色的，你看这张山花图案就是彩色的。"

师：看看正脊上还有什么图案？

恒恒：正脊上左右两边都有龙，是对称的。

辰辰：正脊中间还有花草鸟的图案。

恒恒：有的屋顶还有狮子的滴水兽。

师：为什么要有不同图案的滴水兽？

悦悦：我带来的研究小报有，我找找看。

大家翻阅了研究小报，认字的幼儿看着图上的文字，互相交流：金鱼的滴水兽表示平安，狮子的滴水兽是吉祥的意思，大象的滴水兽表示万象更新，还有水果的滴水兽。

幼儿用图画记录下自己的新发现，丰富思维导图。

【经验获得】

1. 能细致观察并发现古厝屋顶的细微特征和区别。

2. 乐于与同伴分享，感知古厝的多样性。

【教师的思考】

在前期的活动中，幼儿只是关注燕尾脊和马背脊这两种明显背脊的区别，随着探索的持续，他们的问题不断增多，深度也不断增加，从横向比较转为纵向比较，更细致关注到马背脊的区别。幼儿在观察中所表现出来的深入观察、静心欣赏等良好学习习惯，实则是博物精神的一种体现。

教师在参与、倾听幼儿的交流中，提醒幼儿用图示法梳理归纳，潜在提升幼儿学习收集、整理、分类信息的能力。同时，教师也发现幼儿对古厝正脊上的图案产生兴趣，这将是一个新的探究点。

活动九　燕尾脊的秘密

幼儿对屋顶的讨论还在继续着：

辰辰：为什么瓦当一定是圆柱形？

涵涵：为什么叫燕尾脊？

习习：燕尾脊、马背脊都有一个动物的名字"燕、马"，这是为什么？

淳淳：马背脊为什么还分金木水火土的形状？

看到幼儿如此着迷于古厝屋顶的探究，教师请来了有相关经验的悦悦妈妈解答幼儿的疑问。悦悦妈妈耐心地向幼儿讲解了燕尾脊的由来和寓意：燕尾脊造型的作用有避雷、防风、增加房子稳定性，正脊和护脊上的图案蕴含着人们对生活的美好希望。

同时，幼儿又提出了"山花和山墙中间的一条横梁有什么作用""古代没有水泥，是用什么粘住砖和屋顶上的东西"等问题。在悦悦妈妈的问题解答中，幼儿又知道了古厝的"鸟踏"，初步了解了古代建筑的材料。

【经验获得】

1. 能围绕古厝的屋顶进行持续追问,寻找问题的答案。
2. 深化对古厝建筑文化的体悟,萌发对家乡文化的认同感。

【教师的思考】

幼儿在活动中表现出的追根问底,让我们看到了他们对屋顶主动探究的兴趣和热情。教师有效利用家长助教让幼儿收获颇丰,对古厝的建筑历史和文化有了更深层的认识。博物课程是综合的教育,蕴藏了促进幼儿多方面的发展可能。在活动中,幼儿了解古厝方方面面的知识,有古厝材料的不同、建筑工艺的作用,还有建筑文化的涵义等,理解和尊重家乡建筑文化艺术的多样性,感受古人的智慧,增强对家乡文化的认同感。

活动十　形成屋顶制作任务书

幼儿萌发了制作古厝屋顶的想法后,他们围绕怎么制作展开讨论。

问题一:屋顶用什么材料,要做多大?

涵涵:屋顶很大,只能用装洗衣机的纸皮。

辰辰:或者用大木板做。

霖霖:木板不行,太重,搬不进来,老师也搬不动。

师:有道理,还有什么更好的办法?

宇宇:KT板也可以,比较轻,我们可以把它涂上颜色。

师:屋顶要做多大合适?

轩轩:古厝多大屋顶就做多大,可以比古厝大点。

霖霖:我们可以等古厝建好了,量一下多长多宽,再决定屋顶的大小。

悦悦:屋顶的前面后面要一样长。

师:屋顶有几个面?

轩轩:有四个面,前面后面是燕尾脊,左右是马背脊。马背脊也要装饰,可以把面巾纸撕成长长的做山花。

问题二:用什么材料做燕尾脊?

峰峰:用木棍做燕尾脊。

其他幼儿纷纷说:可以。

师:想想屋顶是什么形状的?

269

霖霖：我们看看爸爸妈妈和我们做的古厝。

大家来到亲子制作的古厝作品展示区观察。

霖霖：燕尾脊是往上翘的，用树枝可以吗？

辰辰：树枝斜斜的样子更像翘翘的屋顶。

问题三：怎么分工？

师：小组成员要怎么分工？

大家想了想，七嘴八舌地互相补充道："先做屋顶，再做燕尾脊和马背脊，最后再做瓦片。""还有瓦当，可以将我们画的瓦当贴上去。"霖霖接着提出："把每个人要做的事画出来，这样就不会忘记。"教师答道："好办法，还有什么需要做记录的，做成一份制作屋顶的任务书。""燕尾脊要怎么装饰，可以先画出图纸。""需要哪些材料也可以画出来。"……于是，一份制作屋顶的任务书形成了。

【经验获得】

1. 能根据对古代屋顶的已有经验，分析得出适合制作屋顶的材料。
2. 结合小组讨论结果，梳理概括制作屋顶的任务书。

【教师的思考】

虽然此次活动"特别屋顶组"是讨论如何制作屋顶的过程，但背后体现的实则是幼儿对古厝屋顶整体的空间感知和局部的细致观察。讨论清晰地呈现了幼儿的思维过程，他们不仅能考虑到美观，还考虑到操作的可行性，如木板太重不适合做屋顶；幼儿的思维互相碰撞，互相补充，对寻找问题的解决办法有很大帮助；幼儿的想象力和空间思维能力得到发展。教师在倾听的基础上，把握时机提出关键性问题，帮助幼儿厘清思路。

活动十一　量一量，需要多大的纸板做屋顶

幼儿制订出古厝屋顶的任务书后，还需思考选择多大的纸板当屋顶，教师把问题抛给幼儿。

师：用纸板做屋顶，要准备多大的纸板呢？

霖霖：可以量古厝最上面的墙有多长。

辰辰：量古厝最下面有多长就能知道上面的长度，上面和下面一样长。

师：你想用什么材料测量？

涵涵：用蛋托量，数数一共用了几个蛋托。

霖霖：树枝也可以。

峰峰：可以把花片拼成一条长长的来量。

师：试试你们的想法。

涵涵和臻臻拿起蛋托沿着墙体上面依次摆放。门的位置是镂空的，蛋托的长度不及门的长度，他们用重叠、连接的办法把蛋托放在墙体上方。

教师提出问题：蛋托有的重叠有的不重叠，这样的测量结果准确吗？

峰峰：蛋托有长有短，不行，还是用花片。

霖霖：用花片合适，要拼多长就可以有多长。

他们把花片拼接成和墙体一样的长度，霖霖用手摁住花片使之和墙体的左边对齐。碰到了和刚才一样的问题，花片放在门上方的位置有些坍塌。教师问："怎么办？"霖霖答："放在地上就不会塌下去。"他们把长条花片移至地上，教师又提出："一共用了几片花片？除了手，还有什么办法让工具和起点对齐？"他们拿来一块碳化积木对齐起点，用两个两个数的办法点数出有72片花片。

涵涵提出："用树枝试试。"他拿来一根有点弧度的长树枝测量，但是树枝不够长。悦悦说："可以在这里（树枝末端）做个标记。"教师问："如果我把树枝反个方向，树枝还会在这个标记上吗？"他们调整树枝的方向，发现这时树枝的末端并没有和标记处吻合。

霖霖：树枝是弯的，不行。要用筷子，筷子是直的。

师：只有一根筷子，该怎么测量？

霖霖：一根不够，我要两根。

辰辰：一根筷子可以，先量一个地方再换另一个地方。

峰峰：怎么从一个地方换到另一个地方？

师：想想你们用树枝测量时是怎么做的？

霖霖：我知道了，一根筷子量完后画条线，第二次从线的地方开始量。

想到办法后大家开始合作，霖霖移动筷子并做记号，峰峰协助移动积木使筷子和每次的起点对齐。合作让他们的测量变得很顺利，得出需要 8 根筷子的长度。臻臻从百宝箱里拿出一块木板："木板也可以量。"他们用木板再次测量墙体的长度，得出需要 4 块木板。霖霖从百宝箱里拿来一卷米尺，说："我爸爸就是用米尺量东西的，但是米尺很锋利，要小心。"大家用米尺测量，得出 155 的数字。

幼儿记录测量结果，教师提出疑问："为什么有的工具需要 4 次，有的需要 8 次？"峰峰答："因为这些工具有长有短，有大有小。"教师继续追问："什么样的工具测量更快捷？"霖霖看了看记录表，说："工具越长次数越少，测量的速度越快。"

【经验获得】

1. 能借助花片、木板等工具进行自然测量，并动脑筋解决测量中的问题。

2. 通过自身的参与，完成搭建古厝所需准备的相关事项。

【教师的思考】

在一次又一次的讨论和动手测量中，幼儿得出需要选择多大纸板当屋顶的方法，整个测量过程体现了"做中学、做中教、做中求进步"的理念。一开始，幼儿最直接的想法就是把蛋托、花片拼接成和墙体一样长的办法测量。教师在恰当的时候提出问题："蛋托有交叉重叠有平放，能准确计算出数量吗？""把树枝反个方向，树枝还会在这个标记上吗？""只有一根筷子怎么测量？"一步步引导幼儿思考、操作，调动各种感官，调动目测、点数、验证等经验参与测量，并总结出运用"首尾相接"的测量方法和选择直的测量工具合适。在最后的梳理环节，教师提出问题："什么样的工具测量更快捷？"引导幼儿归纳梳理测量工具和结果的关系，初步理解量的相对性。可见，教师的有效提问能促进幼儿的想法落地，推动幼儿的深层次学习。

幼儿已测量出需要多大的纸板当屋顶，为接下来古厝的搭建做好了准备。

（三）砖墙组

活动十二　画一张古厝建构图

自由活动时砖墙组的幼儿商议着要建古厝，辰辰提议："可以大家合作建一座古厝，有人做屋顶有人建墙壁，再组合起来。"这一提议得到了大家的附和。

273

霖霖：建房子要画设计图。

萱萱：就像看说明书。

妍妍：是的，设计图上要写多长、多宽。

烨烨在纸上先勾画出古厝的外轮廓，接着在左侧的一边上画出一小条的横线，边画边说："1、2、3……可以有23块。"他在左侧框出一个范围，写上"23"。他们用相同的办法把右边的线也分成23小份。杰杰转头看向活动室外幼儿园周边的古厝说："还要有长度。"他们把下边的横线分成29小份。萱萱说："如果是上下对齐的话，上面也是29块。"杰杰："墙上要有窗户，画竹节窗吧。"萱萱："左边画方形的竹节窗，右边画圆形的竹节窗。"

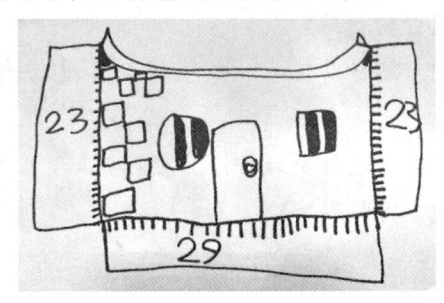

【经验获得】

1. 能与同伴合作尝试运用图示法表达自己建构古厝的想法。
2. 能运用已有的空间经验进行建构古厝的规划活动。

【教师的思考】

小组活动中幼儿有更多的沟通、协商、讨论，氛围更自主、交流更充分，使得问题的解决更多样化。细思幼儿绘制的建构计划书，我们惊叹于他们的想象力和独特的表征能力。当教师还在思考着该用怎样的方式呈现建构计划书而不是古厝的图画时，幼儿已经用简单而不失生动的线条清晰地呈现出古厝的轮廓。图形计划法将幼儿的思维可视化，使建构古厝的计划更具目的性和可操作性。

在讨论时，古厝就在咫尺，静静地等待着孩子们来探索它的奥秘。幼儿园周边特有的古厝是幼儿抬头可见的资源，幼儿也能从这静态的"古厝博物馆"中源源不断地获得探究的灵感和启发。

活动十三 建古厝，说做就做

组长烨烨带着大家看建构图纸，讲解古厝的长和高分别需要几块积木。

大家按照建构图取出相应数量的积木，排成一排，烨烨用两个两个数的方法得出这排积木的数量是 11，但建构图纸的数量是 23。如果排 23 块积木太长了，地方不够。于是他们根据场地的大小，商量只排 8 块积木。确定好长度后，他们继续往上叠积木，叠了 10 块积木当古厝的高。他们又用同样的办法搭了一面长 8 块积木、高 10 块积木的墙。

积木叠高后有些不整齐，瑞瑞俯下身双手抱住一列积木，逐一调整每列的积木使之对齐。萱萱说："还要留出一个空位当门。"大家合作移走前面的三排积木，发现门有点大。妍妍提议在两边加一列正方形积木当门框。门框搭好后，妍妍把手放在门框的左右两边比较高度，说："两边不一样高。"杰杰分别数了门框两边积木的块数，数量相同。妍妍观察后，把左边的一块厚积木换成薄积木，两边终于一样高了。

门的位置确定后，烨烨叫道："忘了还有竹节窗。"妍妍抽出墙壁的三块积木，杰杰把积木立起来，变成竹节窗。他们又拿来一块长条积木直接放在最上面，但长条积木高出旁边。他们想了想，拿走两块小长方形积木，这下高度一样了。在大家的合作下，古厝的墙体搭建好了。

搭建后教师与砖墙组的幼儿进行讨论，说说在搭建中碰到的问题。

妍妍：我搭的窗户有点凸起来。我拿走原来的小长方形积木，换了一长条积木就整齐了，但是旁边还有两个洞，我又放了两块正方形积木。

轩轩：我觉得砖要放整齐，要不很容易倒。

楷楷：是的，还会漏雨，风会吹进去。

烨烨：上次画的图纸只有长和高，没有画旁边的墙需要几块积木。图纸长和高的积木数量太多了，活动室放不下。

萱萱：这座房子太矮了，只和我们的腿一样高，可以多建几层，人才进得去。

烨烨：但是建太高了很容易倒。

师：有什么办法可以建得高，又不容易倒？

轩轩：让一排排的积木对齐，靠近，不要留有缝隙。

妍妍：从同一个方向搭，可以从左往右搭。

师：这是个办法，如果墙更厚些会不会更牢固？

烨烨：我知道了，可以搭两排积木，就像我们建围墙一样。

师：下次我们可以试试，两排积木的墙壁是不是更牢固。

【经验获得】

1. 能根据古厝搭建图进行搭建，并与同伴分工合作。

2. 在搭建古厝中能敢于探究和尝试，并积极调整。

【教师的思考】

在搭建过程中，幼儿的目测、观察、计划、自我反思、调整等综合素养得到发展。如当幼儿发现用图纸中的 23 块和 29 块积木进行搭建，古厝的体积会过大，活动室无法容纳时，他们减少积木数量。又如妍妍在目测两边的门框、窗户不一样高时，懂得调整积木的厚度，从而搭建出古厝的雏形。

在和幼儿一起回顾反思搭建中碰到的困难时，教师聚焦情境中的核心提出具体的问题，如"有什么办法可以建得高又不容易倒"，引导幼儿围绕核心问题深度探讨，并适时提醒，点拨幼儿寻求解决的办法。

闽南古厝有各部位构造，古厝出砖入石的墙壁有各种样态，接下来教师应寻思如何进一步丰富幼儿对古厝的感知经验，推动幼儿建构出结构更为复杂、墙面更为错综的古厝。

活动十四　古厝写生，调整建构

幼儿再次来到园外的古厝进行写生，用手中的画笔记录下古厝的样态。

写生回园后，教师与幼儿再次交流，分享自己的新发现。

烨烨：我发现有的墙壁下面是用长条形的石头砌起来的。

师：最下面长条形石头的那部分叫柜台脚，柜台脚的上面是裙堵。

楷楷：红砖有厚有薄，有的横放，有的竖放。

妍妍：还有鸟踏，一条长长的，在墙壁的上面。

轩轩：有的墙上除了红砖还有大块的石头，按照"几块红砖一块石头"的规律排列。

讨论又产生了新的建构图纸。

【经验获得】

1. 与同伴讨论，调整古厝墙体的建构图。
2. 主动参与古厝写生活动，加深对古厝建筑细节部分的了解。

【教师的思考】

幼儿的建构图清晰地呈现他们的发现和探究过程，建构图上的内容越来越丰富，其实是幼儿的认知经验越来越丰富。第二次的建构图比第一次的更细化，标注出长宽高，表现出按什么规律建构，体现柜台脚、裙堵和鸟踏的结构。

在博物课程的实施中，教师要重视幼儿在古厝建筑馆这一真实场景中的感悟，有效利用周边古厝建筑群这一得天独厚的馆区资源，促进馆内外学习的互动、循环。一开始幼儿参观古厝建筑馆，进行馆内观察、互动，创生课程内容，到馆外（幼儿园内）进一步探究。但当幼儿在馆外碰到一些需要到古厝建筑馆内寻找答案的问题时，教师再次组织幼儿到古厝建筑馆内去。如此循环往复的实施方式，幼儿有再次发现、探究和验证的机会，通过一系列行动化、多元感官共同参与的方式与古厝这个馆区产生联结，拓展了学习的时间和空间。

活动十五　第二次建古厝

古厝写生后幼儿开始第二次搭建古厝。搭建前，教师提醒幼儿先讨论本次搭建和第一次搭建不一样的地方。大家围在图纸前交流：最下面用2块最长的积木当柜台脚，再用6块中长积木当裙堵。他们发现建构图没有标注长度需要几块积木，烨烨说："我记得是7块。"明确今天的搭建任务后，大家开始行动。

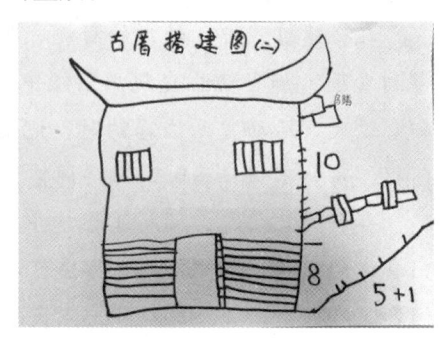

他们拿来一块块长积木，从下往上依次搭建。教师提醒："怎样用最快的速度建好古厝？"妍妍："可以有人搭，有人帮忙递积木。"萱萱补充道："一次多拿几块积木，不要一块一块拿。"

搭好柜台脚和裙堵后，烨烨开始数："2、4、6、7，一共10层，还要3块。但是没有厚的积木了。"萱萱说："两块薄积木叠在一起就是一块厚积木。"

大家把古厝正面的墙体依照图纸搭好后，开始搭建门框。萱萱说："用圆柱体的积木。"烨烨拿来一块长圆柱积木，上面加一块短圆柱体积木。长短圆柱体积木叠在一起后，比旁边的墙体矮了一些，怎么办？烨烨："放正方形积木，不对，是薄的长方形积木。"薄长方形积木往上叠后还是略有不平。教师问："有什么其他材料可以让门框和墙一样高？""花片，把花片放在中间。"妍妍脱口而出。

他们在搭古厝侧面的墙体时仍没有留出窗户的位置。教师提醒："窗户在哪个位置合适呢？"轩轩看了看裙堵的高度说："6层上面是窗户。"烨烨看了看图纸说："2块竖积木2块横积木，有规律放。"

有了搭建右侧墙体的经验，幼儿在搭建左侧和后面的墙体时，能有意识地留出窗户的位置。他们有人负责搭建，有人帮忙递积木，合作越来越默契。

279

搭建结束后,教师与幼儿反思第二次搭建碰到的问题,并讨论解决的办法,形成第三次的搭建计划。

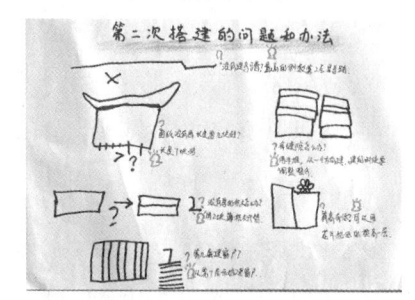

【经验获得】

1. 运用组成、规律等数学经验,解决搭建中的实际问题。
2. 能与同伴合作建构出古厝的更多细节,体验小组合作建构的成就感。

【教师的思考】

第二次的搭建中,幼儿比第一次更细致地表现出古厝墙体的构造,表现出更多的细节,这源于幼儿经验的不断获得,也源于幼儿自身的兴趣,他们在持续观察、发现、分析中积极自主地解决问题,建构起自己的经验。在思考—设计—实施—反思—再设计—再实施—再反思—再规划中,幼儿分析问题解决问题的能力得以提高,团队合作的能力得以发展。他们能小组结伴讨论,调整建构方案,将碰到的问题和解决办法以及下次搭建的计划用图文并茂的方式展示出来。从这些记录中,我们不难发现幼儿思考的问题越来越细致,搭建的思路也愈发清晰。

第三阶段 合作起大厝

活动十六 起大厝,我们有办法

在基本确定古大厝的建构方案后,幼儿开始了合作起大厝的行动。他们从家里带来筷子、吸管、蛋托、饼干盖、树枝、纸皮等材料,教师准备了彩泥、颜料、木板等。

砖墙组的幼儿讨论用什么材料做小红砖,佳佳说:"拿一个正方形盖子把彩泥压成正方形,再刻上图案。"予予拿来一个圆形盖子,伊伊说:"圆形不行,要方形的。"予予反驳:"可以,砖就是有各种形状。"这下给了伊伊启发,伊伊拿来纸筒,说:"纸筒放在彩泥上压一下,能变出圆形的花砖。"希希说:"美工坊有花砖展区,我们可以去看看有什么形状和图案的花砖。"

砖墙组的幼儿看着第三次搭建的步骤图,回忆搭建的步骤。萱萱说:"第二步是搭柜台脚,两边门框要留出多宽的距离,步骤图上没有画出来。"杰杰答:"上次我们搭建时,是 2 块横的积木、1 块竖的积木。"梓梓说:"我们可以在图纸上画出门的宽度需要几块积木。"

特别屋顶组的幼儿再次调整人员分工图、细化材料清单。泓泓:"燕尾脊还需要树枝和两条用彩泥做的龙。"涵涵:"护厝的山花要用面巾纸剪成细长条再粘贴成图案。"他们还讨论如何表现屋顶上的互扣瓦,教师提出问题:"两排互扣瓦的间距怎么才会相等?"

臻臻:用同样的东西来测量。

霖霖:牙签。

悦悦:不行,太细太小不好量。

霖霖:可以把筷子剪成两半。

悦悦:但是剪后的筷子会扎手的,不安全。

霖霖:我们有很多勾线笔,可以用勾线笔排一排。

确认好调整的材料和制作的方法后,他们重新记录材料清单。

旧门变化组的幼儿认为之前的人员分工需进行调整：写春联一个人就够，锯两扇门要 4 个人共同完成合适。在讨论时，他们碰到两个新的问题："需要锯多高的木板当门，才能匹配砖墙组建的古厝的门框？""要让门环发出声响，得找什么样的铁盖？"他们想出用两根筷子和半根吸管叠高的方法，得出门的高度。通过比较圆形饼干盒盖和方形茶叶铁盖两者的不同，最终选择用方形茶叶铁盖当作门环。小组梳理后，绘制出新的材料清单。

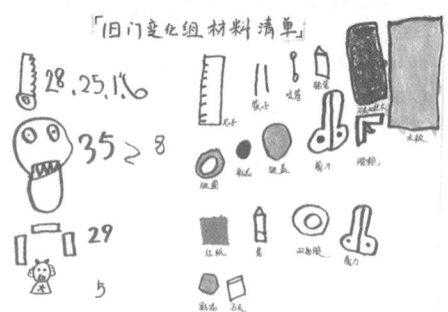

【经验获得】

1. 能自主发现建构古厝方案的问题，并与同伴细化调整方案。
2. 体验与同伴合作解决问题，共同完成既定任务的快乐。

【教师的思考】

我们看到幼儿围绕"如何完成搭建古厝"这一富有挑战性的任务，全身心地积极性投入。在一次次小组讨论中，同伴们互相启发，积极地想办法，能自我分析调整，讨论出更适宜的建构方案。从幼儿重新绘制的材料清单中，可以看出他们的思考越来越缜密，表征能力越来越综合。如旧门变化组绘制的材料清单上，幼儿先用图案表现不同的分工，然后在后面写上号数以及各任务所需的材料，清楚明了。

幼儿建构的过程看似稚嫩，但每次的调整都折射出他们的学习过程，体现着幼儿经验的生长，这让我们看到了幼儿良好的学习品质——坚持性，期待着他们能够完成既定目标。

活动十七　古大厝建好啦

一切准备就绪，各组幼儿有序地分头行动。裁剪护厝、锯木门板、写画对联、搭建墙体、雕刻砖雕、涂画正脊、粘合屋顶……

属于幼儿的独一无二的古厝终于建好了，虽然只是一间看似普通的房子，却是凝聚了幼儿智慧和汗水的"有故事的古厝"、渗入了幼儿创意和童趣的"有惊喜的古厝"、融入了幼儿认知和经验的"有文化的古厝"。整个过程带给了幼儿成长和收

获、快乐和享受。

【经验获得】

1. 在与同伴交流分享中，不断积累有关古厝的经验。
2. 能自主选择材料，并运用各种方式表现古厝的特征。
3. 体验与同伴合作搭建古厝的成就感。

【教师的思考】

幼儿通过系列行动化、多元感官的方式与古厝产生联结。慢慢地，他们从对古厝从整体的感知转向细节的探究，比如门上的门匾、墙上的山花、镜面墙等，更广博和纵深地体悟了古厝的文化。他们在合作搭建古厝中，发展了观察、计划、表征、分析、反思、合作以及空间方位、测量、语言表达、表现创造等综合素养。

看似幼儿只是在建一座古厝，实则是幼儿探究古厝的过程，是幼儿经验叠加的过程，是"兴趣—探究—表达"的过程，也是"浸润、初蕴"的过程，还是幼儿对古厝文化认知和情感形成的过程。幼儿在这个过程中获得的成功体验所带来的愉悦情绪，将对他们今后的情感和态度产生积极影响。

活动后记：古厝的故事虽然已经落下帷幕，但有关古厝的话题还将继续，因为幼儿又开始了新的规划：建一座三开间的古厝；古厝的门前还要有门当；用红砖和水泥建古厝……这些新的想法和创意又会生发出哪些故事呢？让我们追随幼儿的兴趣持续探究，开启新的精彩。

三、主题小结

在"走进古大厝"博物主题活动历程中，幼儿广泛地感受、了解泉州这座城市的古厝建筑文化和历史，并围绕各自最感兴趣、最想探究的焦点问题成立3个"项目小组"，进一步展开研究和分享。幼儿走进古厝，感受古厝建筑的文化性和独特性，用自己的方式与古厝互动探索、自主创造、动态生长……

1. 尊重幼儿主体，助推课程再生发

博物课程活动是幼儿创造的课程，是师幼共同参与、共同建构、共同发

展的过程。在 3 个项目小组的活动中，幼儿不断产生新的需求，对"古厝"的问题不断变化，问题的深度也不断变化。教师尊重幼儿的主体性，不断观察、解读他们行为背后的经验支撑点，鼓励幼儿通过物件、思考和关键词去体验和表达他们所见、所闻、所思和所想；教师赋权幼儿，给予他们自由开放的空间和灵活的时间安排，鼓励幼儿的自主学习，支持幼儿的个性化学习；教师善于捕捉幼儿兴趣的动态生成，利用"有效提问"引发幼儿思考，使得幼儿的需求和问题成为课程的生发点和推进点。

2. **关注资源整合，促进经验再发展**

博物教育课程活动，需要有效利用社会资源，让幼儿置身于博物馆这一真实的场景中。园外古厝场景的感染，能增加幼儿与"古厝"的多样化互动，积累有关古厝的广博经验。幼儿在实地探访古厝中，充分调动了看、听、触摸等一系列行动化、多元感官参与的方式与古厝产生联结，对古厝的建筑特征有了初步的感知。带着这些经验，幼儿回到园内进一步探究。当幼儿在园内产生更多的问题时，教师又组织幼儿带着问题清单再到园外的古厝博物馆寻找答案。通过写生古厝、亲子走访古厝等，幼儿对古厝从整体的感知转向细节的探究，比如门当户对、门匾、山花、镜面墙等的探究，更广博和纵深地体悟了古厝的文化，发展了观察、计划、表征、分析、反思、交往以及空间方位、规律、测量、语言表达、表现创造的综合经验。

3. **根植古厝文化，实现文化再生长**

在博物教育课程中，教师不仅应重视对传统文化的理解和传承，重视幼儿体悟文化的创造表达，还应鼓励幼儿赋予传统文化新的阐释和活力。幼儿通过自身的经历和行动，欣赏古厝的美，发现古厝的文化，激发出关于古厝的创意，形成了属于他们对古厝的独特发现和文化体悟。独一无二的对联、写实再现的屋顶、饱含文化意蕴的门环、表达美好愿望的砖雕等等，都体现着幼儿对古厝文化的传承和创造，闽南古厝文化在滋养幼儿的同时，也在幼儿那里得以再生长。

（本案例由泉州市温陵实验幼儿园刘小梅老师提供）

参考文献

[1] 虞永平. 生活化的幼儿园课程［M］. 北京：高等教育出版社，2010.

[2] 虞永平. 学前课程与幸福童年［M］. 北京：教育科学出版社，2012.

[3] 冯晓霞. 幼儿园课程［M］. 北京：北京师范大学出版社，2000.

[4] 叶俊萍. 幼儿园课程资源建设新思路——"宝宝博物馆"建设的理念与实践［M］. 福州：福建人民出版社，2016.

[5] 宋宜，霍力岩. 儿童主题博物馆——不一样的探究和艺术表征［M］. 北京：北京师范大学出版社，2016.

[6] 曹慧弟. 博物·博雅·博爱：幼儿园博物教育课程的理论与实践［M］. 北京：北京师范大学出版社，2019.

[7] 冯伟群，徐慧，罗娟. 跨越围墙的幼儿园课程：博物馆之旅［M］. 南京：江苏人民出版社，2019.

[8] 叶奕乾，祝蓓里. 心理学［M］. 上海：华东师范大学出版社，1988.

[9] 虞永平，张辉娟，钱雨，蔡红梅. 幼儿园课程评价［M］. 南京：江苏教育出版社，2016.

[10] 吴振东. 幼儿园课程与教学问答 50 例［M］. 上海：复旦大学出版社，2019.

[11] 吴振东. 幼儿园课程与实践新述［M］. 福州：福建教育出版社，2022.

[12] 瞿英，叶俊萍. 小小收藏家——幼儿博物馆的建设与利用［M］. 南京：南京师范大学出版社，2014.

[13] 虞永平. 儿童博物馆与幼儿园课程［J］. 幼儿教育，2010（4）.

[14] 刘华杰. 博物学论纲［J］. 广西民族大学学报（哲学社会科学版），2011（6）.

[15] 王昊涵. 博物教育走进幼儿园视野——访南京师范大学教授虞永平［J］. 福建教育，2017（12）.

[16] 金鑫，杨梦萍. 博物意识下的儿童科学探究学习及支持策略［J］. 陕西学前师范学院学报，2018（4）.

[17] 徐凯萍，李晓莉. 在幼儿园开展博物教育的实践与反思［J］. 福建教育（学前），2017（12）.

[18] 陆娴敏. 幼儿园儿童博物馆的建设及在实践中的应用研究［J］. 早期教育，2022（12）.

[19] 巫筱媛. 国内幼儿园与博物馆的合作及实践［J］. 上海托幼，2022（3）.

[20] 赵菁. 馆校合作视域下博物馆课程资源开发的实现路径［J］. 博物院，2020（4）.

[21] 尹兰英，齐颖. 多维联动　和美与共——立足"生态启蒙"的幼儿园博物教育实践［J］. 现代中小学教育，2022（10）.

[22] 叶俊萍. 幼儿园创建宝宝博物馆的价值与策略［J］. 学前教育研究，2015（6）.

[23] 叶俊萍. 略论幼儿园博物馆建设及其与课程实施的关系［J］. 幼儿教育研究，2016（2）.

[24] 叶俊萍. 幼儿园博物主题活动基本特征例谈［J］. 福建教育（学前），2022（6）.

[25] 褚晓瑜. 幼儿园宝宝博物馆环境创设新思考［J］. 福建教育（学前），2016（4）.

[26] 褚晓瑜. 有效利用园所空间，创设宝宝博物馆环境［J］. 幼儿100，2017（2）.

［27］褚晓瑜.幼儿园开心农场环境创设新视角［J］.福建教育（学前），2017（5）.

［28］褚晓瑜."宝宝博物馆"课程建设的思与行［J］.幼儿教育研究，2023（2）.

［29］张绵绵.走进幼儿园的儿童博物馆［J］.福建教育（学前），2018（12）.

［30］廖婉婷.基于儿童经验建构幼儿园博物课程［J］.福建教育（学前），2021（7）.

［31］陈艺媚.博物教育融入区域活动的实践［J］.幼教金刊，2021（11）.

［32］陈艺媚.开展幼儿园博物区域活动的策略及建议［J］.儿童·博物馆·教育，2022（4）.

［33］高雪.博物画的科学——艺术特征及其当代价值研究［D］.济南：山东大学，2017.

［34］丁津津.综合博物馆儿童教育专属空间——儿童体验馆研究［D］.南京：南京艺术学院，2016.

［35］任鑫.博物馆资源与幼儿园活动课程衔接研究［D］.昆明：云南大学，2021.

［36］黄俊生.基于课程资源开发视角的幼儿园博物馆创建及利用研究［D］.芜湖：安徽师范大学，2018.

后记

心之所至　课程所在

　　幼儿园博物教育是当前幼儿园课程实践研究中关注的新课题。北师大刘孝廷教授曾在儿童博物教育研讨会（2022年2月25日）中指出：博物教育的根本目的是教以成人，是一种整体性的教育……南师大虞永平教授在《让博物教育走进幼儿园视野》一文中说道：幼儿园开展博物教育的核心价值就是培养幼儿的博物意识。培养博物意识对幼儿成长和发展的价值在于：在拓宽视野中养成对更多事物广泛关注的意识，在深入观察生活世界中获得良好的观察能力，在倾听和欣赏中培养专注投入学习的品质，在体验和动手操作中提高发现问题、操作体验和自主探究等能力。那么，在幼儿园里如何开展博物教育，如何有效培养儿童的博物意识呢？

　　我园在2009年10月有幸得到虞永平教授的指导，成功地创建了全国首家幼儿园"宝宝博物馆"，并明确地将利用园内空间所创设的儿童博物馆界定为：一个充分利用园所空间打造，深化儿童感官体验，拓展儿童生活世界，激发儿童探究欲望，萌发儿童博物意识，寓教于乐的全园开放共享的教育场所。我们以创建"宝宝博物馆"为契机，开启了幼儿园博物教育课程建设的探索之旅，并取得预期的研究成果。该成果于2016年5月以《幼儿园课程资源建设新思路——"宝宝博物馆"建设的理念与实践》正式出版（福建人民出版社）。该书主要阐述了我园充分利用园内立体三维空间创设富有课程意义的、深受幼儿喜爱的"宝宝博物馆"，总结出"宝宝博物馆"课程资源服务与幼儿博物教育课程建设的具体做法。我们欣喜地发现，我园是致力于博物教育的先行者。我园在儿童博物馆教育所开展的实践研究工作及其相关研究成果，常被冠以"首创性"的评语而出现在幼儿园博物教育研究综述之中。

2018年至今，我们在已有研究基础上继续朝着构建完整的"宝宝博物馆"课程方案而不断努力，以探寻"新样态、适宜性"博物教育课程为依归，立足于"寻味民间文化、体验当下生活、关注周边自然"三个维度，充分挖掘园内外博物教育资源，积极地将博物教育资源与儿童相联结，建立起多元而积极的关系，构建适宜的博物教育课程目标体系，创设可供儿童"观察、操作、探索、发现、分享"的博物教育课程环境，旨在拓展幼儿的探索与成长空间，引领幼儿畅享博物之旅，让课程活动更加丰富，让幼儿生活更加多彩，让幸福童年更加充实。我们将这美好的构想写成了行动方案，并以《"指南"背景下幼儿园博物教育课程模式构建的实践研究》为题成功申报了福建省教育科学"十四五"规划立项课题（立项批号：FJJKXQ21-019）。

本书既是近几年来我园开展幼儿园博物教育课程实践的再认识和再梳理，也是省"十四五"规划课题的研究成果。本书共分五章：第一章是幼儿园博物教育概述，阐述了幼儿园博物教育的涵义、意义、基本理念、发展与挑战。在本章内容中，我们对幼儿园博物教育的基本内涵、博物教育的基本理念、博物教育主题活动和区域活动的基本特征等相关内容，提出了自己的思考与认识。第二章是幼儿园博物教育课程的目标与内容，分别阐述了相应的原则和相关的内容。第三章是幼儿园博物教育课程实施与评价，实施部分涵盖了具体原则和形式，评价部分包括课程方案评价、教师成长评价、幼儿发展评价。第四、五章则分别采用主题实录和课程故事两种课程叙事方式，呈现了我园在博物教育课程的具体做法。

在开展博物教育课程研究期间，我们所敬仰的虞永平教授多次莅园作现场指导，虞教授曾为我园"宝宝博物馆"留下了"博物的核心就是观察和操作""博物增智慧，广纳滋心灵"两幅珍贵墨宝。尤为值得一提的是，在我园课题研究阶段成果分享会上（2023年1月8日），虞教授给予我们的高屋建瓴的点拨，使得处于课题研究瓶颈期的我们茅塞顿开，更加清晰了课题研究的前行方向和思路。虞教授对本课题研究的智慧性点拨的观点我们及时地加以学习领会与践行，并努力地将之体现在本书之中。本课题能够圆满结题，以及书稿能得以顺利整理成册，离不开泉州幼儿师范高等专科学校吴振东教授的悉心指导。本课题的开展以及本书稿的撰写，还得力于全体课题组成员的通力协作。本书在编撰过程中借鉴参考了同仁的相关文献，均在书中尽量一一注明出处，在此谨致谢意。

  本书能顺利而高效地出版还要感谢福建教育出版社林云鹏编辑的大力支持和帮助。囿于本人学术视野和专业水平，书中所存在不完善之处，敬请诸位行家里手不吝赐教。

  最后，让我以一段抒情的语句来表达本人十五年来亲历幼儿园博物教育研究全程的真挚感受：每一份温暖的教育都是从相遇开始，因为热爱，我们坚定价值与信念；因为执着，我们坚守理想与行动。博物十余载，我们在时间的波光里刻下博物的印记，在逐梦的历程中见证师幼共同成长的足迹……

  博物启智，文化润心！

褚晓瑜
于泉州市温陵实验幼儿园
2023 年 8 月 10 日